[개정판]

아동건강교육

임미혜 이혜정 공저

Health Education for Young Children

양성원

머리말

밝은 웃음소리를 내며 활기차게 뛰어 노는 영유아의 모습은 어떤 것보다도 귀하고 아름답다. 모든 영유아가 건강하게 성장하기를 바라지만 때로는 사소한 질병으로 앓아눕거나 심지어는 목숨까지 잃는 경우가 있어 매우 안타깝다.

특히, 영유아기는 신체발달과 함께 인지적・사회적・정서적 발달이 급속하게 이루어지는 시기이므로 신체적・정신적 건강은 더욱 중요하다. 그러나 영유아기는 질병에 대한 감수성이 높고, 부모로부터 부여받은 선천적인 면역력이 거의 소실되어 감기, 설사 등 사소한 질병뿐만 아니라 수두, 수족구 등 감염성 질환에 매우 취약하다. 이 시기에 건강을 해치면 건강한 성인으로 성장・발달하여 제 역할을 할 수 없게 될 위험이 높다. 더 나아가 성인기까지의 건강에도 막대한 영향을 미칠 수도 있다. 따라서 영유아를 위해 잘 계획된 보건서비스는 개인이나 가족은 물론 국가의 지속적인 발전을 위한 훌륭한 투자라고 할 수 있다.

영유아의 건강에 대한 책임은 일차적으로는 가정의 부모에게 있으나, 질병에 대한 감수성이 높은 영유아들을 담당하고 있는 유아교육기관의 영유아 교사들 또한 영유아가 건강하게 자랄 수 있도록 질병 예방 및 치료 등 건강관리에 만전을 기하고, 균형 잡힌 식사를 통해 충분한 영양을 공급할 뿐만 아니라 영유아 스스로 자신의 안전을 지킬 수 있도록 건강 교육을 실시하여야 한다.

이에 본서는 유아교육 및 보육, 사회복지를 전공하고, 유치원 및 어린이집 현장에서 영유아의 건강을 책임지고 교육시켜야 할 예비 유아교사들에게 영유아 건강의 중요성을 인식하고, 질병을 예방하고 실제 질병에 걸린 영유아를 관리하는 방법을 제시하고자 한다. 더 나아가 영유아 스스로 자신의 건강을 잘 관리할 수 있도록 하루일과를 통해 통합적 접근방법으로 실제 건강교육을 계획하고 지도할 수 있도록 집필하였다.

제1부 아동 건강지도의 이해에서는 제1장 아동 건강의 중요성, 제2장 아동의 신체적 건강관리, 제3장 아동의 정신적 건강관리, 제4장 교사의 건강관리를 다루었다. 제2부 아동 영양관리에서는 제5장 아동 영양관리의 이해, 제6장 영아기 영양관리, 제7장 유아기 영양관리에 대해 살펴보았다. 그리고 제3부 아동 건강교육에서는 제8장 아동 건강교육 내용, 제9장 아동 건강교육 지도방법, 제10장 건강생활습관지도를 다루었다. 마지막으로 제4부 질병관리와 응급처치는 제11장 감염병 관리, 제12장 응급처치를 다루었다.

이 책을 통하여 예비 유아교사도 자기 자신이 세상에서 제일 소중한 존재임을 깨닫고 몸과 마음이 건강하도록 자신을 사랑할 수 있게 되기를 바란다.

부족하지만 이 책이 세상에 나올 수 있도록 지혜와 능력과 건강을 주신 하나님께 감사드리며, 애써 주신 양성원 편집부 여러분들의 건강을 기원드린다.

2018년 8월

저자

차례

PART 1 아동 건강지도의 이해

PART 2 아동 영양관리

PART 3 아동 건강교육

1 PART

아동 건강지도의 이해

아동 건강의 중요성

1. 아동 건강의 중요성
2. 건강에 영향을 미치는 요인
3. 교사의 역할

1. 아동 건강의 중요성

건강한 유아는 자세가 바르고 대·소근육 조절이 발달되어 활동적인 놀이를 즐기고, 주변 환경에 호기심이 많아 다양한 활동에 적극적으로 참여한다. 생각과 감정을 자연스럽게 표현하며 친구들과 놀이하는 것을 좋아할 뿐더러 어려운 과제에도 쉽게 좌절하지 않는 특징을 보인다. 이렇듯 건강은 영유아가 활기차게 생활하고 전인적 성장과 발달을 하기 위한 필수 조건이라고 할 수 있다.

과거에는 건강하다는 것이 영유아의 성장·발육이 저해되지 않고 순조롭게 진행되는 상태로, 단순히 질병에 감염되지 않았거나 허약하지 않다는 것을 의미했다. 그러나 현재는 건강의 개념이 점차 확대되어 세계보건기구(WHO)에서는 "건강을 질병이 없을 뿐만 아니라 신체적·정신적·사회적으로 완전히 안녕한 상태"라고 정의하고 있다.

미국의 보건사회부(2010)에서도 '건강한 인간(Healty People)' 플랜에서 유아가 건강하게 성장하기 위한 지표로 [그림 1-1]과 같이 성장과 신체활동에 필요한 체력과 영양, 위생, 면역력과 더불어 건강한 모자관계, 정신건강, 폭력 및 학대경험과 같은 정신적·사회적 측면의 중요성을 강조하고 있다(이영환·김연주·김현지·양연숙·이수재, 2014 재인용). 이를 통해 어느 한 요인이라도 문제가 있다면 건강에 문제가 있는 것으로 볼 수 있다.

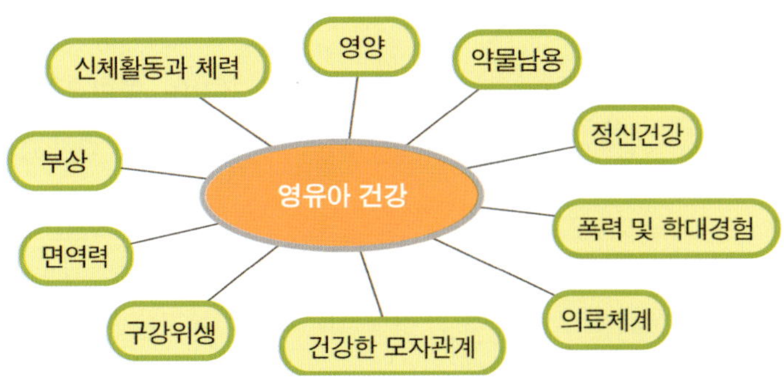

그림 1-1 영유아 건강지표

특히 유아기는 신체발달과 함께 인지적·사회적·정서적 발달이 급속하게 일어나는 시기이다. 이때 건강을 해치면 건강한 성인으로 성장·발달하여 제 역할을 할 수 없게 될 위험이 높아질 뿐만 아니라 평생 건강까지도 좌우하므로 유아 건강관리에 많은 관심을 가지고 노력해야 한다. 아동의 건강이 중요한 이유는 다음과 같다(임미혜·이혜정, 2017).

첫째, 인간의 성장과 발달에 있어 기본적인 틀은 태아기부터 12세까지 시기에 거의 완전하게 결정된다.

둘째, 건강은 치료가 아닌 예방에 초점을 두는 것이 가장 효과적이다. 인간이 질병에 노출되거나 몸이 쇠약해진 이후에 회복하려면 더 많은 시간과 노력이 요구된다. 따라서 유아기부터 스스로 건강유지에 관심과 능력을 길러서 예방에 관심을 갖도록 하는 것은 삶의 질을 향상시키는 가장 경제적이고 효과적인 방법이다.

셋째, 유아는 자신의 잠재력을 최대한 발휘하여 성장할 권리가 있고, 사회나 가정은 건강하게 자라도록 지켜 줄 의무와 책임이 있다. 그러나 유아기는 모체로부터 받은 면역능력이 소실되어 질병에 대한 감수성이 높다. 또한 자신의 건강을 스스로 관리하기에도 미숙하므로 교사나 부모는 유아가 건강을 유지할 수 있도록 도와주어야 한다.

넷째, 유아의 건강은 미래의 건강한 시민으로 성장하기 위한 국가적 차원과 관계가 있다. 건강하지 않은 유아는 학습에 지장을 받게 되고 이것은 이후의 삶에 불리하게 작용할 수 있다. 반면 건강한 유아는 정신적으로 더 안정되고 행복하여 더 활발하게 놀 수 있고, 더 나은 학습을 통하여 생산적이면서 사회에 이바지할 수 있는 사회구성원이 될 수 있다.

2. 건강에 영향을 미치는 요인

유아의 건강에 영향을 미치는 요인은 크게 유전적 요인과 환경적 요인으로 구분할 수 있다.

1) 유전적 요인

여러 유전인자는 염색체 안에 들어 있는 것으로, 수정 시 부모에게서 받게 된다. 염색체 결합과정에서 여아(XX), 남아(XY) 성별이 결정되고, 염색체 결합이상으로 문제가 발생하게 되어 터너증후군(Turner's Syndrome)과 다운증후군(Down Syndrome) 같은 병이 생기게 된다.

터너증후군은 45개 염색체를 지닌 경우에 발생하게 된다. 보통 35세 이상 임산부의 아기에게서 나타나며 대부분 정신지체 현상을 보인다. 출생 시 손과 발이 부어 있는 경우가 많으며, 특히 목옆에 목갈퀴막변형이라고 불리는 피부날개판이 있고, 치아에 맞물림 장애가 있는 것이 특징적인 모습이다. 또한 심장이상 및 콩팥이상 등의 선천기형이 있을 수 있다.

반면 다운증후군은 21번 염색체가 정상인 2개보다 1개 더 많아 생기는 질환으로, 약 600~800명당 1명꼴로 발생하여 염색체이상 질환 중 가장 흔히 볼 수 있는 질환이다. [그림 1-2]에서 보는 바와 같이 얼굴이 넓고 편평하며, 눈꼬리가 위로 치켜 올라가 있고 때로는 내측눈구석주름(inner epicanthal (Mongolian) fold)도 있으며, 귀가 밑에 붙어 있고, 코가 작고 입술과 혀가 크고, 턱이 기울어져 있으며, 가벼운 또는 심한 정신박약, 신장이나 심장의 기형, 그리고 손가락 · 손바닥 · 발바닥 지문이 이상하게 나타나는 등의 모습이 특징이다.

그 외에도 유전적 요인은 피부와 머리카락의 색을 결정할 뿐만 아니라 심장질환, 암, 당뇨병 또는 특정 정신질환 등과도 깊은 관계가 있다.

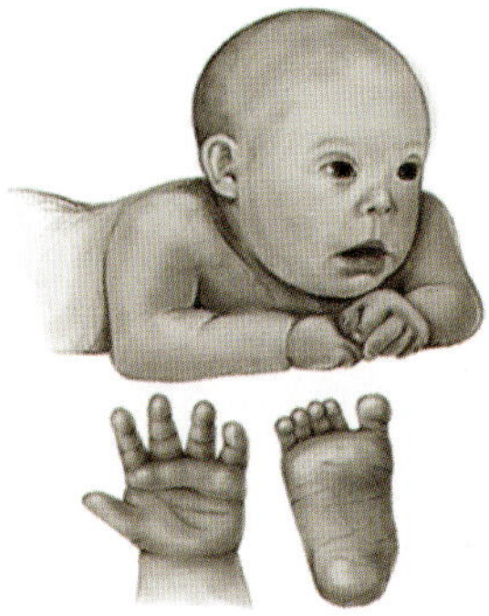

그림 1-2 다운증후군 아기 모습

2) 환경적 요인

(1) 영양

영양은 인간의 생활과 건강을 유지하는 데 절대 필요하다. 신체발육과 인체조직을 보수하고, 생리기능을 조절하며, 에너지 생산에 가장 중요한 영양소를 인체 세포에 공급해 주는 역할을 하기 때문이다.

특히 신체의 성장·발육이 왕성하게 일어나며 활동량이 가장 많은 유아기에 필요한 영양이 충분히 공급되지 않으면 영양장애 또는 영양결핍으로 뇌 발달이 저해되어 인지적 결함을 가져올 수 있고, 면역력이 저하되어 여러 가지 질병에 노출되기 쉽다.

(2) 수면과 휴식

에너지를 재충전하고 하루의 피로를 회복함으로써 최상의 몸 상태를 유지하기 위해서 적당한 휴식과 충분한 수면은 반드시 필요하다. 충분한 수면과 편안한 숙면은 유아들이 건강을 유지하고 질병으로부터 감염을 막을 수 있는 기초 조건이 된다.

유아들의 수면시간이나 숙면의 정도는 개인차가 있을 수 있으나, 대체로 연령이 증가함에 따라 수면의 양은 점점 줄어든다. 미국수면재단(NSF)이 권장하는 연령대별 하루 수면시간은 신생아(0~3개월) 14~17시간, 영아(4~11개월) 12~15시간, 1~2세 11~14시간, 3~5세 10~13시간이 필요하다. 그러나 〈표 1-1〉과 같이 한국의 영유아 1,036명과 전 세계 17개국 3만 명을 대상으로 수면시간을 비교 조사한 결과, 한국의 영유아는 하루 평균 총 수면시간이 11시간 53분으로 아시아 국가의 12시간 19분, 서구 국가의 13시간 1분보다 각각 26분, 1시간 8분이 짧았다. 수면시간이 짧아진 주요 원인으로는 TV시청이었고, 상대적으로 맞벌이 가정 영유아들이 더 짧게 자는 것으로 나타났다(http://www.yeowonnews.com).

영유아 때 잠을 충분히 자지 못하고 적게 자는 습관이 생기면 수면부족이 되는데, 가장 큰 문제는 성장함에 따라 뇌 발달이 지연될 수 있다는 점이다. 또한 식욕을 자극하는 그렐린 호르몬 수치가 증가하여 먹고 싶은 욕구가 높아지고, 인슐린 감수성을 변화시켜 체중이 크게 늘게 하기 때문에 영유아들은 꼭 10시 이전에 취침하는 것이 좋다(http://www.ibabynews.com).

수면 외에도 충분한 휴식시간이 필요하다. 따라서 유치원 및 어린이집의 하루일과 내에 동작활동, 실외놀이 등 동적인 활동을 하고 난 뒤에는 반드시 정적인 활동이나 휴식시간을 배정하는 것이 바람직하다.

표 1-1 영유아 수면시간

	하루 평균 총 수면시간	하루 낮잠시간	잠자리 드는 시간
한국	11 : 53	2 : 26	밤 10 : 08
아시아	12 : 19	3 : 00	밤 9 : 25
서유럽	13 : 01	3 : 09	밤 8 : 24

자료: 대한의학회지.

(3) 운동

적당한 신체활동은 발육을 촉진시키고, 활발한 전신 움직임을 유발하기 때문에 근 조직의 모세혈관을 발달시키고 나아가 골격이나 근육을 발달시킨다. 혈액순환을 잘되게 하여 심장, 폐, 소화기관 등의 작용을 활성화시키는 데 효과적이다.

특히 어릴 때부터의 규칙적인 운동은 근육과 뼈의 발달, 균형 잡힌 체격의 발달, 비만의 예방, 당뇨병 등의 만성적 질환의 예방, 혈중 콜레스테롤 수치의 균형 등을 도와주며 나아가 삶을 더 활기차게 살도록 하는 기초원동력을 제공해 준다. 특히 소아비만은 성조숙증 위험을 높이고, 키 성장에 영향을 줄 수 있으므로(http://www.ibabynews.com) 운동습관을 길러주는 것이 중요하다.

그밖에도 다양한 운동경험을 통하여 중추신경계를 단련하면 운동기능이 향상될 뿐만 아니라 자신의 신체를 조절할 수 있는 능력을 기르게 되어 안전사고의 위험도 줄어들 수 있다.

(4) 정서적 안정

대부분의 인간은 따뜻하고 사랑이 넘치는 가정에서 태어나 유아기와 아동기, 청소년기의 발달단계를 성공적으로 거쳐 역량 있는 성인으로 성장한다. 그러나 현대의 유아들은 성인기로 성장해 가면서 발달상의 문제, 가정환경, 사회환경 등에서 어려움을 겪게 되어 정서적인 문제나 그 외의 다른 문제로 인하여 상담을 받아야 할 정도로 고통을 받는 경우가 점점 늘어나고 있는 추세이다.

유아기에 정서적·신체적 학대, 유기, 애정결핍 등으로 인해 감정에 상처를 받아 화가 나거나 슬픈 감정을 그대로 가진 채 자란다면 지적인 사고, 감정, 행동에 문제를 일으켜 분노, 과잉행동, 파괴적 행동, 거짓말하기, 도벽 등과 같은 문제행동과 학습장애, 성격장애, 신경증, 우울증, 열등감 등의 정신병리를 발달시키게 된다. 또한, 신체적인 질병의 원인은 세균감염에 의해서도 발생하지만 정서적 불안이나 스트레스 등 심리적인 면도 많은 작용을 한다. 따라서 정서적 안정을 취할 수 있도록 충분한 사랑과 적절한 환경을 만드는 데 세심한 배려가 있어야 한다.

(5) 안전

유아기는 다른 시기와 비교해 질환에 의한 사망보다 사고에 의한 사망이 월등히 높다. 이처럼 안전사고는 영유아에게 영구적인 결함을 초래하거나 사망에 이르게 하는 주요 원인이 된다. 그 결과가 치명적이지 않다고 해도 사고가 나면 시간과 에너지뿐만 아니라 사고로 생기는 사소한 상처라도 영유아의 건강과 생활에 큰 타격을 받게 되기 때문이다. 또 안전사고로 인하여 학습과 활동에 참여하는 일이 일시적으로 중단될 수도 있으며, 심각한 상처의 경우는 의료비 부담도 크다. 따라서 가정이나 유아교육기관에서는 다른 무엇보다 안전사고 예방을 최우선으로 하여야 한다.

(6) 정기적 건강진단

건강을 유지하기 위해서는 가장 먼저 질병에 걸리지 않도록 예방해야 한다. 이를 위한 최적의 방법은 정기적으로 건강상태를 진단하는 것이다. 이에 「영유아보육법」(제31~제32조, 시행규칙 제33조)에서는 2007년부터 매년 1회 이상 정기적으로 건강진단을 실시하도록 규정하고 있다. 구체적인 영유아건강검진 실시기준과 문진표 양식의 예는 [그림 1-3], 〈표 1-2〉와 같다.

표 1-2 영유아 건강검진 실시기준

- **검사항목 :** ① 문진과 진찰 ② 신체계측 ③ 발달평가 및 상담 ④ 건강교육 ⑤ 구강검진
- **검진주기 :** 총 7차에 걸쳐 검진
  ① 생후 4~6개월 ② 생후 9~12개월 ③ 생후 18~24개월 ④ 생후 30~36개월
  ⑤ 생후 42~48개월 ⑥ 생후 54~60개월 ⑦ 생후 66~71개월

※ 구강검진의 경우 3차, 5차, 6차에 포함되어 있으나, 검진기간은 12개월로 연장됨
(3차는 18~29개월, 5차는 42~53개월, 6차는 54~65개월까지 검진 가능)

※기타 자세한 사항은 국민건강보험공단(www.nhic.or.kr 또는 1577-1000)으로 문의

54~60개월용 ●○

영유아 건강검진 문진표 (54~60개월용)

수검자 성명		주민등록번호		보호자 연락처	
보호자 성명		수검자와의 관계		E-mail(메일)주소	

※귀하께서는 국민건강보험공단 또는 보건소에서 제공하는 건강 관련 정보 및 사업 안내를 메일 또는 우편 등으로 받아 보는 것에 동의하십니까?
예 □ 아니오 □
※ 정해진 검진횟수를 초과하여 검진을 받으시면 해당 검진비용은 부당이득금으로 환수됩니다.

1. 아이의 생년월일: ______ 년 월 일 2. 출생시 체중: □.□ kg (소수 첫째 자리까지)
3. 지금까지 실시한 예방접종에 표시하여 주십시오(해당란에 횟수를 표시 하십시오)

	비씨지	B형 간염	디피티	소아마비(폴리오)	폐구균	B형 헤모필루스균	홍역,볼거리,풍진	수두	A형 간염	일본뇌염
시행한 횟수										

4. 발달문제로 진단을 받거나, 치료 중인 질환이 있습니까? ①예 ②아니오 있다면 구체적인 진단명은? ______

시각

		예 ① / 아니오 ②
1	눈동자의 위치가 이상합니까?	① ②
2	정면(앞에 있는 사물)을 볼 때 늘 얼굴을 돌려 옆으로 쳐다보거나 고개를 기울이고 보는 편입니까?	① ②
3	책/TV/물건 등에 너무 가까이 다가가서 보거나 찡그리고 봅니까?	① ②
4	아이의 한쪽 눈을 가리고 보게 했을 때 두 눈의 시력이 서로 다르다고 느껴집니까?	① ②

안전사고 예방 교육

		예 ① / 아니오 ②
1	아이가 자전거나 인라인 스케이트를 탈 때마다 헬멧, 관절보호대를 사용합니까?	① ②
2	아이가 차가 다니는 길에서 노는 때가 있습니까?	① ②
3	아이를 승용차에 태울 때 보조의자에 앉히고 안전띠를 매어줍니까?(승용차가 없는 경우 ③)	① ② ③
4	아이가 물놀이 할 때 지켜야 할 규칙을 알고 있습니까?	① ②
5	아이가 성냥이나 라이터, 폭죽 같은 것을 가지고 놉니까?	① ②
6	약이나 화학제품(표백제, 세제 등), 날카로운 물건 등을 아이 손이 닿지 않도록 보관합니까?	① ②

청각

		예 ① / 아니오 ②
1	간단한 동화나 이야기를 듣고 질문에 답할 수 있습니까?	① ②
2	간단한 문장으로 자연스럽게 의사표현을 할 수 있습니까?	① ②
3	두 단계의 명령문을 이해하고 수행할 수 있습니까? (책을 집어서, 가방에 넣으세요)	① ②
4	어린이집, 놀이터, 친구 집 등에서 있었던 일들을 이야기 할 수 있습니까?	① ②
5	아이가 ㅅ, ㅆ, ㅈ, ㅊ 등의 자음이 포함된 단어를 사용할 수 있습니까?	① ②

개인 위생 교육

		예 ① / 아니오 ②
1	아이가 음식을 먹거나 마시기 전에 손을 씻습니까?	① ②
2	아이가 장난감이나 동물을 만진 후 손을 씻습니까?	① ②
3	아이가 화장실을 이용한 후 손을 씻습니까?	① ②
4	아이가 눈, 코, 입을 손으로 자주 만집니까?	① ②
5	외출 중 아이가 물을 사용하여 손을 씻을 수 없는 경우 어떻게 하십니까? ① 마른 티슈로 닦는다 ② 물티슈로 닦는다 ③ 알코올 성분이 있는 손세정제를 사용한다 ④ 일단 그냥 둔다	① ② ③ ④

영양 교육

1	아이의 외모(체격)에 대해 어떻게 생각하십니까? ① 뚱뚱한 편이다 ② 보통이다 ③ 마른 편이다	①	②	③
2	식사 속도가 다른 가족과 비슷합니까? ① 빠르다 ② 비슷하다 ③ 느리다	①	②	③
3	식사와 간식을 규칙적으로 먹습니까? ① 예 ② 아니오	①		②
4	아이의 1회 식사량은 또래에 비해 어떻습니까? ① 적다 ② 비슷하다 ③ 많다	①	②	③
5	아이가 편식을 합니까? ① 예 ② 아니오	①		②
6	기름진 음식이나 달거나 짠 음식을 많이 먹습니까? (예: 패스트 푸드, 인스턴트 식품 등) ① 예 ② 아니오	①		②
7	물 대신 음료수를 선호합니까? ① 예 ② 아니오	①		②
8	아이가 TV나 모니터(컴퓨터, 게임기, 스마트폰 등)를 보는 시간이 하루에 2시간 이상입니까? ① 예 ② 아니오	①		②
9	아이가 하루에 1시간 이상 땀이 날 정도의 신체 활동(놀기, 운동 등)을 합니까? ① 예 ② 아니오	①		②

210mmX297mm[일반용지 60/㎡(재활용품)]

그림 1-3 영유아 건강검진 문진표의 예

3. 교사의 역할

일반적으로 유아교육기관의 교사들은 영유아의 건강관리를 위해 다음과 같은 여러 가지 지식과 기술을 갖추고 있어야 한다(전남련 · 김진혜 · 권경미 · 권순남 · 강은숙 · 홍은미, 2010 재인용).

- 건강 증진 방법, 건강 증진을 위한 교사 행동의 중요성 알기
- 관찰기술 능력(영역별 활동, 일화기록, 사건표집법, 놀이관찰, 행동목록법, 평정척도법 등)
- 면역과 면역의 시기에 관한 지식
- 건강평가 및 평가도구를 사용할 수 있는 능력
- 전염성 질환의 특성과 감염과정에 대한 지식
- 위생과 청결에 대한 내용
- 유아기 질병과 관리에 관한 지식
- 유아의 건강을 증진시키기 위해 가정과 지역사회와 협력하는 방법

영유아의 건강관리를 위한 유아교사의 구체적인 역할은 다음과 같다.

첫째, 앓는 영유아를 식별해 내고, 긴급할 때에 적절한 행동을 취해야 한다([그림 2-1] 참조).

둘째, 영유아의 건강과 영유아 가족의 건강을 파악하기 위하여 부모를 만난다. 입학 전에 영유아 몸무게와 키 또는 특별한 음식에 대한 이상 반응, 무능력한 행동 특성 등 모든 것을 기록한 개인 기록카드도 가지고 있어야 한다(〈표 1-3〉 참조).

표 1-3 사전 건강 조사서

영유아명		생년월일		성별	남·여

가족사항					
이름	관계	생년월일	동거여부		건강문제와 건강상태 진단
			예	아니오	
가족 사이에 퍼진 질병의 유무 □ 무 □ 유 질병명 :					

임신과 출생력			
분만장소(병원이름)			
이전 임신	총 횟수 (번)	유산 (번)	생존아 수 (명)
임신 중 어머니의 건강	□ 양호 □ 기타 ( )		
분만	□ 정상분만 □ 제왕절개 □ 기타 ( )		
신생아 기간 중의 질병	□ 무 □ 유 질병명 :		

예방접종 및 병력 (○, ×로 표시)		
종류(시기)	접종 유무	질환 유무
B.C.G(생후 1개월)		
B형 간염(출생 직후, 생후 5년마다)		
D.P.T(2,4,6개월, 18개월, 4~6개월)		
소아마비(2,4,6개월, 18개월, 4~6개월)		
홍역(9개월)		
볼거리(15개월)		
풍진(15개월)		
수두(1세)		
일본뇌염(3세 이후)		
장티푸스(5세 이상)		
백일해		
결핵 또는 만성 기침		
기타 질환		
※ 이미 앓은 경험이 있거나 현재 앓고 있는 질환		

※ 식품알레르기 조사
어린이집 급·간식 제공 시 식품알레르기가 있을 경우, 영유아의 건강에 심각한 문제가 발생할 수 있습니다. 식품에 대한 알레르기 반응이 있을 경우, 해당식품과 대체 가능식품을 알려주시기 바랍니다.

식품알레르기 여부	알레르기 유발 식품	알레르기 증상	대체 가능식품

※ 현재 식품알레르기 증상이 없으나 이후 증상이 발생할 경우, 반드시 어린이집으로 관련 내용을 알려주시기 바랍니다.

셋째, 건강 관련 프로그램으로 영유아의 건강 평가를 도우며, 건강에 관한 정보 기록을 보관한다.

넷째, 영유아의 교육활동과 경험 속에서 건강에 관한 내용을 교육한다.

다섯째, 유아교육기관의 시설과 설비 및 교육의 물리적 환경을 안전하고 건전하게 유지한다.

여섯째, 부모나 건강 전문인과 영유아의 건강 상담 시기를 결정한다.

마지막으로 유아교사 자신의 건강관리에도 세심한 주의를 기울이고 심신이 건강한 상태를 유지할 수 있도록 노력해야 한다. 교육의 질은 교사에 의해 좌우되기 때문이다. 이를 위해 「영유아보육법」에서는 유아교사도 1년에 한 번 정기적으로 건강검진을 받아야 할 것을 명시하고 있다.

특히 2018년도부터는 보육교직원 결핵검진이 의무화되었다(보건복지부, 2018). 어린이집에 신규채용된 보육교직원은 신규채용을 한 날부터 1개월 이내 결핵검진을 받아야 한다. 그 외 휴직, 파견 등의 사유로 6개월 이상 업무에 종사하지 아니하다가 다시 그 업무에 종사하게 된 경우도 포함한다.

아동의 신체적 건강관리

1. 영유아기에 걸리기 쉬운 질병
2. 신체적 건강관리

건강관리란 건강을 유지하기 위하여 질병에 걸렸을 때 조속한 치료 외에도 질병을 예방하고 위생적인 환경을 준비해 주며 신체적·정신적·사회적 안녕을 도모하기 위하여 수행해야 하는 모든 조치를 의미한다. 특히 영유아기는 질병에 대한 감수성이 높고 모체로부터 부여받은 선천적인 면역력이 거의 소실되어 감기, 설사, 구토 등 사소한 질병뿐만 아니라 수족구 등 감염성 질환에 매우 취약하다. 경미한 질병이라 할지라도 영유아의 신체적·정신적 발육을 저해할 뿐만 아니라 귀중한 목숨까지 잃게 되므로 하루 종일 영유아를 교육 및 보육해야 하는 유아교육기관의 교사는 건강관리에 각별히 신경을 써야 한다. 따라서 유아교사는 영유아에게 발생하기 쉬운 질병에 대한 지식과 건강관리 방법을 알고 있어야 한다. 또한 아픈 영유아를 식별해 내고 적절한 조치를 취할 수 있어야 한다.

이 장에서는 영유아기에 걸리기 쉬운 질병, 신체적 건강관리, 질병의 징후 발견, 질병을 확인한 다음의 조치 등에 대해 알아보도록 한다.

1. 영유아기에 걸리기 쉬운 질병

1) 기저귀 피부염

기저귀 피부염(diaper dermatitis) 또는 기저귀 발진(diaper rash)은 기저귀가 닿는 회음부에 생기는 피부 손상으로 영아기 접촉성 피부염 중에서 가장 흔하다. 이는 오줌의 성분이 세균의 작용으로 분해되어 발생하는 암모니아의 자극 또는 설사변이나 기저귀 재질이 원인이다(박성옥 외, 2008). 기저귀 발진은 기저귀를 착용하는 모든 연령의 영아에게 생길 수 있지만 고형식을 시작하는 시기에 발생률이 가장 높다.

기저귀 발진을 예방하는 방법으로 일회용 종이 기저귀보다는 면 기저귀를 사용하는 것이 좋다. 무엇보다도 좋은 방법은 영아가 대·소변을 본 후 기저귀를 바로 갈아주고, 엉덩이를 잘 닦고 말리는 것이다. 또 기저귀를 찬 부위를 통풍이 잘 되도록 신경 쓰며, 면 기저귀는 삶거나 햇볕에 자주 말려 살균을 해 주어야 한다.

기저귀 발진이 생겼을 때는 영아의 엉덩이를 잘 씻은 후 말려주어야 한다. 헤어 드라이어를 이용하여 말릴 때는 찬바람이나 약간 따뜻한 정도의 바람이 적당하다.

기저귀 발진 증상이 심하면 기저귀를 채우지 말고 영아의 발진 상태에 맞는 연고제를 의사의 처방을 받아 사용해야 한다. 연고제를 바른 후 그 위에 분을 뿌리는 경우가 있는데 분을 뿌리면 피부가 숨을 쉴 수 없어 증상이 더 심해지고 잘 낫지 않기 때문에 유의해야 한다.

2) 영아돌연사증후군

영아돌연사증후군(sudden infant death syndrome, SIDS)은 건강하던 만 1세 미만의 영아가 특별한 이유 없이 갑자기 사망하는 것을 말한다. 이는 임상기록의 철저한 검사, 사망 현장의 감식, 완벽한 부검 실행을 포함하여 철저한 사건 조사 후에도 사망원인이 밝혀지지 않아 원인을 알 수 없는 경우가 대다수이다.

(1) 원인 및 위험요소

정확한 원인은 아직 밝혀져 있지 않으나 엎드려 눕혀서 재우는 것과 관련이 있다고 알려져 있다. 발생 위험요소를 정리하면 〈표 2-1〉과 같다(보건복지부 · 어린이집안전공제회 · 중앙육아종합지원센터, 2017).

표 2-1 영아돌연사증후군 발생 위험요소

영유아 관련 요소	임신 관련 요소
수면 자세 침대 공동 사용(어른) 과보온 간접흡연 유전적 요인	저체중아 미숙아 임신 중 흡연 쌍둥이 산모 연령(18세 이하)

출처: 보건복지부, 어린이집안전공제회, 중앙육아종합지원센터(2017). 2017 어린이집 보육교직원 안전교육 자료집. p. 61.

(2) 예방법

영아돌연사증후군을 예방하기 위해 유아교사가 세심하게 신경써야 할 것들은 〈표 2-2〉와 같다.

표 2-2 영아돌연사증후군 발생 위험요소

구분	내용
건강 확인	• 조산아, 저체중 출산아, 잦은 호흡기 질환 등 병력이 있는 영아는 특별히 주의하여 관찰한다.
올바른 수면자세	• 딱딱한 바닥에 등을 대고 눕혀 재운다.
올바른 침구사용	• 표면이 딱딱한 침구를 이용한다. • 바닥깔개는 매트나 요의 모서리에 주름없이 펴서 고정시킨다. • 영아를 재울 때 너무 꽁꽁 싸서 재우지 않는다.
쾌적한 환경	• 적정온도를 유지한다(24~26℃)를 유지한다. • 어린이집 주변에 흡연자가 있는지 확인하여 담배 연기에 노출되지 않도록 한다. • 영아의 주변에 장난감, 인형, 베개 등 잡아당길 수 있는 물건을 치운다. • 영아 관찰이 용이한 조명, 안전거울, 투명창 등을 설치한다. • 영아 낮잠 시 반드시 보육교사가 상주하여 관찰하고, 자리를 비울 시에는 동료 보육교사에게 인계한다.
안전한 수유	• 수유 후 반드시 트림을 시키고 재운다. • 젖병을 물린 채로 재우지 않는다.

출처: 보건복지부(2016). 건강 · 환경 · 위생 · 급식. p. 25.

(3) 영아돌연사증후군으로 인한 영아의 사망 시 조치

영아돌연사 사망 발생 시에는 즉시 시장 · 군수 · 구청장에게 유선으로 통보한 후, 보육통합정보시스템에 입력하여 사고를 보고하는 동시에 안전공제회에도 사고 접수를 해야 한다.

3) 아구창

아구창은 진균류인 칸디다(Candida albicans)가 구강점막에서 증식하는 병을 지칭

한다. 저항력이 약한 영유아기에 주로 나타나며 혀, 볼의 안쪽, 목구멍 등의 부위에 백태와 같은 흰 물질이 덮이게 되며, 그 밑의 점막이 짓무른다. 아구창에 걸린 아기에게 모유수유를 하는 경우 유두 쪽에 감염될 수도 있다.

젖병이나 장난감과 같이 아기들이 입에 넣는 물건의 위생관리를 통해 예방이 가능하다. 발병한 경우, 내복약으로 치료가 가능하다.

4) 감기

감기는 전 연령의 영유아가 잘 걸리는 질병 중의 하나로, 약 90%는 바이러스가 원인균이다. 감기를 일으키는 바이러스의 종류는 매우 많은데, 코감기바이러스(rhinovirus)가 가장 흔하고, 박테리아로는 A군 연쇄상 구균이 가장 흔하다.

감기는 1년 내내 발병하지만, 초가을부터 늦봄 사이(1월, 4월, 9월)에 가장 많이 발생하고, 증상은 겨울철에 가장 심하다. 4세 이하 영유아는 1년에 3~8회 정도 발병한다.

감기의 증상으로는 주로 재채기, 열, 콧물 및 코막힘, 기침 등이다. 열이 높을 경우 뇌세포 손상까지 일어날 수 있으므로 교사는 수시로 체온을 재어 보고, 감기의 증상이 경미하다고 해도 그냥 지나치거나 해열제를 먹이지 말고, 원장이나 부모에게 신속히 건강상태를 알려 적절한 조치를 취하도록 한다. 일반적인 연령별 정상 체온은 〈표 2-3〉과 같다.

표 2-3 연령별 정상 체온

연 령	체 온
0~1세	37.5℃
1~3세	37.2℃
3~7세	37℃
7세~성인	36.6~37℃

감기를 예방하기 위해서는 손을 자주 씻도록 하고, 면역력을 높여 주기 위해 충분한 영양섭취를 시켜주며, 감기가 유행일 때는 여러 사람과 접촉을 피하는 것이 좋다.

5) 폐렴

폐렴은 일반적으로 3세 이하의 영유아에게 많이 발생하는 질병 중 하나로, 영유아 사망원인 중 첫 번째 원인이다. 바이러스나 세균 등에 감염되어 걸리는 병으로 초기에는 감기와 비슷한 증상을 보이다가 점차적으로 38~39℃의 고열을 동반한다. 이 발열 증상 때문에 땀이 나기도 하며 몸을 떠는 오한 증상이 있을 수 있고, 피부가 빨갛게 되기도 한다. 또 입맛이 없어 잘 먹지 않기 때문에 잘 놀지도 못하고 몸이 늘어지며 얼굴이 창백해지거나 보채고 기운이 없어 걷기 힘들어 한다.

다음과 같은 증상이 생기면 빨리 병원에 가서 치료를 받고, 입원이 필요할 경우 입원을 해서 치료를 받아야 한다.

- 기침이 심해지면서 황갈색 또는 피가 섞인 가래를 토해내는 경우
- 38℃ 이상의 고열이 있는 경우
- 24시간 동안의 수분 섭취량이 평소의 절반 이하일 때
- 쌕쌕거리면서 거친 숨소리를 낼 때
- 빠르고 얕은 호흡을 하면서 숨을 쉴 때마다 갈비뼈 사이, 쇄골 윗부분 또는 흉곽 아래가 움푹 들어가는 경우
- 입술과 손톱에 푸른빛이 도는 경우

빠른 시기에 조치를 취할 경우 흉막염이나 심부전 같은 병이 함께 생기지 않도록 예방 및 치료를 할 수 있다. 하지만 면역력이 약한 영유아는 빨리 조치하지 않으면 생명을 잃을 수도 있으므로, 폐렴 초기에 신속하게 대처하는 것이 그 무엇보다 중요하다.

폐렴은 주로 환자의 콧물, 기침 등의 호흡기 검체를 통해서 원인균이 전파되므

로 손 씻기 습관 및 호흡기 에티켓을 지키는 것이 폐렴 예방에 가장 효과적인 방법이다.

폐렴에 걸린 경우, 음식을 잘 먹지 않으려고 할 때는 억지로 먹이기보다는 탈수 증상이 보이지 않게 보리차를 젖병이나 물통에 적당한 온도로 식혀서 계속 먹여주는 것이 좋다. 바닥에 눕힐 때도 베개를 조금 높여 상체를 약간 올려주면 숨 쉬는 것이 좀 더 편해질 수 있다.

감기와 유사한 정도의 경미한 폐렴에서부터 사망에 이를 수 있는 심각한 폐렴 등 다양한 양상을 보이기 때문에 면역력이 약한 영유아는 증상이 어느 정도 나아졌다고 해서 마음대로 약을 먹이지 않고 그냥 방치할 경우 다시 폐렴이 악화될 수 있으므로 의사 말을 잘 듣고 따라야 한다.

6) 설사

설사는 평사시보다 배변 횟수가 증가하고 변에 물기가 많아지는 상태를 말한다. 영유아에게서 감기 다음으로 가장 흔하게 나타난다. 설사 자체는 병이 아니라 증상이기 때문에 영유아가 설사를 하면 그 원인을 찾아내는 것이 중요하다.

설사의 원인은 급성감염성 설사와 감염 이외의 원인에 의한 설사로 구분할 수 있다(〈표 2-4〉).

표 2-4 설사의 원인

급성감염성 설사	감염 이외의 설사
• 바이러스성 설사 • 세균성 설사 • 기생충에 의한 설사	• 항생제 사용에 의한 설사 • 장외 감염으로 인한 설사 • 식이성 설사 • 영양 불량성 설사 • 알레르기성 설사 • 면역 결핍성 설사 • 독성 설사

특히 바이러스성 설사인 로타 바이러스 장염은 매우 위험한 것으로, 전 세계 5세 미만 영유아 95%가 적어도 한 번쯤 감염될 정도로 발병률이 높아 영유아의 사망원인 중 폐렴에 이어 두 번째이다. 따라서 세계보건기구(WHO)에서는 모든 회원국에 로타 바이러스 백신접종을 의무화할 것을 권고하고 나섰다.

1973년에 처음으로 원인균이 규명되었으며, 온대지방에서는 주로 겨울철 또는 봄철에 유행하며 3개월에서 2세까지의 영아에게서 많이 발생한다.

설사에는 여러 가지 증상이 동반되는데, 변에 코 같은 것이 묻어나오면 세균성 장염 때문이 아닌지 확인해야 한다. 변에 피가 섞여 나오는 경우에도 세균에 의해 생긴 이질에 의한 장염일 수 있으므로 반드시 의사의 진찰을 받아야 한다.

영유아가 설사를 하면 탈수가 되지 않도록 수분 공급에 신경을 써야 한다. 설사는 장에 있는 나쁜 것들을 내보내는 역할을 하기 때문에 설사를 멎게 하기 위해 지사제를 함부로 사용해서는 안 된다. 설사를 멎게 하여 탈수를 막는 것보다는 수분 공급을 하여 탈수를 막는 것이 중요하다. 설사가 심한 경우에는 포도당 전해질 용액을 먹이는 것이 좋다(하정훈, 2009).

또한 영유아의 손을 자주 씻기고, 교사 자신도 기저귀를 갈기 전후에, 화장실에서 대·소변 보는 것을 도와준 후에 손을 잘 씻어야 한다. 설사하는 영유아의 엉덩이가 짓무르지 않도록 유의하고, 변기 청소를 깨끗하게 하고 방바닥도 잘 닦아준다. 설사가 묻은 옷은 다른 옷과 분리하여 세탁하고 살균 소독을 해야 한다(임미혜·정정옥, 2014).

7) 천식

천식이란 기관지가 과도하게 자극에 민감하며, 숨이 차는 호흡기 폐색 증상을 보이고, 기관지에 염증이 생기는 질병이다. 천식 환자는 일반인보다 기관지가 비정상적으로 민감하기 때문에 특정 자극을 받게 되면 기관지가 수축되고 가래가 생겨 호흡이 힘들어진다. 천식이 있는 영유아는 호흡기에 먼지가 들어왔을 때 기침 몇 번으로 끝나는 것이 아니라, 기침을 발작적으로 계속하고 기침이 심해져 숨지는 경우도 있다.

천식은 대부분 알레르기 때문에 생기며, 부모가 모두 알레르기가 있는 경우 자녀에게 알레르기가 있을 확률은 50~70%이다. 알레르기 물질 중 천식을 잘 일으키는 것으로 꽃가루, 동물의 털, 집먼지 진드기, 곰팡이 포자, 새와 털의 분비물, 우유, 계란, 견과류, 생선, 복숭아, 메밀 등을 들 수 있다. 알레르기 물질 외에 감기나 기관지염을 유발하는 바이러스, 독감, 심한 운동, 달리기, 찬 공기, 찬 음식, 공기오염, 매연, 담배 연기, 향수, 페인트나 신나 등의 냄새, 아스피린, 페니실린, 스트레스, 식도 역류 등 다양하다(하정훈, 2009).

천식의 증상은 발작적 기침과 호흡곤란이 반복되고, 기관지에서 쌕쌕거리는 소리가 난다. 천식을 방치하면 폐기능이 떨어질 수 있기 때문에 영유아가 천식으로 진단받으면 꾸준히 의사의 진료를 받고 치료해야 한다. 천식은 원인물질을 찾아 원인물질에의 노출을 최소화하는 방법, 원인물질을 소량 주사하여 체질개선에 중점을 두는 면역요법 등의 치료방법, 증상완화와 재발 방지를 위해 약을 사용하는 약물요법 등으로 치료하고 있다.

천식에 걸리지 않게 하기 위해서는 손을 자주 씻고, 안정을 취하고 몸을 보온하는 등 개인위생에 유의하여 감기와 같은 바이러스성 호흡기 감염에 걸리지 않는 것이 중요하다. 천식을 자주 앓는 영유아는 독감 예방접종을 하는 것이 좋다.

8) 중이염

중이염은 귀의 중이 부분에 염증이 생기는 것이다. 감기나 비염에 걸리면 귀와 코를 연결하는 이관을 덮고 있는 점막에 염증이 생겨 이관이 막히는 경우 물이 고이고, 고인 물이 썩어 염증이 생기게 된다. 특히 언어를 배우는 시기에 중이염 치료를 소홀히 하면 합병증으로 언어발달에 문제가 있을 수 있으므로 유의해야 한다.

영유아들은 성인에 비해 이관이 짧아 중이염에 잘 걸리는 데 중이염을 줄이려면 다음과 같은 점에 유의해야 한다(하정훈, 2009).

- 돌 지나서도 우유병을 빨면 이관에 가해지는 압력이 증가하여 중이염에 더 잘 걸리는 경향이 있으므로 우유병은 돌까지만 빨게 한다.
- 만 10개월이 지나서도 공갈젖꼭지를 빨면 중이염에 걸릴 확률이 현저히 증가하므로 5개월이 지나면 공갈젖꼭지를 필요 이상으로 빨리지 않는다.
- 가족의 일원이 집 안에서 담배를 피우면 간접흡연으로 인하여 아이의 섬모운동이 둔화되어 중이염에 잘 걸리므로 집 안에서는 절대 담배를 피우지 않도록 한다.
- 분유를 먹일 때 눕혀서 먹이면 중이로 분유가 들어갈 수 있으므로 반드시 안고 먹인다.
- 중이염과 감기는 밀접한 관련이 있으므로 평소 손을 잘 씻고 이를 잘 닦아 감기에 걸리지 않도록 한다. 독감 예방접종도 중이염 예방에 많은 도움이 된다.

중이염에 걸리면 귀가 잘 안 들릴 수 있고 염증이 터져 고름이 나오기도 한다. 말을 못하는 영아는 울며 보채고, 누워 있으면 아프기 때문에 계속 안아달라고 보채기도 한다. 중이염은 의사의 진료를 받아 꾸준히 치료해야 한다.

9) 편도선염

대부분 세균이나 바이러스 감염을 통해 발생하는 편도염은 편도를 구성하는 혀편도, 인두편도, 구개편도 중 주로 구개편도에 발생하는 급성염증을 말한다. 주 증상은 갑자기 고열과 오한이 나며 이후 인후통이 나타난다. 혀의 표면이나 구강에 끈적끈적한 점액이 두껍게 생기기도 하며, 관절통, 두통 등 신체 전반에 걸쳐 통증이 나타나기도 한다. 대개 4~6일 정도 이러한 증상이 지속되다가 합병증이 없으면 사라진다.

과거에는 편도선의 염증 때문에 감기, 비염, 축농증 등의 질병에 시달린다고 생각하여 편도를 떼어내는 경우가 많았으나 근래에는 편도선이 목으로 나쁜 것이 들어오는 것을 막아주는 역할을 하는 것으로 밝혀지면서 꼭 필요한 경우가 아니면 제거하지 않는다.

편도를 떼어내는 경우는 ① 편도선에 암이 발생했을 때, ② 편도선에 고름 주머니가 생겼을 때, ③ 편도선이 너무 커서 음식을 잘 못 먹고 숨이 막힐 때 등이다. 영유아들의 편도선은 성인의 편도선보다 크지만 성장하면서 편도선의 크기가 줄어들기 때문에 가능하면 나이가 들 때까지 제거하지 않고 기다려 보도록 한다. 단, 코와 목구멍 사이에서 유해균이 우리 몸에 침투하지 못하도록 막아주는 역할을 하는 아데노이드에 염증이 생겨서 붓는 아데노이드비대증에 걸린 영유아는 코가 막혀 입을 벌리고 숨을 쉬고 중이염이 만성적으로 진행되는 경우에는 수술을 하는 경우가 많다.

치료방법은 염증을 제거하고 증상 완화를 위한 치료를 하는 것이며, 예방을 위해서는 평소 손을 잘 씻고, 구강위생을 철저히 하는 생활습관을 유지해야 한다.

10) 변비

변비란 배변 횟수가 줄고 변이 딱딱하여 배변이 힘든 상태를 의미한다. 그러나 배변 횟수나 양상은 같은 연령이라 하더라도 모두 동일하지 않으므로, 단순히 배변 횟수나 양상만으로 변비라고 칭하지는 않는다. 일시적으로 2~3일 동안, 심한 경우 1주일까지 배변을 보지 못하지만 영유아의 건강상태가 양호하고, 잘 놀고, 잘 먹을 때는 특별히 걱정하지 않아도 된다.

변비가 심한 영유아들은 너무 힘들고 고통스러워서 변을 보다가 소리를 지를 때도 있다. 유아 변비는 선천성 문제나 장폐색 같은 심한 경우보다는 탄수화물 섭취는 많고 섬유질 섭취가 적은 경우, 밥을 잘 안 먹어서 식사량이 적은 경우, 불규칙한 배변습관이 만들어진 경우, 스트레스 및 다른 문제가 있는 경우 등의 원인에 의해서이다. 즉 부모의 불화, 이사, 유아교육기관 입학, 동생 출생 등 심리적인 문제나 배변 시 장애가 있는 기능성인 경우가 90% 이상이므로 더 심한 변비증상이 되기 전에 치료하는 것이 좋다.

11) 아토피성 피부염

아토피성 피부염은 정확한 원인은 규명할 수 없으나, 환절기에는 면역력이 약해지고 외출이 잦아지면서 자연히 먼지나 꽃가루에 노출되기 쉬워 아토피성 피부염이 심해진다.

영유아의 뺨과 팔다리에 홍조가 나타나고, 피부가 건조한 듯 허옇게 각질이 일어나면서 증상이 시작된다. 그러나 피부가 빨갛다고 해서 다 아토피가 아니기 때문에 혈액과 피부자극 등 검사를 통해 내부에 있는 원인을 찾아내어 관리를 잘해주는 게 중요하다.

아토피성 피부염 예방수칙은 다음과 같다(질병관리본부 자료실 http://www.cdc.go.kr).

- 보습 및 피부 관리를 철저히 해야 한다.
  보습제는 하루에 2번 이상, 목욕 후에는 3분 이내에 바른다.
- 목욕은 매일 미지근한 물로 20분 이내로 한다.
  아토피성 피부염의 경우, 목욕을 잘 하지 않으면 오히려 세균 감염의 위험이 있기 때문에 일주일에 2~3회 정도 목욕을 시킨다. 이때 미지근한 물로 샤워하는 것보다 15분 이내의 욕조 전신욕이 더 좋다.
- 비누목욕은 2~3일에 한 번, 때를 밀면 안 된다.
- 순면 소재의 옷을 입어야 한다.
- 손·발톱을 짧게 깎도록 한다.
- 스트레스를 잘 관리해야 한다.
- 적절한 실내 온도와 습도를 유지해야 한다.
  적절한 실내온도는 20~22℃, 평상시 실내의 습도는 40~60% 정도이지만, 영유아에게 감기 기운이나 아토피 피부염이 있으면 습도를 조금 더 높여주도록 한다. 가습기를 사용할 경우 매일 깨끗이 씻은 다음 사용하고, 빨래를 실내에 널거나 분무기를 이용하는 것도 좋은 방법이다.
- 효과적이고 검증된 치료방법으로 꾸준히 관리하도록 한다.

- 모유수유가 아토피 피부염을 줄일 수 있다.
- 아토피 피부염은 조기 진단과 조기 치료가 중요하다.

2. 신체적 건강관리

1) 사전 건강조사

일차적으로 가정의 부모가 전적으로 맡고 있던 영유아의 건강관리는 영유아가 유아교육기관에 입학하여 유아교육기관에 머무는 시간이 늘어남에 따라 유아교사 또한 영유아의 건강관리에 대한 책임 비중이 증대되었다. 이에 유아교사는 영유아의 건강관리 내용과 방법을 바르게 이해하고 이를 하루 일과에 반영해야 한다.

영유아들의 건강관리를 위해서는 무엇보다 건강상태를 파악하는 것이 중요하다. 이를 위해 입학 전에 몸무게와 키 등 영유아 건강에 대한 정보를 학부모에게 받아 보관해 두어야 한다(〈표 1-3〉 참조).

또한 어린이집에 온 날부터 30일 이내에 예방접종증명서 또는 그밖에 이에 준하는 증명자료를 제출받아 영유아의 예방접종 사실도 확인받아야 한다(질병관리본부 예방접종 도우미 사이트 https://nip.cdc.go.kr, 정부민원포털 민원24 www.minwon.go.kr).

2) 질병의 징후 발견

유아교사는 매일 등원부터 하원할 때까지 영유아들을 주의 깊게 관찰하여 평상시와 다른 점이 있는지, 건강상의 어떤 문제가 있는지에 재빨리 파악하여 치료받게 해 주어야 한다. 이를 위해 유아교사는 일반적으로 아픈 영유아에게 나타나는 징후를 알고 있어야 한다([그림 2-1]).

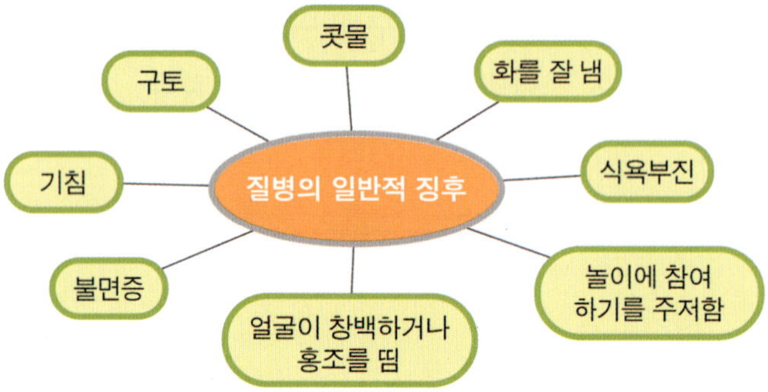

그림 2-1 질병의 일반적 징후

유아의 건강상태를 파악하기 위해 관찰할 때에 유아교사는 유아의 눈높이로 자세를 낮추고, 유아의 뒷목덜미를 쓰다듬으며 열이 있는지, 얼굴, 팔을 만져보아 피부상태를 살펴본다. 구체적인 일일건강관찰 양식은 〈표 2-5〉와 같다.

표 2-5 일일 건강관찰표

	예	아니오
1. 표정		
• 인사는 명랑하게 하는지?		
• 얼굴에 미소가 있는지?		
• 피곤한 기색은 없는지?		
• 졸리지 않은지?		
• 부모와 잘 말하는지?		
• 평상시와 같이 일과를 시작하는지?		
2. 병색		
• 감기 증상(기침, 콧물 등)은 없는지?		
• 눈이 충혈되거나 눈곱이 끼지는 않는지?		
• 눈빛에 이상은 없는지?		
• 피부병은 없는지?		
• 귀가 붓거나 고름이 나지는 않는지?		
• 코가 헐거나 막히지는 않는지?		
• 잇몸에서 피가 나거나 부어 있지는 않은지?		
• 안색은 좋은지?		
• 열은 없는지?		
• 몸에 땀이 나지는 않는지?		
• 특별히 불편해하는 곳은 없는지? 있다면 ____________		
3. 청결		
• 외모는 단정한지?		
• 자세는 정상적인지?		
• 눈이나 코를 후비고 긁지는 않는지?		
• 머리, 손발, 얼굴 등은 깨끗한지?		
• 손톱은 잘 깎았는지?		
• 입에서 냄새가 나지는 않는지?		
• 의복은 깨끗한지?		
4. 기타(매일이 아니라 주간으로 관찰한 것)		
• 일상적인 행동에는 변화가 없는지? 있다면 ____________		
• 간식과 점심에 변화가 없는지? 있다면 ____________		
• 낮잠에 변화가 없는지? 있다면 ____________		
• 배변에 변화가 없는지? 있다면 ____________		

3) 질병을 확인한 다음의 조치

(1) 휴식제공

질병에 걸린 영유아는 민감하고 많은 관심과 보호가 필요하기 때문에 조용하고 환기가 잘 되는 방에서 휴식을 취하도록 해 주는 것이 좋다. 이때 교사는 영유아 곁에서 증상이 어떤지 세심하게 관찰한 뒤, 가능한 한 증상을 구체적으로 기록해 두어 부모와 원장에게 보고해야 한다(〈표 2-6〉 참조).

(2) 부모에게 연락하기

유아교사는 부모에게 구체적으로 어떤 증상을 언제부터 보이기 시작했는지, 상태가 어떻게 진행되었는지, 어떤 조치를 취했는지 등을 상세히 설명해 주어 부모가 적절한 판단과 결정을 할 수 있도록 해 주어야 한다(보건복지부 외, 2017).

이때 갑작스런 일에 놀랐을 부모의 감정에 공감해 주고, 부모의 감정이 가라앉을 때까지 경청하도록 한다.

예) "○○ 이가 오늘 기침을 자주 하고 누런 색의 코를 자주 흘렸어요" "○○ 이가 오늘 몇 시경부터 38.5℃ 정도로 열이 있었어요, 그리고 힘이 없고 보통 때처럼 활발하게 놀지 않았어요"

저녁에 다시 한 번 더 부모에게 연락하여 영유아의 상태를 물어보고 유감을 표명한다(보건복지부 외, 2017).

예) "○○가 아파서 많이 속상하시죠?" "우리 ○○는 지금 집에서 어떤가요?" "유치원(어린이집)에서 더욱 신경 써서 앞으로 더욱 건강하고 즐겁게 생활할 수 있도록 하겠습니다."

표 2-6 질병증상보고서 양식

질병증상보고서

영유아의 이름 : ____________________

날 짜 : ____________________

1. 증상 :
2. 증상의 시작 시간 :
3. 증상의 지속 시간 :
4. 증상의 정도 :
5. 증상의 빈도 :
6. 행동변화 :
7. 체온 :
8. 지난 12시간 이내에 먹은 음료와 음식의 종류와 양 :
9. 지난 12시간 이내의 소변, 대변, 구토 상황 :
10. 관련 증세들(콧물, 목아픔, 기침, 구토, 설사, 발진, 목이 뻣뻣함, 배설하기 어려움, 통증, 가려움 등) :
11. 새로운 음식물, 비누, 벌레, 동물, 약물 등에 대한 노출 여부 :
12. 영유아가 접촉했던 사람 중 아픈 사람이 있는지의 여부와 접촉했던 사람의 증상 :
13. 복합질환(천식, 당뇨, 알레르기, 정서적 충격)의 여부 :
14. 증상 발견 이후의 대처 내용 :

기록자 : ____________________

(3) 병원에 데리고 가기

유아교육기관에서 충분한 휴식을 취하도록 조치하였으나 병세가 더욱 심해질 때는 부모에게 즉시 연락하고 신속하게 병원으로 데리고 가서 전문의의 진단과 치료를 받도록 해야 한다. 이를 위해 입학 시에 부모님의 비상연락망을 받아놓도록 한다(〈표 12-1〉 참조).

특히 다음 증상은 위급한 상황이니 곧 바로 병원에서 치료를 받도록 한다.

- 고열이 날 때(겨드랑이에서 잰 체온이 39℃ 이상)
- 의식을 잃었을 때
- 경련을 일으키거나 팔이나 다리를 통제할 수 없을 만큼 흔들 때
- 피가 섞이거나 변색된 콧물이 나올 때
- 갑자기 청력을 잃었거나 귀의 통증을 호소할 때
- 눈이 충혈되고 부어오르며 눈물이 나올 때
- 목이 뻣뻣해질 때
- 말하기나 삼키기가 거북할 정도로 편도선이 부었을 때
- 손톱이나 입술이 새파래지면서 호흡이 곤란해질 때
- 비정상적인 숨을 가쁘게 쉴 때
- 심하고 지속적인 기침을 하면서 피가 섞이거나 변색된 가래가 나올 때
- 12시간 연속적으로 구토를 할 때
- 피를 토할 때
- 복부가 부어오르거나 비정상적으로 커질 때
- 점액이나 피가 섞인 설사를 할 때
- 너무 소변을 자주 보거나 소변 보면서 통증을 호소할 때
- 다치거나 운동을 하지 않았는데 관절이 부어오르거나 빨갛게 되거나 통증이 있다고 호소할 때
- 상처에서 고름이 나오거나 열이 나며 빨갛게 되어 부어오를 때
- 갑자기 발진이 돋거나 여러 개의 부스럼이나 물집이 몸 전체에 걸쳐 생길 때
- 강하고 자지러지게 울 때

(4) 지속적으로 부모와 소통하기

영유아가 등원하지 않았을 경우, 현재 상태와 언제 등원할 수 있는지를 확인한다. 만일 영유아가 등원했을 경우, 부모가 영유아에 대한 해열제 등의 투약을 요청할 경우, 투약의뢰서(〈표 2-7〉 참조) 또는 부모의 투약요청 의사를 확인(유선 등)하고 이에 대한 증빙(문자 등)이 가능한 경우에는 어린이집에서 영유아에 대해 해결제·감기약 등 투약이 가능하다(보건복지부, 2018). 투약 시 주의할 점은 다음과 같다.

- 의뢰받은 약은 별도의 냉장고에 보관하고, 영유아의 이름을 정확히 기입하여 다른 영유아의 약과 섞이지 않도록 한다.
- 영유아에게 투약하기 전에 반드시 지시사항을 읽는다.
- 지시된 시간에 정확한 용량을 측정하여 투여한다. 특히 시럽인 경우 용량을 초과하여 먹일 가능성이 있으므로 주의한다.
- 똑바로 눕혀서 투약하면 기도로 들어갈 우려가 있으므로, 안전하게 앉혀서 투약한다.
- 액체약은 흔들어서 투약하고, 정제약은 녹이거나 가루로 만들어서 설탕물이나 꿀물에 타서 먹인다. 그러나 주스나 우유와는 섞어 먹이지 않는 것이 좋다.
- 연고를 바를 때는 작은 주걱을 사용하여 바른다.
- 사용 안 한 약은 쓰레기통에 버리기보다는 차라리 부모에게 되돌려 준다.

표 2-7 투약의뢰서 양식

투 약 의 뢰 서

금일 본 자녀의 투약에 대해 유치원(어린이집) 교사께 의뢰합니다.

반 이름	
영유아 이름	
증　　상	
약의 종류 및 용량	
투약 시간	

년　　월　　일

의뢰자　　　　　　(인)

* 단, 투약으로 인한 책임은 의뢰자가 집니다.

○ ○ ○ 유치원(어린이집)

아동의 정신적 건강관리

1. 정신건강의 이해
2. 아동 정신건강에 영향을 미치는 요인
3. 아동 정신건강 문제
4. 아동 정신건강 증진

유아기는 평생 행복한 삶을 살게 되는 기초를 형성하는 시기이다. 자기 자신뿐만 아니라 다른 사람을 사랑하며 배려하고, 어떤 어려운 문제를 겪게 되었을 때 쉽게 좌절하거나 포기하지 않고 극복할 수 있는 힘을 가지기 위해서는 어린 시기에 부모의 지극한 사랑 속에서 정신적으로 건강하게 성장해야 한다. 그러나 요즘 이혼, 별거, 실업의 요인으로 가정이 해체되고 사회가 급격하게 변화되면서 부모로부터 충분한 사랑과 관심을 받지 못하여 마음에 상처를 입어 정신적으로 장애를 일으키는 유아가 늘어나고 있는 실정이다.

유아기에 정서적 · 신체적 학대, 유기, 애정결핍 등으로 인해 감정에 상처를 받아 화가 나거나 슬픈 감정들을 그대로 가진 채 자라난다면 지적인 사고, 감정, 행동에 문제를 일으켜 분노, 과잉행동, 파괴적 행동, 거짓말하기, 도벽 같은 문제행동과 학습장애, 성격장애, 신경증, 우울증, 열등감 등의 정신 병리를 발달시키게 된다.

이 장에서는 정신건강의 이해, 아동 정신건강에 영향을 미치는 요인, 아동 정신건강 문제, 아동 정신건강 증진 등에 대해 살펴보고자 한다.

1. 정신건강의 이해

일반적으로 정신적으로 건강한 상태는 정신적 질병에 걸려 있을 뿐만 아니라 만족스러운 인간관계와 그것을 유지해 나갈 수 있는 능력을 의미하며, 개인적 · 사회적 적응을 포함하여 어떠한 환경에도 대처해 나갈 수 있는 건전하고, 균형 있고, 통일된 성격의 발달을 의미한다(김혜금 · 송영주 · 임양미 · 김현자 · 김진숙, 2014 재인용).

1) 정신이 건강한 사람

정신건강의 평가기준이 되는 조건에 대해 조대경 외(1994)의 견해를 살펴보면 다음과 같다.

(1) 자신과 타인을 존중할 줄 아는 인간에 대한 자세

정신적으로 건강한 사람은 자신이 사회집단에 수용된 구성원이라고 느낀다. 따라서 타인을 좋아하며, 그들도 자신을 좋아한다고 느낀다. 따라서 정신건강은 대인관계에서의 관용과 칭찬 및 긍정적인 접근, 개인의 존엄성에 대한 인정 등과 깊은 연관이 있다.

(2) 자신과 타인의 장점과 한계에 대한 이해와 수용의 자세

정신적으로 건강한 사람은 현실을 분명하게 판단할 수 있고 그것을 수용할 수 있어야 한다. 모든 측면에서 완벽한 사람은 존재할 수 없다. 따라서 자신과 타인의 장점과 한계를 있는 그대로 받아들여 수용할 수 있어야 한다.

(3) 모든 행동에는 원인과 결과가 있음을 이해할 줄 아는 자세

정신적으로 건강한 사람은 자신의 행동이 자기 자신의 선택에 의한 것이고, 그 선택에 따른 책임 또한 자신에게 있다는 것을 잘 알기 때문에 자신의 행동에 대한 원인과 결과를 남의 탓으로 돌리지 않는다.

(4) 자기실현에 대한 동기를 이해하고 끊임없이 노력하는 자세

모든 인간은 자신을 유지하고 자신의 한계 내에서 가능한 한 많은 것을 얻어내어 성장하려는 자기실현의 욕구를 가지고 있다. 정신적으로 건강한 사람은 이러한 자신의 욕구와 동기를 실현하기 위해서 끊임없이 노력한다.

2) 정신이 건강한 아동

영유아의 정신건강도 성인과 같은 개념이 적용되기는 하지만, 영유아의 정신이 건강한가 아니면 정신적으로 장애가 있는가는 성인과 다르다. 즉, 한두 가지의 특이한 증상은 영유아가 성장하는 과정 중에 일시적으로 일어날 수 있기 때문에 임상적으로 별 의미가 없는 경우가 많다. 따라서 영유아의 정신건강과 정신장애를 구분할 때는 연령에 합당한 발달단계에 준하여 영유아의 생각과 행동, 감정이 연령의 발달단계에 맞는지 또한 그 발달단계에 맞는 발달과제를 성취하고 있는지와 영유아의 환경 등을 고려해야 한다. 따라서 정신이 건강한 아동이란 신체적으로나 행동적 혹은 정서적으로 자기가 처한 발달단계에 맞는 행동을 보이고, 또 계속적인 발전을 방해할 다른 요소가 없으며 발전할 능력을 가지고 있다는 경우를 말한다.

그와는 반대로, 정신적으로 건강하지 않은 아동이란 그 나이와 성, 발달단계에 맞지 않는 생각, 행동, 감정을 보이고 그 단계에 적합한 발달과제를 이루지 못하여 발달이 늦어지거나 정지된 경우를 말한다(채경선 · 김주아, 2014 재인용).

이에 유아교사는 영유아의 정신건강에 이상이 있는지 정확히 이해하고 판단하기 위해서 정상발달에 대한 정확한 정보, 즉 발달 현상과 과정, 발달에 필요한 요소들, 그리고 비정상발달의 원인들을 알고 있어야 한다(〈표 3-1〉).

표 3-1 유아기의 정신발달과 주요 정신 병리

특징 \ 시기	영아기 (0~18개월)	걸음마기 (18~36개월)	유아기 (3~6세)
발달적 특징	• 사회적 미소 • 특정인에 대한 구별반응 • 낯가리기 • 격리불안 • 걷기, 말하기	• 급속한 언어발달 • 대 · 소변 가리기 • 자기주장 펴기 • 신체적 독립	• 사회적 · 성적 역할 학습 • 형제 간의 경쟁관계 • 사회적 가치 형성 • 초자아 형성
놀이 특징	• 혼자 놀이 • 감각 운동적 놀이	• 평행 놀이 • 반복, 흉내 내기	• 협동적 놀이 • 거친 신체운동 활동

발달과제	• 애착 형성 • 기본적 신뢰감과 안정감	• 분리개별화 • 자율성 • 대상연속성 개념 • 충동적 공격성의 통제 기능	• 사회화 • 역할학습 • 문화적 습득
환경 구성	• 감각운동적 자극 • 애정적 관계 • 민감한 배려 • 사랑을 주는 관계 • 적절한 영양, 위생관리	• 지속적 · 일관적 지도 • 충동조절 교육 • 자율성 존중, 강조 • 자기 주장 허용	• 다양한 역할 제시 • 다양한 가치 제시 • 적절한 성 역할 • 친구관계 형성 지원
정신 병리	• 감각발달 • 발육장애 • 발달 지연 • 급성 격리반응 • 지능장애 • 수유장애 • 유아복통 • 자폐증 • 정신박약	• 수면장애 • 모성 과보호 • 부정적 태도 • 반항적 태도 • 유아 공생정신병	• 불안장애 또는 불안 • 공포장애 또는 공포 • 야뇨증, 분실금 • 야경증 • 악몽 • 행동장애 • 정신 · 사회적 결핍, 박탈 • 주의력 결핍장애

출처: 김일옥 · 최경순(2009). 아동건강교육. 양서원. p. 133.

2. 아동 정신건강에 영향을 미치는 요인

유아의 정신건강에 영향을 미치는 요인은 크게 기질적 요인, 심리적 요인, 사회 · 문화적 요인으로 나눌 수 있다(대한신경정신학회, 2005; 설진화, 2009).

1) 기질적 요인

출생 전 · 후의 산모나 태아에게 부정적인 영향을 미치는 의약품, 약물, 알코올 중독 등 뇌에 미치는 모든 질병과 자동차 사고나 산업재해 등의 외상, 감염, 인체에 축적되어 장애를 일으키는 화학적 중금속 독성물질은 기질성 정신장애를 일으킬 수 있다.

태아기에 입은 상처는 〈표 3-2〉와 같이 출생 후에 여러 가지 태도 및 행동 패턴으로 나타나게 된다.

표 3-2 태아기 상처를 분별하는 단서들

태아기의 환경	출생 후 일반적으로 관찰되는 태도 및 행동 패턴
아이를 원하지 않는 경우	경쟁심, 성취지향성, 살아갈 이유를 애써 찾음, 기쁘게 하려는 지나친 욕구(혹은 거절당하기 전에 거절함), 긴장, 변명, 분노, 죽고 싶은 마음, 속박에 관한 문제, 애정을 거부함(혹은 지나치게 갈구함)
혼외관계로 인한 임신의 경우	깊은 수치심, 소속감 결핍
부모가 재정적으로 어려운 시기를 지나온 경우	'나는 부담스러운 존재야'라고 믿음
부모가 너무 어려서 미처 부모가 될 준비를 갖추지 못한 경우	'나는 사생활 침입자야'라고 믿음
어머니가 허약한 경우	존재에 대한 죄책감, 아이는 어머니에 대해 정서적인 책임감을 가질 수 있음
태아의 부모 중 한쪽 혹은 양쪽의 성이 잘못된 경우	성 정체성 문제, 종종 동성애를 유발하는 원인이 됨, 부모의 마음을 기쁘게 하려 애씀, 허무함, 패배주의자적인 태도, '나는 처음부터 잘못 되었어'
유산 후 임신된 아이의 경우	지나친 신중함, 지나친 성취, 경쟁심, 상실을 보완하려 애씀, 대체물이라는 것에 분노하고 자신이 되지 못함
어머니가 출산에 대한 지나친 두려움을 가진 경우	두려움, 불안정, 분만에 대한 공포
집안에서 싸운 경우	초조함, 긴장, 두려움, 신경과민, 의견 차이가 생기면 즉시 대화를 주도하려고 함, 죄책감(내가 싸움의 원인이야)
아버지가 돌아가셨거나 떠나가신 경우	자신이 부모가 됨(부모에 대한 정서적 책임을 느낌)
어머니가 사랑하는 사람을 잃고 슬픔에 잠긴 경우	죄책감, 자기비난, 분노, 버려질 것에 대한 쓴 뿌리 기대, 누군가의 존재를 과도하게 갈망함, 죽고 싶은 마음, 우울
불건전한 성관계인 경우	슬픔, 우울, 죽음의 소원, 외로움, '아무도 날 지지해 주지 않아. 의지할 것은 오직 내 자신 뿐이야'라고 상상함
어머니에 대한 아버지의 태도가 둔하거나 폭력적인 경우	성관계를 혐오함, 남성 성기에 대한 두려움

태아기의 환경	출생 후 일반적으로 관찰되는 태도 및 행동 패턴
아버지가 어머니 이외의 여성과 성관계를 맺고 있는 경우	일반적으로 건강하지 못한 태도들
어머니가 체중이 느는 것을 싫어해서 영양분을 제대로 섭취하지 않은 경우	채워지지 않는 허기, 분노
어머니가 심한 흡연가인 경우	걱정이 지나치게 많은 경향이 있음
어머니가 과도한 카페인을 섭취하는 경우	아기의 근육이 약하거나 활동성이 저조하기 쉬움
어머니가 음주가인 경우	아기는 화학작용뿐 아니라 어머니가 술을 마시기 전에 느끼는 부정적인 감정도 그대로 흡수함
도산	문제거리를 학습할 소지가 훨씬 높음
비정상적인 분만 통증	태아기의 양가감정 혹은 거절이 사실임을 확인이라도 하듯 고통이 생기면 격노함
인공적인 유도분만인 경우	어머니와 아기는 속박관계를 형성함, 피학대적인 성격 또는 성도착을 가져올 수 있음
제왕절개 수술로 태어난 경우	모든 종류의 신체적인 접촉을 지나치게 열망함, 공간지각과 관련된 문제, 서투름
탯줄이 목에 감긴 채 태어난 경우	목에 관련된 문제들, 삼킴, 언어장애, 반사회적 행동 혹은 범죄 행위

출처: 임정아 역(2007). 상한 영의 치유 Ⅰ. pp. 84-86.

2) 심리적 요인

개인의 본능적 충동과 그에 관련된 감정들이 정신장애의 원인이 된다. 즉 미움, 분노, 공포, 불안, 우울, 슬픔, 시기와 질투, 고독, 수치심 등의 부정적인 감정은 적응에 문제를 일으키고 병적인 행동과 정신장애의 원인이 된다([그림 3-1] 참조).

또한 사랑, 죽음, 이별, 의존대상의 상실 등에 따른 절망, 분노, 억압 등이 합병하여 여러 정신장애를 일으킬 수 있다. 신체장애, 만성질병도 상실감을 초래하여 열등감, 분노, 공격성, 방어, 보상 등 심리적 반응을 일으킨다.

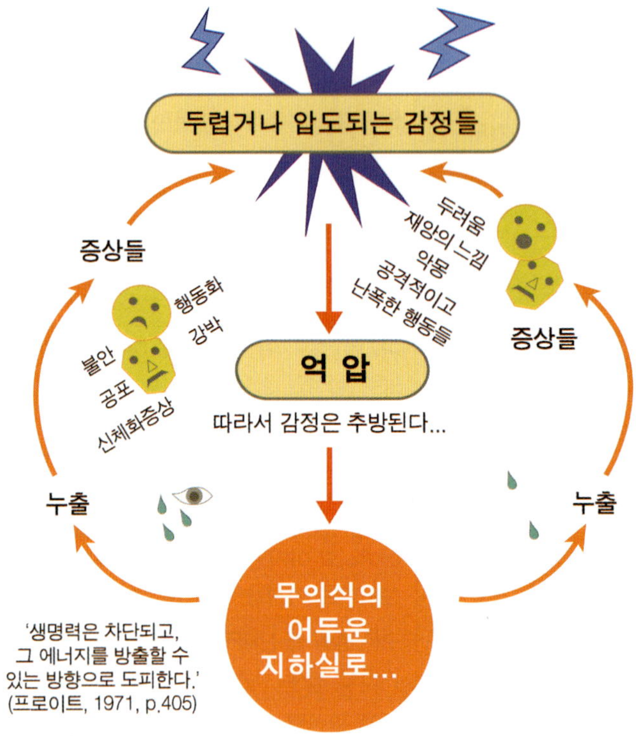

그림 3-1 신경증의 모습

3) 사회문화적 요인

(1) 가족요인

① 부모가 자주 싸울 때

부모가 자주 싸워 집안 분위기가 침체되고 불안한 집안 환경을 느끼면 정서적으로 안정되기가 힘들다. 부부가 큰 소리를 내면서 싸우는 것은 어린 영유아에게는 전쟁터에서 전우가 총에 맞아 피를 흘리며 죽어가는 모습을 보는 것과 같은 공포감을 느끼게 된다고 한다.

이와는 반대로 집안 분위기가 너무 조용하면 영유아는 생동감 넘치는 에너지를 발산하지 못해 내성적인 성격을 갖게 되고, 또래집단과도 잘 어울리지 못해 혼자

조용히 지내거나 반대로 극도로 산만해지기 쉽다.

② 환경이 급격하게 변화할 때

어른들이 생각할 땐 대수롭지 않은 변화도 영유아에겐 스트레스가 될 수 있다. 예를 들어, 부모의 외출로 할머니 집에 맡겨졌을 때, 엄마가 아플 때, 아빠가 출장을 떠났을 때 등 일상생활에서 흔히 벌어지는 환경 변화에도 영유아는 스트레스를 받을 수 있으므로 작은 변화라도 영유아의 정서상태를 고려하고 이해하는 태도가 필요하다.

③ 엄마가 잔소리를 많이 할 때

영유아에게 이것저것 시키는 게 많고, 영유아가 일을 더디게 하면 참지 못하고 잔소리를 하는 엄마 밑에서 자란 영유아는 무슨 일을 하든지 주의가 산만하고 집중력이 떨어진다. 또 쉽게 포기하고 제대로 끝마무리를 못하는 경향이 있다. 따라서 영유아의 독립성을 형성할 수 있도록 잔소리를 줄이고 기다려줄 줄 알아야 한다.

④ 부모의 그릇된 양육 태도

영유아의 기분은 무시한 채 부모의 뜻대로만 영유아를 다루려고 하는 것은 큰 스트레스 요인으로 작용한다. 특히 칭찬에 인색하고 권위적이며 강압적인 태도는 영유아에게 휴식처가 되어야 할 부모를 두려움과 불안의 대상으로 전락하게 만든다.

⑤ 아동학대

아동학대는 엄마나 아빠, 할머니, 할아버지 등 보호자를 포함한 성인에 의하여 영유아의 건강·복지를 해치거나 정상적 발달을 저해할 수 있는 신체적·정신적·성적 폭력 또는 가혹행위 및 영유아의 보호자에 의하여 이루어지는 유기와 방임을 말한다.

참고로, 2014년 9월 '아동학대 범죄 처벌법' 제정을 계기로 아동학대에 대한 사회적 관심뿐만 아니라 엄연한 범죄라는 사실이 인식되었다. 즉, 아동학대가 "가족

간의 문제"에서 "사회문제(범죄)"로 인식되는 경향이 강해졌다(보건복지부 보도자료, 2017.11.24).

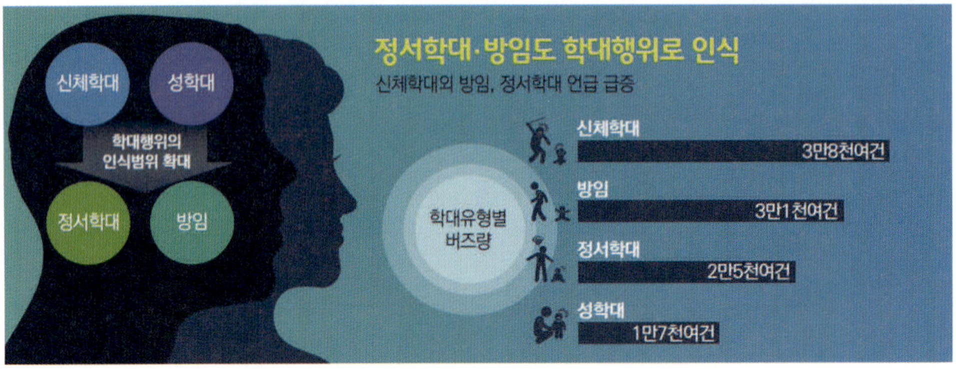

출처: 보건복지부 보도자료(2017. 11. 24).

그림 3-2 아동학대에 대한 사회적 관심

유아들이 어떤 형태로든 학대를 당하면 자신에 대해 무가치하게 느끼고, 타인과의 신뢰 형성에 어려움을 느끼거나 성장 후 대인관계에서 어려움을 겪을 수 있다. 성장 후의 범죄, 약물남용, 사회부적응 그리고 결혼부적응과 성 문제 등을 일으키는 것으로 나타났다(김경철 외, 2017).

(2) 사회적 요인

① 공부 강요

요즘에는 영어 조기 교육으로 유아에게 쉴 틈을 주지 않고 계속 어떤 자극을 주려고 애쓰는 유아교육기관이나 부모가 많다. 쉬고 싶을 때 못 쉬면 신경세포가 지쳐서 정작 학습이 필요할 때 그것을 받아들이지 못하는 부작용이 생기게 된다. 따라서 영어를 빨리 시키려하기보다는 유아의 발달단계와 기질, 흥미를 고려해서 시작하는 것이 중요하다.

② 어린이집이나 유치원에서의 적응 문제

처음으로 새로운 친구를 사귀고 처음 보는 사람들을 많이 만나며 수많은 규칙과 이질적인 환경에 처하게 되면 영유아는 많은 스트레스를 받게 되는 것은 당연하다. 따라서 영유아와 가능한 한 많은 대화를 하고 어린이집이나 유치원의 교사와 충분히 상담하면서 적응할 수 있도록 도와주어야 한다.

이외에도 경제적 빈곤, 인터넷 게임, 스마트폰의 폭력물의 영향에 의해 정신장애를 일으킬 수 있다.

(3) 문화적 요인

사회문화의 급격한 변화는 불안, 우울, 고립감, 비현실감 등의 정신적인 충격과 정신장애를 불러일으킬 수 있다.

3. 아동 정신건강 문제

신체적 건강과 마찬가지로 정신적으로 건강하기 위해서는 항상 예방이 최선이고 가장 효율적인 치료이다. 영유아 마음의 장애와 원인이 밝혀졌다 하더라도 혹은 증상이 있더라도 부모나 교사의 치료에 대한 기대치에 따라서 가벼운 문제로 판단되기도 하고 심각한 문제로 판단되기도 한다. 이에 부모나 교사는 영유아에 대한 정확한 정신건강 문제를 파악하여 질병으로 굳어지기 전에 마음의 문제를 찾아서 해결하는 것이 바람직한 태도라 할 수 있다.

일반적으로 영유아가 오래도록 마음의 상처를 입어 정신적으로 문제가 생겼을 때 나타나는 행동은 다음과 같다.

1) 급성 격리반응

급성 격리반응은 애착관계를 맺은 성인과 떨어질 때 심한 불안을 보이는 것을 말한다. 영아가 심하게 떨어지지 않으려 저항을 하는데도 격리시키면 영아는 일정 시간 후에 울음을 그치고 잠잠해진다. 흔히 어른들은 '이제 됐다'라고 생각하지만 사실은 영아에게는 정신적인 상처가 생긴 상태이다. 포기하는 것 자체가 정신적인 상처를 의미한다(채경선 · 김주아, 2014).

분리불안감을 해소시켜 주기 위해서는 부모나 교사가 영아 몰래 헤어지는 것보다 마음의 준비를 할 수 있도록 부모나 교사가 어디를 가는지, 언제 돌아올 것인지 등을 설명해 주고 헤어지는 인사를 나누도록 하는 것이 바람직하다.

2) 영아복통

영아가 정신적으로 어려우면 갑자기 우는 형태로 나타나는 것을 말한다. 진찰을 해 보면 아무 이상이 없다.

3) 수면장애

정신적으로 불안정한 영유아는 편히 잠들지 못하고 자주 깨거나 울거나 한다. 피곤해하면서도 자지 않거나 특별한 조건하에서만 잔다. 예를 들면, 엄마가 옆에 있어야만 자고, '이제 깊이 잠들었겠지' 하고 일어나면 금방 깬다.

유아기의 수면장애는 악몽증, 야경증 등이 대표적이다. 악몽증은 무서운 꿈으로 인하여 잠을 지속하지 못하고 깨는 장애를 말한다. 3~6세 유아에게(10~50%) 흔히 생길 수 있고 여아가 2~4배 정도 많이 나타난다.

야경증은 수면 중 반복적으로 갑자기 깨어나서 소리를 지르거나 우는 장애를 말한다. 주로 4~12세 중 1~6%의 유아에서 발생하고 특히 여아에게 흔히 발생한다.

4) 배설장애

배설장애란 인지능력, 언어능력 등이 연령에 걸맞게 제대로 성장하고, 연령도 적합한 시기가 되었는데도 불구하고, 대·소변을 가리는 행동에 문제가 있는 경우를 말한다. 배설의 문제는 유뇨증, 유분증이 대표적이다.

유뇨증은 만 5세가 되어서도 적절히 가리지 못하는 장애를 말하며, 5세 남아의 약 5%, 여아의 약 3% 정도 발생한다.

유분증은 만 4세가 되어도 기질적인 문제가 없는 상태에서 대변을 가리지 못하는 장애를 의미한다. 특히 5세 이후 유아에서 1% 정도 나타나고 남아에서 많이 발생한다. 만 4세 이후 고의적으로 대변을 적절하지 못한 장소에 싸는 행위가 한 달에 1회 이상, 3개월이 넘도록 지속된 경우 변비가 동반되는 경우가 있다. 또한 약 25%에서 유뇨증이 동반되며 낮에 자다가 나타나기 때문에 현실적인 문제가 더 심각하다. 정서적인 문제와 반항성 도전장애, 주의력 결핍, 과잉 운동 증상 등이 동반될 수 있다.

5) 반항적이고 공격적인 행동

자신의 욕구가 좌절되어 기분이 나쁘거나 자신이 원하는 것을 얻기 위해서 길바닥에 드러누워 울고 버둥거리고 지속적으로 부모나 교사에게 반항하거나 타인에게 해가 되는 공격적인 행동을 한다. 매사에 싫거나 아닌 것으로 반응을 하며, 성격도 급해져 참고 기다리는 것을 힘들어 한다.

6) 틱 행동

틱(tic)은 비자의적으로 반복적인 근육 경련을 말한다. 그 종류로는 욕을 계속 내뱉는 경우, 얼굴을 찡그리는 경우, 눈을 깜빡이는 경우, 어깨를 움찔거리는 경우 등 다양한데, 시간이 갈수록 일종의 반사처럼 고착되어 2차적으로 신체적인 문제로 나타나게 되고, 열등감과 정신적인 문제로도 나타나게 되므로 가능한 한 빠른 시기에 치료해야 한다.

4. 아동 정신건강 증진

우선 마음이 건강해지기 위해서는 유아가 좌절과 실패를 경험해 보도록 해야 한다. 이 세상은 혼자만 살 수 있는 곳이 아니기 때문에 자신의 욕심대로 모든 것을 할 수 없으며, 운다고 모든 것이 다 해결되지 않는다는 것을 알아야 한다. 오히려 유아가 원하는 모든 것을 다 해주어 전혀 좌절을 경험해 보지 않게 하는 것은 오히려 망치는 길이다.

유아의 마음을 건강하게 만들기 위한 방법은 다음과 같다(임미혜 · 정정옥, 2014).

첫째, 유아에게 적절한 좌절(optimal frustration)을 경험하게 한다.

유아에게 부모님의 이혼이나 필요 이상 감정적으로 때리는 매는 오히려 마음을 해칠 수 있다. 그러나 집에 장난감이 많은데도, 또 장난감을 사달라고 하는 유아의 요청은 거절하는 것이 좋다.

그 외에도, 친구나 형제와 싸우는 것은 적절한 좌절이다. 유아 수준에서도 감당할 수 있는 것이기 때문이다.

둘째, 유아가 충분히 아파할 때까지 기다려주어야 한다.

유아가 적절한 좌절을 경험했을 때, 교사는 일단 거리를 두고 유아가 충분히 아파할 때까지 기다려주어야 한다. 유아가 힘들어하는 모습이 안타까워서 문제를 해결해 주려고 나서게 되는 것은 유아가 아픈 것이 안타까워서 대신 아파하겠다는 것이나 똑같다.

셋째, 유아 자신의 기분을 이해할 수 있게 도와준다.

마음의 상처 또는 스트레스는 기분과 깊은 관련이 있다. 자신의 기분과 느낌을 정확하게 이해하면 스트레스를 조절하는 데 큰 도움이 된다.

스트레스에 강해지려면 자신의 생각을 잘 파악하고 표현할 줄 알아야 한다. 우선 유아에게 여러 가지 느낌과 그에 맞는 단어를 말로 표현할 수 있게 알려준다. 행복하고, 기분 좋고, 만족스러운 긍정적인 감정은 쉽게 익힐 수 있으므로 오히려 부정적인 단어를 많이 알려주는 것이 좋다. 우울하고, 가슴이 아프고, 부끄럽고, 외롭고, 화가 나고, 미안하고, 재미가 없어 심심한 기분이 어떤 것인지 자세한 설명으로 이해할 수 있도록 도와준다. 예를 들어, 유아가 또래와의 다툼으로 화가 나거나 속상해 있을 때 교사는 유아의 감정을 인식하고 "친구가 장난감을 빼앗아가서 속상하구나! 그래서 화가 났구나!" 등 적절한 언어적 개입을 통해 유아 자신의 감정을 인식하도록 한다. 또한 기분과 감정에 대해 충분히 이해하게 되었을 때 "지금 마음이 어떠니?" 하고 물으면 쉽게 상황에 접근하고 해결할 수 있게 된다.

넷째, 유아의 감정을 읽어 주고, 좌절에 대하여 이야기할 기회를 주어야 한다.

유아가 어떤 것으로 마음의 상처를 입었는지 빨리 알아채려면 무엇보다 대화를 많이 하는 것이 중요하다. 지금 무엇을 필요로 하는지, 무엇을 원하는지를 유아는 조리 있게 설명하지 못하기 때문에 말 뒤에 숨겨진 의미를 파악할 줄 알아야 한다. 일단, 유아와 대화를 할 때는 표정으로 그 이야기에 흥미를 보이고 있다는 것을 알려줘야 한다. 대화 중간에 옳고 그름을 따지지 말고, 유아를 쓰다듬어줄 정도로 가까이 앉아서 이야기를 들어준다. 이야기를 다 듣고 나면 유아에게 충고를 하는 대신, "그때 어떤 기분이었는데? 이제 어떻게 할까?" 하고 이야기를 더 잘할 수 있도록 유도한다. 인내심을 갖고 유아의 이야기를 듣다 보면, 자연스럽게 무엇 때문에 힘들어 하는지 알 수 있게 된다.

다섯째, 유아에게 사랑을 표현하여 자존감을 높여준다.

자존감(self-esteem)이란 자신의 행동과 특성에 관한 표현과 평가를 나타내는, 상대적으로 안정되어 있는 자신에 대한 태도를 의미한다. 자신에 대해 건강한 자존감을 가진 유아는 자기 신뢰가 높고 도전심이 강하기 때문에 자존감이 낮은 유아보다 스트레스를 잘 이겨낸다. 따라서 교사는 평소에 유아에 대한 사랑과 칭찬에 인색하지 않아야 한다. 그렇다고 항상 유아 뒤를 쫓아다니며 과잉보호를 하는 것은 유아의 호기심과 흥미를 꺾는 일이므로 사랑과 칭찬에도 적절하게 수위를 조절해야 한다.

만약 부모 또는 교사가 유아를 직접 혼내서, 유아에게 좌절을 주었을 때도 잘못한 행동에 대해서는 혼을 내지만, 유아 자체에 대해서는 사랑을 표현해 주는 것이 좋다.

여섯째, 유아가 신체적으로 건강해지도록 도와준다.

신체가 건강하면 마음도 건강하고 자부심도 강해진다. 또한 신체적 활동은 원기를 회복시키고 뇌 속에 있는 천연 신경 안정제의 분비도 촉진시키므로 균형 잡힌 운동 등을 제공한다.

한편, 수면은 몸과 정신의 원기를 회복하는 힘이 있으므로 스트레스 퇴치와 예방을 위해서도 필수적이다. 특히 성장호르몬은 수면상태에서 왕성하게 분비되므로 유아가 정서적으로 안정된 상태에서 푹 잘 수 있도록 도와야 한다.

일곱째, 유아를 독립된 인격체, 합리적인 태도로 대해준다.

유아는 끊임없이 묻고 호기심을 채워간다. 이럴 때 유아의 대답을 무시하거나 귀찮아하는 모습을 보여서는 안 된다. 또 "안 된다"는 말을 쉽게 내뱉는 강압적인 태도도 버려야 한다.

지나치게 과보호하는 태도 역시 버려야 한다. "너는 어리니까 무조건 할 수 없어" 하기보다 "지금은 네 손이 작아서 못 하니까 선생님이 도와줄게" 하고 구체적으로 설명해 준다.

여덟째, 함께 놀 수 있는 시간을 갖는다.

유아들은 스스로 스트레스 푸는 방법을 알고 있다. 예를 들면 공을 던지고, 차고, 장난감 탑을 부수는 등 몸을 사용하는 활동이다. 뭔가를 흐트러뜨리고 파괴하는 놀이는 마음속에 쌓인 화를 푸는 데 도움이 된다. 또 애완동물이나 자기가 가장 좋아하는 인형을 끌어안고서 자기의 마음을 안정시키기도 한다. 유아가 원인 모르게 화를 낸다면 함께 운동하거나 산책하는 것도 좋다. 그밖에도 애완동물이나 금붕어 등을 기르면서 푸근한 마음을 길러주는 것도 좋은 방법이다.

아홉째, 전문가의 지원을 받는다.

유아가 퇴행, 틱, 수면장애 등 지속적으로 정신적인 문제를 보이면 놀이치료, 상담 등 전문가에게 도움을 받도록 한다.

교사의 건강관리

1. 신체적 · 정신적 건강이해
2. 신체적 · 정신적 건강문제
3. 신체적 · 정신적 건강관리

영유아교사는 일련의 양성과정을 거쳐서 자격을 취득하고, 유아교육기관에서 0세에서부터 만 5세까지 영유아의 바람직한 성장·발달을 위해 보호와 교육서비스를 제공하는 사람이다. 하루 평균 10시간 이상 근무하고 많은 종류의 직무를 혼자서 수행하기 때문에 자신의 건강을 돌볼 시간이 적을 뿐만 아니라 영유아 신체크기에 맞도록 설계된 시설·설비에서 활동하기 때문에 근육골격계와 영유아를 돌보면서 점심식사를 하는 데서 오는 소화기 계통의 증상이 나타나 불편을 겪고 있다. 이외에도 영유아에게서 발생하는 각종 질병에 노출되어 감기, 수두, 수족구 등에 감염되기도 한다.

한편 영유아교사는 영유아의 안전사고에 대한 긴장으로 많은 스트레스를 받고 있으며, 혼자 학급을 운영하면서 성인들 간 대화부족으로 사회적 고립감이나 우울증과 같은 정서적 문제를 경험하기도 한다.

영유아교사의 건강상태는 교육 및 보육의 질과 밀접한 관계가 있다. 김혜금(2011) 연구결과 보육교사의 건강상태, 건강행동 그리고 보육의 질 간에 모두 상관관계가 있는 것으로 나타났다. 이는 건강상태가 좋다고 인식한 영유아교사가 건강행동을 더 많이 하고, 영유아와의 상호작용, 등·하원 시 영유아를 대하는 태도, 영유아의 질문에 대한 반응 정도, 영유아의 매일 일과활동에 대한 관심 등 질 높은 교육 및 보육을 제공한다는 것이다.

그러나 현재 영유아교사의 건강에 대한 정책이나 지원은 열악한 편이다. 이에 영유아교사 스스로 자신의 신체적, 정신적으로 건강을 유지할 수 있도록 정기검진을 받을 뿐 만 아니라 계속적으로 건강을 증진시킬 수 있는 여건을 만들도록 스스로 많은 관심과 노력을 기울여야 한다.

이 장에서는 영유아교사의 신체적·정신적 건강 이해, 신체적·정신적 건강문제와 구체적인 신체 및 정신적 건강관리에 대해 살펴보고자 한다.

1. 신체적 · 정신적 건강이해

1) 신체적 건강의 개념 및 필요성

신체적 건강은 크게 체격 및 체력과 생리적 기능으로 구분한다. 일반적으로 신체적 건강은 생리적 기능이나 체격보다는 체력을 의미하는데, 이것은 체력이 인간의 활동이나 생존에 기초적인 신체능력이기 때문이다.

체력은 방위 체력과 행동 체력으로 구분된다. 방위 체력은 환경변화에 따른 스트레스와 다양한 자극에 저항하는 능력이고, 행동 체력은 운동을 지속적으로 할 수 있게 하는 능력이다.

행동 체력은 건강 체력과 운동 체력으로 구분된다. 건강 체력은 심폐 지구력, 근력 및 근지구력, 유연성, 신체 구성을 포함하는 체력이고, 운동 체력은 스피드, 순발력, 평형성, 협응력, 반응 시간, 민첩성 등을 포함하는 체력이다.

무엇보다 영유아교사는 신체적으로 건강을 유지해야 한다. 교사가 단순한 감기, 소화불량 등 신체적으로 건강하지 않을 때는 자신의 일에 열정과 사명을 갖고 성실하게 임할 수 있는 여력이 부족하게 된다. 또한 가정을 떠나 처음으로 집단생활을 하는 어린 영유아 한 명 한 명에게 세심한 신경을 써 주고, 온화한 성품으로 수용적인 태도로 대해줄 수가 없다.

따라서 영유아교사의 신체적 건강은 교사로서의 책임과 의무수행의 기본 조건이라고 할 수 있다.

2) 정신적 건강의 개념 및 필요성

정신적으로 건강하다는 것은 단지 정신적 질병에 걸려 있지 않은 상태만이 아니고, 만족스러운 인간관계와 그것을 유지해 나갈 수 있는 능력을 의미한다. 이것은 '모든 종류의 개인적 · 사회적 적응을 포함하며 어떠한 환경에도 대처해 나갈 수 있는 건전하고, 균형 있고, 통합된 성격의 발달'을 의미하는 것이다. 즉, 정신이 건강하다는 것은 '행복하고 만족하며 원하는 것을 성취하는 것 등의 안녕상태' 또는 '정신적으로 병적 증상이 없을 뿐 아니라 자기 능력을 최대한 발휘하고 환경에 대한 적응력이 있으며, 자주적이고 건설적으로 자기의 생활을 처리해 나갈 수 있는 성숙한 인격체를 갖추고 있는 상태'를 말한다(표 4-1).

표 4-1 정신이 건강한 사람의 기준

- 자신과 타인을 좋아한다.
- 인생의 현실을 분명히 보고 그것을 수용한다.
- 자신의 장점을 그대로 수용하고 자신의 한계 역시 받아들일 줄 안다.
- 모든 행동에는 원인이 있으며, 그에 따른 결과가 반드시 존재한다고 본다.
- 자아실현에 대한 동기를 이해하고 끊임없이 노력한다.

출처: 조대경 · 이관용 · 김기중(1994).

정신건강의 요소에는 여러 가지 내외 압력에 대해서 정서적으로 잘 순응하고 역동적 균형을 유지하는 정서적 성숙, 적절하고 적합한 감정반응, 현실왜곡이 없이 현실의 생활여건이나, 위기, 현재의 사건이나 관계 변화에 따라 알맞게 대응하는 현실검증력과 합리적 판단력 등이 포함되어 있다(권진숙 외, 2015).

영유아교사는 정신적으로 건강하고 심리적으로 안정되어 있어야 한다. 교사가 본인의 정신적 스트레스, 욕구좌절, 우울 등과 같은 부정적 감정으로 인해 영유아를 편애하거나 공평하게 대하지 않을 때 영유아들은 민감한 반응을 보이게 되며, 교사에 대한 신뢰감이 떨어지고 열등감이나 질투심을 갖게 된다. 또한 교사의 정신건강은 교직의 적응뿐만 아니라 일상생활의 적응에도 중대한 영향을 미친다. 동료교사와의 관계, 부모와의 관계에 있어서도 사소한 오해와 매끄럽지 못한 업무처리로 갈등이 생길 수 있다(박세정 외, 2015).

따라서 영유아교사의 정신적 건강은 행복하고 성공적인 생활에 필수조건이라고 할 수 있다.

2. 신체적 · 정신적 건강문제

1) 신체적 건강문제

구은미(2011)의 연구에서는 보육교사로 근무한 이후로 '신체적 · 정신적 불편 경험이 있다'가 75.5%로 나타나 대다수의 영유아교사가 신체적 건강에 불편을 겪고 있을 것으로 짐작할 수 있다. 영유아교사가 불편을 느끼는 신체적 불편함은 〈표 4-2〉와 같다(박찬임 외, 2013).

표 4-2 보육교사가 평소 일을 하면서 느끼는 신체적 증상 발생 빈도

구분	내용	전체	국공립 법인	가정	민간
증상 내용	소화불량, 위통, 복통 등(소화기계)	41.7	18.1	38.1	39.6
	두통	29.9	8.7	30.2	33.7
	생리불순	12.0	5.3	5.1	16.0
	알레르기, 비염, 아토피	16.5	8.0	11.2	17.5
	기관지염, 천식, 호흡기 질환	8.9	2.9	9.8	8.6
	우울증, 공황장애 등	1.5	0.7	1.9	1.2
	시력 이상, 안구통증, 눈가려움 등	13.3	4.8	12.1	15.3
	팔이나 손목의 통증, 저림	33.6	9.2	40.5	32.8
	목과 어깨의 통증, 결림	32.2	11.8	32.6	33.1
	등과 허리의 통증, 결림	26.8	11.6	29.3	23.9
	무릎의 통증	11.9	5.1	13.5	10.1
	다리가 붓거나 저림, 하지정맥류	8.3	3.1	9.3	7.4
	만성피로, 불안, 의욕상실, 불면증	20.6	10.1	19.5	17.2
	기타	1.9	0.5	1.9	2.5
응답 수		732	414	215	326
최초 인지 시점	3개월 이내	36.8	36.6	37.1	36.8
	3개월~6개월	24.0	20.9	27.2	23.0
	6개월~1년	31.1	35.9	29.7	31.1
	1년~3년	53.0	56.9	54.5	46.5
	3년 초과	25.9	32.7	16.3	29.9

구분	내용	전체	국공립 법인	가정	민간
응답 수		707	153	202	318
심각도	심각하지 않음	13.3	13.0	17.1	12.4
	심각하지 않은 편	16.2	13.0	19.0	16.1
	보통	84.5	90.3	78.2	85.8
	심각한 편	50.0	59.1	45.5	45.8
	심각함	6.4	7.8	4.7	7.1
응답 수		722	154	211	323

출처: 박찬임 외(2013). 돌봄서비스 종사자의 산업재해 실태와 보호 방안. 한국노동연구원.

(1) 소화기 질환

영유아교사는 업무의 특성상 제때 편하게 밥을 먹을 시간이 없기 때문에 소화기계 질환에 걸리기 쉽다. 〈표 4-2〉에서 보면, 소화불량, 위통, 복통 등을 느낀다고 응답한 교사는 응답자의 41.7%였다. 여성가족부(2006)의 조사결과에서도 82.3%의 보육교사가 점심식사를 영유아와 함께 하고, 성인용 식단이 있는 경우는 13.3%에 불과한 것으로 나타났다.

영유아교사들의 이 같은 고충을 해결하기 위하여 별도의 식사 시간 제공 및 신선한 과일과 채소, 단백질, 지방 등 양질의 영양을 섭취할 수 있는 교사용 건강 식단을 별도로 제공하는 등 대책마련이 시급하다.

(2) 근골격계 질환

영유아교사는 영유아의 눈높이에 맞게 수시로 몸을 낮추고, 필요시 영유아를 들고 안아야 하는 등 신체적 노동이 요구되는 직업이다. 영유아교사의 노동은 제한된 공간에서 이루어지며 반복 동작과 부적절한 자세를 취한 채 이루어지기 때문에 작업 관련 근골격계 증상을 자주 유발한다. 주로 어깨, 허리, 손목/손, 목 순서로 상지 부위에 통증을 더 느끼며, 만 2세 미만의 영아를 담당할 경우 어깨 부위가, 경력이 높은 경우 손목/손, 등, 엉덩이/허벅지 부위가, 근무 시간이 연장되는 경우 목, 등 부위가 관련이 있으므로 올바른 작업 자세의 필요성을 인식하고, 근무환경을 개선, 관리해 나가도록 해야 할 것이다(김일옥 · 염계정, 2015).

바닥이나 낮은 위치에 있는 물건을 들 때, 유아와 눈높이를 맞춰 이야기를 하려고 할 때는 허리를 굽히기보다 무릎을 굽히는 것이 바람직하다. 유아용 의자에 앉을 때에도 등을 받치고 바른 자세로 앉아야 한다.

(3) 만성피로

영유아교사는 근무 중 휴식 시간이 따로 없이 지속적으로 영유아를 주의 집중해서 돌봐야 하고, 과다한 업무와 불규칙한 퇴근 시간 때문에 신체적인 피로를 경험한다. 또한 여성의 사회적 역할은 직장에서 뿐만 아니라 가정에서도 이루어지다보니 가사노동과 양육으로도 시간을 할애해야 해서 더욱 피로가 가중된다. 이처럼 과도한 정신적 · 신체적 작업에서 유발되는 피로는 결과적으로 일에 대한 의욕이나 효율성을 떨어뜨리고, 근력의 약화를 초래하여 신체적 건강의 위험요인이 된다.

휴식은 노폐물을 제거할 시간적 여유를 제공함으로써 피로와 통증을 감소시키는 역할을 하므로 영유아교사의 근무 중 휴식 시간과 공간을 보장해 줌으로써 신체적 긴장과 피로를 낮추고, 피로 예방교육을 실시하여 건강문제를 미연에 방지해야 할 것이다.

현재 유아교육기관 내 영유아교사를 위한 휴식공간이나 운동공간이 있는 곳은 거의 전무하며, 영유아교사가 개인적으로 휴식을 취할 수 있는 충분한 시간도 주어지지 않는 실정이다(여성가족부, 2006). 스웨덴의 경우 대부분의 보육시설에 보육교사의 휴식공간이 있으며, 보육교사는 오전, 오후 각각 한 차례씩 개별 휴식을 취하며, 호주에서도 하루 일정표에 휴식 시간이 공식적으로 삽입되어 있다(유희정 · 이미화, 2004).

이에 우리나라에서도 옥상이나 유아교육기관 내 빈 공간을 활용하여 한 학급에 두 명의 교사가 담당하고 있는 경우 낮잠 시간 등을 활용하여 영유아교사가 20분에서 30분 정도 휴식을 취할 수 있는 방안을 마련해 볼 수 있다.

2) 정신적 건강문제

요즘 영유아교사들은 크고 작은 각종 문제들로 정신건강을 해치는 일들이 많아졌다. 어린이집 영유아교사의 정신건강 실태를 우울, 직무소진, 사회심리적 건강상태를 통해 살펴본 박찬임 외(2013) 연구에 따르면, 보육교사들의 우울수치는 0.74점, 직무소진은 5점 만점에 3.22로 감정소진, 탈인격화, 성취감 결여 중 감정소진의 정도가 3.75로 가장 높은 것으로 나타났다(표 4-3). 이를 통해 영유아교사들은 업무로 인해 기진맥진을 느끼고 있음을 알 수 있다.

표 4-3 직무소진

구 분	내용
감정소진	업무로 인해 기진맥진함을 느낌 아침에 일어날 때마다 피곤함을 느껴 하루 쉬었으면 하는 생각을 함 퇴근 무렵 몸과 마음이 완전히 탈진되곤 함 하루 종일 영유아를 응대하려면 정말 힘듦
탈인격화	영유아들을 기계적으로 대하곤 함 보육 일을 시작한 이후로 다른 사람들과 말을 하기 싫거나 타인의 감정에 대해 점점 무감각해짐
성취감 결여	내가 하고 있는 업무를 통해 가치 있는 일들을 성취하지 않는다는 느낌이 듦

영유아교사들의 사회심리적 건강은 〈표 4-4〉에서 제시된 항목을 통해 측정해 볼 수 있다.

표 4-4 사회심리적 건강 진단

구 분	3	2	1	0
현재 매우 편안하며 건강하다고 느낀다.				
잠자고 난 후에도 개운한 감이 없다.				
매우 피곤하고 지쳐 있어 먹는 것조차 힘들다고 느낀다.				
근심 걱정 때문에 편안하게 잠을 자지 못한다.				
정신이 맑고 깨끗하다고 느낀다.				
기력(원기)이 왕성함을 느낀다.				

구 분	3	2	1	0
밤이면 심란해지거나 불안해진다.				
대다수의 사람들과 마찬가지로 나를 잘 관리해 나간다고 생각한다.				
전체적으로 내가 하는 일은 잘 되어가고 있다고 느낀다.				
내가 행한 일의 방법이나 절차에 만족한다.				
어떤 일을 바로 착수(시작)할 수 있다.				
정상적인 일상생활을 즐길 수 있다.				
안절부절 못하거나 성질이 심술궂어진다.				
나에게 닥친 문제를 해결해 나갈 수 있다.				
불행하고 우울감을 느낀다.				
나 자신에 대해 신뢰감이 없어지고 있다.				
모든 것을 고려해 볼 때 행복감을 느낀다.				
삶은 살아갈 만한 가치가 있다고 느낀다.				

점수는 0점에서 54점 만점 사이에 분포하며 점수가 높을수록 사회심리적 건강이 나쁘다는 것을 의미한다. 27점 이상일 경우 사회심리적 건강 고위험군으로 분류할 수 있다. 설문에 응답한 보육교사들의 사회심리적 건강지수는 평균 23점이며, 35%가 사회심리적 건강의 위험수준이 높은 고위험군에 해당하는 것으로 나타났다.

(1) 스트레스의 개념

흔히 사람들은 '열받는다', '시험에 빠졌다', '미치겠다', '고민이다', '죽고 싶다' 등의 표현을 사용하는데, 이 말들은 모두 과도한 스트레스를 받고 있음을 나타낼 때 사용하는 말이다. 정신적 건강에 가장 큰 영향을 미치는 스트레스는 '만병의 근원'이라고 할 정도로 심각한 것이다.

스트레스는 1400년경부터 사용되기 시작했으나, 질병의 원인으로 생각하게 된 것은 20세기 들어서부터이다. 개념의 형성과정을 보면, 17세기에는 곤란(hardship), 역경(adversity), 고뇌(affiction) 등의 의미로 사용하였고, 18~19세기에는 강압(force), 압박(pressure), 긴장(strain) 또는 어떤 대상에 대한 분투를 나타냈다(유수현 외, 2014). 20세기에 들어서서 질병이나 정신장애의 원인으로 알려지기 시작하면서 많은 관심의 대상이 되었다(설진화, 2013).

스트레스란 인간의 마음의 평형상태를 위협하거나 깨려고 하는 모든 내적·외적 자극을 말한다. 즉, 지금 자기에게 부과된 요구수준과 이 요구에 부응할 수 있는 자신의 능력 간에 어떤 불균형을 지각하게 될 때 일어나는 생리적·심리적 반응을 말한다. 일반적으로 스트레스는 피해야 할 것, 해로운 것 등 부정적인 것으로 인식하는 경향이 있다. 그러나 퀵과 그의 동료들은(1984) 스트레스가 지닌 가치에 초점을 맞추어 나쁜 스트레스(distress)와 좋은 스트레스(eustress)로 구분하였다. 즉, 스트레스의 수준이 지나치게 낮거나 높으면 건강이나 활동에 부정적인 영향을 미치게 되어 역기능적으로 작용할 가능성이 높고, 어느 정도 적정 수준을 유지하면 건강이나 활동에 긍정적인 영향을 미치게 되어 순기능적으로 작용할 가능성이 높다는 것이다(설진화, 2013 재인용). 그러나 중요한 점은 어떤 일에 대해 모든 사람이 다 똑같이 스트레스를 느끼는 것이 아니라 받아들이는 사람의 주관적인 해석에 따라 많은 차이가 있을 수 있다는 것이다.

한편, 직무스트레스란 직장에서 지금 자신에게 부과된 요구 수준과 이 요구에 부응할 수 있는 자신의 능력 간에 어떤 불균형을 자각할 때 일어나는 생리적·심리적 반응으로 위기상황에 대한 방어체계이다. 카츠(Katz, 1972)가 분류한 교사발달단계에 따라 직무스트레스의 변화를 살펴보면 다음과 같다(박세정 외, 2015 재인용).

① 생존기(첫 1년 동안)

초임교사는 주로 자신들이 교사로서 끝까지 살아남을 수 있을지에 관심을 둔다. 기대했던 이상과 실제 교실 경험 간의 차이로 인해 당황스러움을 느낀다. 또한 자기가 맡은 영유아들에 대한 책임감을 깨닫는 순간 부족함과 걱정이 생긴다. 따라서 이 단계의 교사에게는 원장, 원감, 주임교사 등 경험이 풍부한 동료교사들의 지원과 도움, 격려와 적절한 안내가 필요하며, 그러한 도움은 그때 교실현장의 상황 속에서 제공되거나 받는 것이 좋다.

② 숙련기(강화기: 1~3년 경력)

이 시기 교사는 교사로서의 자신감도 갖고 업무에 대한 안정감도 갖게 된다. 일상적인 업무처리에 익숙해지고 개별적인 유아의 문제나 상황에 관심을 가지며, 그것을 적극적으로 학부모와 상담하면서 해결하고 나름대로 체계를 세우고자 한다.

이 시기의 교사들이 가장 열정적으로 일하는 것 같이 보이기도 한다. 그러나 아직 보육교사직에 대한 전문적인 시각이 생기지 않은 채 생활에서의 익숙함이나 일상의 습관화로 인해 이직의도 혹은 전직의도를 느끼기도 한다. 따라서 이 시기의 교사에 대해서 좀 더 전문적인 시각을 가질 수 있도록 현장 경험이 많은 교사와 짝을 이루어 유아의 문제행동에 대한 경험을 나누거나 정보 제공을 해주는 것도 좋고, 수업에서의 융통성이나 조직화에 대해서 지도해 주는 것이 도움이 된다.

③ 갱신기(2~5년 경력)

이 시기 교사는 그동안의 방법에 싫증을 느끼며 새로운 것에 관심을 가지고 시도하고자 한다. 따라서 갱신기 교사들은 다양한 프로그램에 대한 정보와 도움을 얻고자 노력을 하게 된다. 동료와의 만남, 전문단체, 전문서적과 잡지 등을 통한 새로운 아이디어와 정보를 얻는다.

④ 성숙기(5년 이상 경력)

이 시기 교사들은 교사로서의 자신을 인정하고 타협하며 자기갱신을 위한 전력과 관습을 개발하고, 교육과 관련된 여러 문제에 대해 자신의 관점을 갖게 된다. 따라서 폭넓은 독서의 기회, 타인과의 상호작용, 세미나 등에 참가하는 기회가 도움이 된다.

(2) 스트레스의 요인

스트레스의 요인은 매우 다양한데, 직업상실, 직장변화, 큰 소음, 배우자나 친지 사망, 논쟁, 중증의 질병, 이사, 자녀의 결혼, 손자탄생 등이 있다. 스트레스의 요인은 〈표 4-5〉와 같이 구분할 수 있다.

표 4-5 스트레스의 요인별 관련 요소들

요인 구분		관련 요소들
개인적 요인	생물 · 생태학적 요인	생체리듬, 영양, 소음, 환경공해 등
	성격요인	자기지각, 행동패턴, 불안 등
대인관계적 요인	심리사회적 요인	인간관계 적응, 좌절, 과중, 탈피 등
	사회적인 요인	사회적 거리, 이질적 문화양식
환경적 요인	생활환경의 급격한 변화	사랑의 대상 상실, 직장 변화, 은퇴, 경제적 조건 변화, 질병과 장애, 삶의 양식 변화, 가족성원의 변화 등

(3) 스트레스 인식

스트레스는 살아 있는 사람이라면 남녀노소할 것 없이 살아가면서 피할 수 없는 생활의 일부이다. 자괴감이나 불행감에 빠지지 말고 내가 지금 어떤 일로 스트레스를 받고 있는지 상황을 인식하는 것은 중요하다(표 4-6).

표 4-6 스트레스 자가 측정법

전혀 그렇지 않다	약간 그렇다	웬만큼 그렇다	상당히 그렇다	아주 그렇다
0점	1점	2점	3점	4점

1. 집중이 안 된다.	(　)	11. 울고 싶다.	(　)
2. 안절부절 못한다.	(　)	12. 신경이 날카로워졌다.	(　)
3. 소화가 안 된다.	(　)	13. 멍한 상태로 있다.	(　)
4. 답답하다	(　)	14. 한 가지 생각에서 헤어나지 못한다.	(　)
5. 배가 아픈 적이 있다.	(　)	15. 두렵다.	(　)
6. 만사가 귀찮다.	(　)	16. 행동이 거칠어져 난폭운전, 욕설 등을 한다.	(　)
7. 잡념이 생긴다.	(　)	17. 머리가 무겁거나 아프다.	(　)
8. 쉽게 피로를 느낀다.	(　)	18. 가슴이 두근거린다.	(　)
9. 온몸에 힘이 빠진다.	(　)	19. 얼굴 표정이 굳어져 있다.	(　)
10. 누군가를 때리고 싶다.	(　)	20. 난 아무 쓸모없는 사람이란 생각이 든다.	(　)

각 문항별 점수를 모두 더한 자신의 총점과 다음 표에 나오는 연령별 평균점수를 비교해 본다. 평균점수보다 높다면 당장 상황을 바꾸기 위한 행동을 취해야 한다.
18~29세(17.5점) 30~44세(14.9점) 45~54세(15.3점) 55~64세(15.8점)

직장에서 어느 정도 스트레스를 받고 있는지는 다음 〈표 4-7〉 직무스트레스 자가 진단을 통해 알아볼 수 있다.

표 4-7 직무스트레스 자가 진단

번호	질문	1 거의 그렇지 않다	2 약간 그렇다	3 자주 그렇다	4 거의 항상 그렇다
1	직장에 출근하는 것이 부담스럽거나 두렵다.				
2	내 일에 흥미가 없고 지겹게 느껴진다.				
3	최근에 업무와 관련해서 문제가 발생한 적이 있다.				
4	내 업무능력이 남들보다 뒤떨어지는 느낌을 받는다.				
5	직장에서 업무에 집중하기 힘들다.				
6	항상 시간에 쫓기면서 일을 한다.				
7	내 업무 책임이 너무 많다고 느낀다.				
8	직장에서의 일을 집까지 가져가서 할 때가 많다.				
9	업무가 내 능력과 흥미에 잘 맞지 않는다고 느낀다.				
10	내 일이 미래에 대한 전망이 별로 없다고 느낀다.				
11	요즘 나는 우울하다.				
12	별다른 이유 없이 긴장되거나 불안할 때가 있다.				
13	요즘 잠을 잘 자지 못한다.				
14	요즘 짜증이 자주 나서 배우자나 가족들과 자주 다툰다.				
15	사람들과 어울리지 않고 혼자 지내는 시간이 많다.				
16	요즘 대인관계가 원만하지 못할 때가 있다.				
17	최근 지나치게 체중이 늘거나 혹은 지나치게 체중이 빠졌다.				
18	쉽게 피곤하다.				
19	무기력감을 느끼거나 멍할 때가 있다.				
20	술, 담배를 이전에 비해 많이 한다.				

※ 체크한 후 점수를 합산한다. 총점이 50점 이상이면 스트레스 경보 상황이고, 60점 이상이면 위험한 상황이다.
출처: 서울 아산병원 홈페이지 홍진표교수의 건강이야기

3. 신체적 · 정신적 건강관리

1) 신체적 건강관리

영유아교사가 어떤 스트레스 상황 속에서도 신체적, 정신적으로 건강하게 지내기 위해서는 무엇보다 균형 있고, 적당한 식사가 중요하다. 영양관리는 스트레스 관리뿐만 아니라 감기, 감염병, 알레르기, 심장병, 고혈압, 뇌졸중, 당뇨 그리고 여러 종류의 암에도 영향을 미친다. 또한 운동도 신체기관에 다양한 영향을 주어 건강한 생활을 유지하는 데 기초 역할을 한다(김이영 외, 2013).

따라서 좀 더 구체적으로 신체적 건강한 생활을 유지하는 데 필요한 영양관리와 운동관리에 대해 살펴보면 다음과 같다.

(1) 영양관리

① 다양한 음식 먹기

건강을 유지하기 위해서는 40가지 이상의 영양소를 필요로 한다. 몸이 건강할 때 면역력이 길러져 항병력이나 스트레스를 더 쉽게 극복할 수 있기 때문이다. 이런 영양소들은 몇 가지의 강화식품이나 보조식품에서가 아니라 다양한 음식에서 섭취하도록 하는 게 바람직하다. 즉, 지방, 포화지방, 콜레스테롤이 낮은 식사 선택, 채소, 과일, 곡류가 많은 식사하기, 설탕, 소금, 술 절제하기 등을 실천해야 한다.

또한 과도한 음식을 섭취하여 비만이 되면 오히려 성인병을 유발시킬 수 있으므로 적당한 체중을 유지하는 것도 중요하다.

② 아침밥 꼭 먹기

깊이 잠에 빠져든 시간에는 신체의 모든 장기도 수면상태에 빠진다. 깨어나면서부터 서서히 잠든 장기도 활동을 시작한다. 신체가 움직이려면 에너지가 필요한데, 특히 뇌가 활동하는 데는 굉장한 에너지가 필요하다. 심장이 피를 온몸에 보내기 위해 사용하는 에너지의 3배에 달하는 약 400kcal의 에너지를 필요로 한다. 뇌의 에너지는 당에서 생성되기 때문에 밥과 같은 탄수화물을 섭취해야 뇌가 활발히 움직일 수 있다.

아침 식사를 거르면 몸에 힘이 쭉 빠지는 것을 느끼는데, 이것은 에너지가 부족하기 때문이다. 따라서 아침식사를 거르지 않고 꼬박꼬박 챙겨 먹어야 한다.

표 4-8 식품교환표

식품군	식품1교환단위(무게)	영양소 당질	영양소 단백질	영양소 지방	열량
곡류 및 전분류	밥 1/3공기; 식빵 1장; 국수 1/2공기; 고구마(중) 1개; 감자(중) 1개; 떡 3개; 씨리얼 30g; 크래커 5개; 밤(중) 5개	23	2		100
고기, 생선, 계란 및 콩류	쇠고기, 닭고기, 돼지고기 40g; 생선 1토막 50g; 멸치 1/4컵; 새우(중하) 3마리 50g; 꽃게(소) 10마리; 조갯살 1/3컵 80g		8	2	50
	달걀 1개 50g; 두부 2조각 80g; 콩 2큰스푼 20g; 햄 1조각		8	5	75
	생선통조림 1/3; 치즈 1.5장; 갈비(소) 1토막; 프랑크소시지 1과 1/3개		8	8	100
채소	채소는 익혀서 1/3컵; 콩나물 1접시 생 70g; 시금치 1접시 생 70g; 배추김치 1접시 생 70g; 버섯 1접시 생 70g; 물미역 1접시 생 70g	3	2		20
과일	사과(중) 1/3개; 수박 1쪽 150g; 딸기(중) 7개; 바나나(중) 1/2개; 토마토(대) 1개; 참외(중) 1/2개; 키위(대) 1개; 귤 2개 120g; 감(중) 1/3개; 주스 1컵 100g	12			50
우유 및 유제품	우유 1컵 200ml; 요플레 1개; 두유 1컵 200ml; 분유 5큰술	10 10	6 6	7 2	125 80 (저지방)
유지 및 당류	호두 8g 15개; 땅콩 8g 8개; 들기름, 참기름, 옥수수기름 1작은술; 마요네즈, 버터 1.5 작은술; 아몬드 7개			5	45

- 밥 1공기 300kcal • 소주 5잔(225cc) 315kcal • 짜장면 1그릇 696kcal • 인절미 9개 300kcal
- 귤(중) 6개 300kcal • 맥주 2캔 262kcal • 라면(127g) 443kcal

출처: 강북구보건소 대사증후군센터

(2) 운동관리

운동은 건강생활에서 식생활만큼 중요하다. 규칙적인 운동을 통한 육체적 자극은 긴장을 풀어주고 또한 수면과 마찬가지로 에너지 저장고를 복원해 주는 역할을 한다. 그러므로 운동은 심혈관계와 순환계의 상태, 근육상태를 조절·유지시킴으로써 스트레스를 줄이거나 예방하는 역할을 한다.

그림 4-1 실내에서 간단히 스트레칭하는 방법

또한 운동은 체온을 상승시켜 암에 대한 자연방어 메커니즘인 면역체계의 활동을 자극하는 것으로 알려지고 있다. 특히, 대장암, 간암, 췌장암, 위암 등에 효과적이다. 그러나 격렬한 운동은 대량의 활성 산소를 발생시켜 엔자임(효소)을 소모하게 하므로 몸에 좋지 않고, 스트레칭, 산책, 팔다리 굽혀펴기 등이 적당한 운동이다(유선미, 2004).

(3) 생활 속의 바른 습관: 복식호흡

입으로 하는 호흡은 면역 기능을 파괴하고 많은 병을 일으키는 원인이 되므로 반드시 코로 호흡하도록 한다. 이를 통해 제진작용과 미생물 등 유해한 병원균의 50~80%가 제거될 뿐만 아니라 공기가 비강을 통과하는 동안 적절한 가습과 온도 조절이 이루어져 폐 등 기관이 건조되는 것과 바이러스 등 번식을 예방할 수 있다.

특히, 복식호흡은 교감신경의 흥분을 억제하고 안정됐을 때 활발해지는 부교감

신경을 우위로 하는 효과가 있다. 복식호흡은 부교감신경을 자극하여 면역 시스템을 활성화시켜 항병력과 면역력을 높여 준다(김남익, 2011).

2) 정신적 건강관리

적당한 스트레스는 생활의 활력소가 될 수 있지만 실제 우리의 삶에서 대부분의 스트레스는 긍정적인 영향보다 부정적인 영향으로 나타난다. 그렇기 때문에 스트레스를 보다 효율적으로 조절하는 것이 필요하다.

정신이 건강한 교사로서의 자기계발을 위한 대처전략을 살펴보면 다음과 같다.

(1) 일과 후에는 일 멈추기

영유아교사로서 일을 하다보면 행사나 여타의 업무로 인해 퇴근 시간도 늦어지고, 퇴근 후에도 머릿속에 해야 할 일들로 꽉 차 있는 경우가 있다. 이런 상황은 몸과 마음을 모두 지치게 하고 회의감에 빠지게 된다. 따라서 일은 근무하는 유아교육기관에 항상 두고 와야 하며, 출근해서 다시 만나야 한다.

(2) 개인적인 시간 확보하기

가사와 육아를 병행해야 하는 영유아교사라면 자신만의 시간을 갖는 것이 중요하다. 시간을 짧게 갖더라도, 명상이나 산보, 음악감상, 감사일기 써 보기 등 어떤 방법이든지 간에 심신의 긴장을 풀 수 있도록 노력한다.

(3) 스트레스 인식하기

스트레스는 살아 있는 사람이라면 남녀노소할 것 없이 살아가면서 피할 수 없는 생활의 일부이다. 자괴감이나 불행감에 빠지지 말고 내가 지금 어떤 일로 스트레스를 받고 있는지 상황을 인식하는 것은 중요하다.

① 스트레스를 유발하는 원인을 조절하는 방법

- **문제해결**: 스트레스가 되는 문제의 근본적인 원인을 해결
- **시간관리**: 촉박한 시간으로 인한 압박감에서 벗어남
- **영양관리**: 과식을 피하고 수분과 영양을 적절히 취함
- **인지된 자극을 피하는 것**: 스트레스가 유발되는 상황을 피함

② 스트레스를 유발하는 원인을 다시 한 번 생각해 봄

- **인지 재구성**: 상황을 다시 구성하여 스트레스를 받지 않는 방향으로 생각을 바꿈
- **심리 치료**: 심리 치료를 통해 상황을 재인식하고 대처하는 능력을 향상시킴

(4) 스트레스 대처 전략(이상복, 2016)

① 이완요법(예: 심상, 명상, 이완음악, 바이오 피드백 등)

심상법

평온하고 평안감을 느끼는 이미지를 떠올려 혼란스러운 생각을 통제하고 신체적 이완을 도모하며 스트레스를 조절하도록 자기를 훈련시키는 방법으로 하루 1~3회 정도 심상을 떠올리는 연습을 하게 되면 어디에서나 할 수 있게 된다.

명상법

명상이란 주의를 한 곳에 집중하여 마음을 청정하게 만들고 나아가서 삶에 대한 통찰을 이루게 하는 영적인 수행방법이라고 할 수 있다.

명상은 생각의 내용을 문제 삼지 않고, 그저 생각을 알아차리고 그냥 지켜보는 것을 강조한다. 그리고 '지금-여기'의 현재에 머물게 하고, 생각을 알아차리고, 현재로 되돌아오는 연습을 통해서 마음의 자동사고로부터 본래적인 자기를 회복하는 전략을 선택한다.

표 4-9 명상법

셀프명상
조용히 눈을 감고 미워하는 사람을 떠올려 보세요. 미운 감정은 마음을 불편하게 하고, 미운 감정이 쌓이고 쌓이면 병이 되기도 합니다. 자, 지금부터 미운 마음이 자리한 그 자리에 사랑을 심어 보세요. 우선 밝고 행복에 넘치는 자신의 모습을 마음에 그리세요. 얼굴에는 미소가 가득하며 가슴에는 환한 빛이 퍼져나가는 것을 상상하세요. 이제 '사랑'이라는 단어를 계속 되풀이하세요. 계속 반복하면서 당신의 마음을 사랑의 빛으로 가득 채우세요. 그리고 마음 속으로 미움의 상대에게 진실한 마음으로 말을 건넵니다. "나는 당신을 아프게 하고자 하는 마음이 없습니다. 이제 나는 당신을 이해하려고 합니다. 당신이 진심으로 행복하기를 바랍니다." 이런 생각으로 미움이 자리했던 그곳에 가득 채웁니다.

② 긍정적으로 생각하기

- **인지 재구성:** 상황을 다시 구성하여 스트레스를 받지 않는 방향으로 생각을 바꿈

③ 스트레스 환기 기술

- **신체적 운동:** 산책, 조깅, 테니스 등의 운동
- **정화법:** 가까운 사람과 스트레스에 대해 허심탄회하게 대화를 나눔

직장 동료끼리 기뻤던 일이나 화나고 억울하고 속상했던 일 등에 대해 대화를 나눌 수 있는 시간을 가질 수 있다면 교사끼리 위로와 공감대가 형성될 뿐만 아니라 영유아 생활지도 등 유아교육에 대한 아이디어도 나눌 수 있어 스트레스가 해소될 수 있다. 퇴근 후에는 잠깐 동안 친한 친구나 가족과 대화를 나누는 것도 좋다.

④ 스트레스를 유발시키는 자극제를 피함

스트레스를 유발시키는 커피, 차, 카페인 음료, 담배 등을 피함

⑤ 유머감각 기르기

유머는 난감한 상황을 극복하고, 문제를 더 쉽게 해결하도록 도와주며, 기분을 명쾌하게 해준다. 또한 사회적 거리를 줄어들게 하고, 긴장을 줄여주며 응집력을 증가시키고 긍정적인 관계를 유지하게 한다. 면역체계를 향상시켜 주기도 한다.

⑥ 아무 생각 없이 쉬어주기

해야 할 일을 다 하면 반드시 쉬어야 신체에 이상이 생기지 않는다(예: 운동이나 취미생활).

⑦ 친밀한 사람과 대화하기

직장 동료끼리 기뻤던 일이나 화나고 억울하고 속상했던 일 등에 대해 대화를 나눌 수 있는 시간을 가질 수 있다면 교사끼리 위로와 공감대가 형성될 뿐만 아니라 영유아 생활지도 등 교육에 대한 아이디어도 나눌 수 있어 스트레스가 해소될 수 있다. 퇴근 후에는 잠깐 동안 친한 친구나 가족과 대화를 나누는 것도 좋다.

⑧ 자기주장 훈련(stop–think–do, I–Message)

대인관계에서 오는 불안이나 스트레스를 감소시키는 방법이다.

- 기분 상하지 않게 거절하는 기술
  - 부정적인 말보다는 긍정적인 말로 시작한다.
  - 기분 상하지 않게 말한다.
  - 상대방의 입장을 존중하고 있음을 안다.
  - 논의 중인 문제에만 초점을 맞춘다.
  - 글로 적는다.
  - 물러나야 할 때를 깨닫는다.
  - 먼저 이해한 다음 이해받기 위해 노력한다.

- 미스커뮤니케이션 예방하기
  - 생활이나 정보를 솔직하고 가감 없이 개방한다.

- 도움이 필요하다면 단도직입적으로 말한다.
- 선택권을 준다.
- 철저하게 준비한다.
- 절대 도움을 잊지 않겠다고 말한다.
- 항상 고맙다고 말한다.
- 내 관점에서 문제를 분명하게 설명한다.

⑨ 시간관리(유성은, 2016)

독일의 시인 에셴바흐는 "시간을 지배할 줄 아는 사람은 인생을 지배할 줄 아는 사람이다"라고 했다. 시간관리를 잘 하지 못하면 인생에서 결코 성공할 수 없고, 인생을 후회 속에서 마무리하게 된다. 시간관리의 중요성을 깨닫고 효과적인 방법을 배우는 것이 가장 확실한 투자이다.

우선순위를 정하는 능력은 시간관리에서 가장 중요한 부분일 뿐만 아니라 인생을 흑자로 운영하기 위해 반드시 필요한 능력이다. 왜냐하면 인간의 운명은 운수에 따라 결정되는 것이 아니라 선택과 결단에 따라 이루어지기 때문이다. 더 많은 시간을 원하기보다는 우선순위를 잘 결정하는 것이 훨씬 현명한 일이다. 따라서 그 한계 안에서 어떤 일을 먼저 해야 할지 늘 생각해야 한다. 즉, 자신의 능력과 시간과 환경은 한계가 있다는 것을 솔직히 받아들이고 그 한계 안에서 중요도가 낮은 일은 뒤에 하거나 포기해야 한다.

우선순위를 정하는 원칙은 다음과 같다.

- 작은 일이든 큰일이든 심사숙고해서 결정한다(이성적 · 객관적인 판단).
- 중요한 일과 긴급한 일을 구분하는 감각을 기르고 항상 중요한 것을 먼저 한다(내가 지금 하지 않으면 문제가 발생할까?).
- 우선순위가 가장 높은 일은 자신의 기본 업무와 책임이라는 점을 명심해야 한다.
- 위기에 가장 우선순위가 높은 일은 생명을 보존하는 일, 위기를 빨리 해소하는 일, 문제를 빨리 해결하는 일이다. 즉시 결단하고 신속하게 행동해야 한다.

- 다른 사람의 부탁은 대체로 낮은 우선순위의 일이다.
- 쉬운 일과 좋아하는 일만 골라서 하면 안 된다. 그 일이 중요하면 싫어도 해야 한다.
- 해야 할 일이 많을 경우 모든 것을 다 하려고 하기보다는 중요한 일을 몇 가지 골라서 거기에 몰두해야 한다.
- 가끔 예외도 인정해야 한다. 작은 일이라 해서 무조건 무시해서는 안 된다.
- 자신이 좋아하는 일에만 매달려서는 안 된다(중독).
- 시시때때로 자신에게 "지금 어떤 일을 하는 것이 좋은가?" 질문을 자신에게 던져 우선순위를 분명히 하는 게 좋다.
- 우선순위를 지켜나가야 한다.
- 상황이 바뀌고 세월의 흐름에 따라 우선순위가 달라진다는 점을 이해해야 한다.
- 지금은 손해가 되더라도 장기적으로 이익이 되는 것을 택하는 것이 지금은 이익이 되어도 장기적으로 손해 보는 것보다 낫다. 장기적인 안목을 갖고 먼 앞날을 내다보아야 한다.

PART 2

아동 영양관리

아동 영양관리의 이해

1. 기본 영양소의 종류와 기능
2. 기초식품군

영양적으로 충분하고 균형 잡힌 음식물을 섭취하는 것은 아동들이 일생 동안 건강을 유지하고 질병을 예방하여 정상적으로 성장·발달하기 위한 기초적인 조건이 된다. 특히, 신체의 성장·발육이 왕성하게 일어나며 활동량이 가장 많은 영유아기에 필요한 영양이 충분히 공급되지 않으면 영양장애 또는 영양결핍으로 뇌발달 및 신체발달이 저해될 뿐만 아니라 면역력이 떨어져 여러 가지 질병에 노출되기 쉽다. 따라서 영유아들은 매일 다양한 종류와 적절한 양의 음식물을 통해 충분하고 균형 잡힌 영양과 열량을 섭취할 수 있어야 하며 식사를 거르는 일이 없어야 한다.

이 장에서는 아동 영양관리의 기초로 기본 영양소의 종류와 기능, 기초식품군에 대해서 살펴보고자 한다.

1. 기본 영양소의 종류와 기능

인간의 신체를 이루고 있는 많은 세포를 건강하게 만들기 위해서는 영양소의 계속적인 공급이 필수적이다. 영양소란 생물체가 외부로부터 물질을 섭취하여 체성분을 만들고, 체내에서 에너지를 발생시켜 생명현상(생명유지·성장·건강유지 등)을 유지하는 필수적인 물질로서, 이때 외부로부터 섭취하는 영양에 관여하는 물질을 통틀어 영양소라고 한다.

인체가 필요로 하는 영양소는 탄수화물·지방·단백질·비타민·무기질 등 크게 5가지로서, 이를 기본 5대 영양소라 하며, 물을 영양소로 간주하여 6대 영양소라고도 한다. 이들은 종류에 따라 각각 체내에서 에너지를 발생하거나 체 구성성분으로서 새로운 조직 형성 및 보수에 관여하거나 또는 신체 기능을 조절한다.

영양소는 열량영양소와 조절영양소로 구분할 수 있다. 즉 당분, 지방, 단백질과 같이 체내에서 연소될 때 에너지를 내는 영양소는 '열량영양소', 무기질, 비타민, 수분과 같이 몸의 기능을 조절하거나 구성성분이 되는 영양소는 '조절영양소'라 한다.

1) 탄수화물(당분)

탄수화물은 당분이라고도 하며, 생명현상의 유지나 활동을 위해 가장 기본적인 에너지원이다. 당분 1g이 체내에서 완전히 산화되면 4kcal의 열량이 발생한다. 우리가 섭취하는 총 에너지의 50~60%가 당분으로 충당된다. 지방 및 단백질도 에너지를 낼 수 있으나, 두뇌의 에너지 급원은 오직 포도당만 사용하므로 탄수화물 섭취는 필수적이다. 탄수화물은 쌀, 보리, 밀가루, 빵, 감자, 고구마, 케이크, 초콜릿, 과자류 등에 많이 함유되어 있다.

체내에서 주 에너지원으로 작용하는 것은 포도당(glucose), 과당(fructose), 갈락토스(glycogen) 등의 단당류로, 음식물에서 섭취된 탄수화물은 포도당까지 분해된 후 소장벽에서 흡수된다. 포도당은 간으로 운반되어 혈액 속으로 들어가 각 조직의 세포에 공급되어 열량원으로 산화된다. 나머지는 글리코겐으로 전환되어 간과 근육에 저장해 두었다가 혈당량이 부족할 때 포도당으로 분해되어 에너지원으로 사용된다. 그러나 여분의 탄수화물은 지방으로 전환되어 신체 각 부위에 피하지방으로 저장되어 고지혈이나 비만을 초래할 수 있다.

탄수화물의 섭취 결핍과 과잉 시에 나타나는 증상은 〈표 5-1〉과 같다.

표 5-1 탄수화물의 기능과 급원 식품

기 능	결핍 시 증상	과잉 시 증상	급원 식품
• 주요 에너지원 • 단백질 절약작용 • 단맛 제공 • 식이섬유소 공급	• 섭취 부족 시 체중 감소, 피로감 • 산독증에 걸리게 됨	• 섭취 과잉 시 글리코겐으로 전환, 간에 축적되어 당뇨병, 고지혈증, 비만 초래	• 쌀, 보리, 밀, 밀가루, 빵, 국수, 메밀, 수수, 조, 팥, 강낭콩, 감자, 고구마, 토란, 설탕, 케이크

2) 지방

지방은 열량원으로 다른 영양소에 비해 느리게 연소되고 체내의 탄수화물이 소비된 후에 사용되는 영양소이다. 지방은 버터, 마가린, 식용유, 참깨, 잣 등의 견과류에 많이 함유되어 있다. 필수지방산인 오메가-3 지방산은 등푸른생선(참치, 고등어, 청어, 꽁치 등)과 들기름에 많이 함유되어 있다.

지방은 다음과 같은 기능을 한다(신동주 · 강금지 · 이용수 · 정춘식, 2005).

- 1g당 9kcal의 열량을 내므로 다른 열량영양소에 비해 2배 이상 농축된 에너지원이다.
- 인지질 및 콜레스테롤은 세포의 구성성분으로, 특히 뇌신경계통, 간장 및 기타 인체의 중요 기관에 많이 존재하며 중요한 역할을 한다.
- 피하지방조직에 저장된 지방은 체온의 증발을 조절하는 부도체의 역할을 하고, 장기 주변의 충격을 흡수하고 보호하는 완충제의 역할을 한다.
- 지방은 지용성 비타민인 비타민 A, D, E, K의 흡수를 돕는 용매 역할을 한다. 지용성 비타민은 반드시 지방과 함께 섭취해야 한다.
- 음식의 풍미를 돋우는 냄새의 근원은 지방산이므로 음식의 맛을 증진시키며, 위에 머무르는 시간이 길어 오래도록 포만감을 느끼게 한다.
- 유도지방인 콜레스테롤은 호르몬과 담즙산의 전구물질로 중요한 생리작용을 한다.

지방의 섭취 결핍과 과잉 시에 나타나는 증상은 〈표 5-2〉와 같다.

표 5-2 지방의 기능과 급원 식품

기 능	결핍 시 증상	과잉 시 증상	급원 식품
• 에너지원 • 성장과 체조직 보수 • 중요한 지용성 비타민의 흡수를 촉진	• 체중 감소 • 피로 • 비타민 결핍 • 체단백질이 에너지로 소모	• 고지혈증, 관상동맥 경화, 심장병, 당뇨 유발 가능성 • 유방암, 대장암 발병 가능성	• 식물성 기름(참기름, 들기름, 콩기름, 옥수수 기름, 고추씨기름, 면실류 등), 버터, 마가린, 베이컨, 돼지기름, 크림, 목장우유, 달걀 노른자, 참깨, 낙화생, 생선의 기름

3) 단백질

단백질은 근육과 골격을 구성하는 주요 요소이며, 체액을 약알칼리 상태로 유지하고 효소, 호르몬, 면역체를 생성하는 데 중요한 역할을 한다. 1g당 4kcal의 열량을 내며 탄수화물이나 지방이 부족할 때 최종적인 에너지원으로 이용된다. 그러나 탄수화물이나 지방과 달리 에너지원으로 사용된 후에 노폐물이 발생하므로, 이를 제거하기 위해 간과 신장에서의 대사가 필요하기 때문에 비효율적인 에너지원이라 할 수 있다(신동주 · 이상은 · 김현경 · 박영선, 2005).

단백질의 결핍과 과잉 시에 나타나는 증상은 〈표 5-3〉과 같다.

표 5-3 단백질의 기능과 급원 식품

기 능	결핍 시 증상	과잉 시 증상	급원 식품
• 신체 조직 구성 • 신구 조직 교환 · 보수 • 질병에 대한 저항력 강화 • 수술, 외상, 질병으로 부터의 회복 촉진 • 체내에서 효소와 호르몬 생성 • 비타민과 무기질의 이용성 높임	• 심신의 피로 • 피부의 탄력이 없어지고 근육의 약화 • 성장 중지 • 임신 중의 합병증 • 영양성 빈혈 • 질병에 대한 저항력 저하 • 질병, 수술, 외상으로부터의 회복 지연	• 과잉 시 체지방으로 전환 • 칼슘 배출 • 신장에 과도한 부담	• 완전 단백질 식품: 모든 육류의 살코기, 달걀, 생선, 게, 새우, 우유 및 유제품 • 불완전 단백질 식품: 콩, 곡류, 빵, 국수, 낙화생

4) 무기질

단백질과 함께 무기질은 체조직의 구성성분으로 필수불가결한 영양소이다. 무기질은 식품을 탄화시킨 후 남은 재 속에 함유된 원소들로서 칼슘(Ca), 인(P), 칼륨(K), 마그네슘(Mg), 철(Fe) 등이다.

우리 몸의 약 4%에 불과한 무기질은 골격, 치아, 체액의 구성요소이며, 효소, 호르몬의 구성성분이다. 또한 체내에서 각종 생리작용을 조절한다. 예를 들어, 혈액의 pH는 항상 7.3~7.5로 일정하게 유지되나 산성, 알칼리성으로 기울게 되면 자동적으로 조절하는 완충작용을 하게 된다(이선경 · 고은님, 2009).

각종 무기질의 기능, 결핍증 및 급원 식품은 〈표 5-4〉와 같다.

표 5-4 무기질의 기능과 급원 식품

원 소	기 능	결핍 시 증상	과잉 시 증상	급원 식품
칼슘 (Ca)	• 골격과 치아 형성 • 혈액의 응고 • 근육 수축과 이완 • 심장의 규칙적인 박동 • 효소의 활성화 • 신경의 자극 전달 • 세포막의 투과성 조절	• 뼈조직의 구성과 성장 위축 • 골다공증 • 골절, 골연화증 • 순환기계 질환 • 동맥경화, 구루병 • 나쁜 치아 • 소화흡수 불량		• 우유와 유제품 • 뼈째 먹는 생선류 (멸치, 뱅어포 등) • 녹색 채소, 콩, 견과류, 해조류 • 사골
인(P)	• 골격과 치아의 형성 • 신체 필수물질의 성분 • 영양소의 흡수와 운송 • 에너지대사 • 산·염기의 균형 조절	• 식욕 감소 • 근육 약화 • 무력증 • 정상적 식사로 충분	• 칼슘 흡수 저해	• 우유와 유제품 • 육류, 달걀노른자 • 곡류와 콩류 • 견과류, 가공식품, 탄산음료
마그네슘 (Mg)	• 골격과 치아의 형성 • 효소반응의 촉매 • 신경의 자극 전달	• 근육 수축 • 신경의 불안정 • 떨림증		• 도정하지 않은 곡류와 콩류 • 녹색 채소
나트륨 (Na)	• 세포 외액의 구성 • 산·염기의 균형 조절 • 삼투압 유지 • 세포막에서의 물질 수송	• 구토 • 현기증 • 근육 경련	• 부종 • 고혈압 • 위암	• 소금, 된장, 간장, 베이킹소다와 파우더, 화학조미료 • 육류, 생선, 우유 • 국, 찌개, 김치 젓갈류
칼륨 (K)	• 세포 외액의 구성 • 산·염기의 균형 조절 • 혈압 유지 • 심장보호 • 에너지대사	• 구토, 근육의 약화 • 급한 심장박동 • 불면증 • 무력감		• 모든 식품에 편재, 특히 과일, 녹색 채소, 육류
염소 (Cl)	• 세포 외액의 중요한 음이온 • 삼투압 조절 • 산·염기의 균형 조절 • 근육의 흥분성 유지	• 구토 • 설사		• 식염, 된장, 간장 • 식염함유식품
철분 (Fe)	• 혈색소의 구성요소로서 산소 운반 및 탄산가스 제거 • 산소 이용에 관계되는 효소의 구성체	• 저항력 감소 • 빈혈, 무력감 • 집중력 감소 • 학습능력 감소	• 혈액성 설사 • 구토 • 간 손상 • 심장질환	• 육류, 생선, 가금류 • 달걀노른자 • 견과류 • 녹색 채소, 콩, 당밀 • 귤

원소	기능	결핍 시 증상	과잉 시 증상	급원 식품
아연 (Zn)	• 단백질대사에 필요 • 면역 기능 수행 • 콜라겐 형성, 탄산가스 제거 • DNA 및 RNA 합성	• 성장 지연 • 피부 변화 • 미각의 변화 • 식욕 감퇴 • 성적 성숙 지연 • 우울증 • 면역 기능 저하 • 기형아 출산	• 위염 • 구토	• 패류(특히, 굴) • 우유 • 간 • 달걀 • 가금류
요오드 (I)	• 갑상선 호르몬의 합성 • 기초대사율 조절 • 성장, 생식, 세포 대사에 관련	• 유산, 사산, 기형아 출산 • 갑상선종, 크레틴병		• 해조류 • 해산물
구리 (Cu)	• 헤모글로빈 합성 • 뼈의 석회화 • 효소 기능	• 빈혈 • 골격 형성의 이상 • 성장 지연	• 복통 • 오심 • 구토 • 설사	• 패류, 굴 • 견과류 • 콩류 • 곡류 배아 • 땅콩, 깨 등의 종실류 • 채소
불소 (F)	• 충치 예방 • 조직의 강화	• 충치	• 치아 불소 침착증 • 신장 기능 이상 • 근육과 신경기능 손상	• 뼈째 먹는 생선 • 육류의 뼈 • 차
셀레늄 (Se)	• 항산화제 • 세포막 유지 • 글루타티온과 산화효소의 구성	• 성장 지연 • 근육의 통증	• 탈모증 • 손톱의 약화 및 손실 • 복통, 설사, 구토	• 고기의 내장, 살코기 • 곡류 • 우유 및 유제품
망간 (Mn)	• 단백질 대사 • 효소의 활성화	• 정상적 식사로 충분 • 성장 지연 • 생식 부진 • 골격이상	• 신경계 장애 • 생식 기능과 면역 기능의 손상	• 통밀류 • 견과류 • 채소와 과일
크롬 (Cr)	• 포도당대사의 항산성 유지 • 지방대사	• 당질대사의 이상 • 성장 지연 • 구토, 메스꺼움		• 육류 • 동물의 간 • 도정 안 한 곡류
몰리브덴 (Mo)	• 요소대사에 관련되는 효소 구성	• 결핍증이 드묾		• 내장성분 • 곡류, 콩류

5) 비타민

비타민은 생명을 유지하기 위한 대사작용에 극히 소량이지만, 꼭 필요한 물질이다. 현재까지 밝혀진 비타민은 20여 종으로 대부분 체내에서는 합성되지 않아 부족 시 그 비타민 특유의 결핍증이 나타난다. 비타민은 화학성분이나 구조상으로 구분하기는 어려우므로 용해성에 따라 지용성과 수용성으로 나눈다. 비타민 A, D, E, K와 같은 비타민은 유지에만 녹으므로 지용성 비타민이라고 하고, 물에 녹는 비타민 B군과 비타민 C는 수용성 비타민이라 한다.

지용성과 수용성 비타민의 급원 식품, 결핍과 과잉 시에 나타나는 증상은 〈표 5-5〉, 〈표 5-6〉과 같다.

표 5-5 지용성 비타민의 기능과 급원 식품

구분	기능	결핍 시 증상	과잉 시 증상	급원 식품
비타민 A	• 상피세포 보호 • 성장 발육 촉진 • 명암 조절	• 안질, 야맹증 • 안구건조증 • 각막연화증	• 식욕부진, 두통 • 발열, 발진 • 오심, 구토	• 유지방, 난황, 간유, 버터, 어유, 녹황색 채소
비타민 D	• Ca, P 흡수 촉진 • 치아, 골격 침착 작용 도움	• 골연화증 • 구루병	• 식욕 감퇴, 두통 • 구토, 체중 감소 • Ca 침착 저조	• 어간유, 난황, 버터, 효모, 말린 버섯
비타민 E	• 항산화작용 • 노화 방지 • 생식 기능 활성 • 세포의 호흡작용	• 동물의 불임증 • 유산 • 근육위축 • 피부반점 • 용혈(hemolysis)	• 과잉증 심하지 않음	• 종실유, 낙화생, 곡류의 배아, 아보카도, 견과류
비타민 K	• 혈액의 응고작용	• 지혈 지연		• 시금치, 양배추, 간, 대두, 장내세균 합성

표 5-6 수용성 비타민의 기능과 급원 식품

구 분	기 능	결핍 시 증상	급원 식품
비타민 B_1	• 당질대사에 관여 • 효소반응에 관여	• 피로감, 식욕 감퇴, 무기력 • 근육통, 신경장애, 경련 • 불안 초조 • 각기병, 다발성 신경염	• 콩류, 곡류의 배아, 돼지고기, 내장
비타민 B_2	• 보조효소, 생식, 유즙분비 • 발육과 성장촉진인자	• 성장 지연 • 구각염, 구순염 • 안질환, 광과민증	• 우유 및 유제품, 달걀, 육류, 장내 합성, 녹황색 채소
비타민 B_6	• 산화, 환원작용 • 아미노산대사에 관여	• 성장지연 • 피부염, 설염 • 빈혈	• 효모, 곡류의 배아 • 간, 달걀, 우유
비타민 C	• 세포 간 접합작용 • 색소침착 방지 • 철 흡수 촉진 • 세균에 대한 저항력 상승	• 괴혈병 • 주근깨, 기미 생성 • 철 부족성 빈혈, 발육부진 • 골격·치아발육 저해 • 혈관의 약화	• 신선한 채소, 과일, 숙주나물, 콩나물
니아신	• 당질, 지질, 단백질 대사에 관여(산화, 환원 작용)	• 설사 • 정신착란 등을 동반한 펠라그라	• 간, 육류
엽산	• 핵산 합성에 관여 • 세포의 증식, 재생 • 아미노산 대사에 관여 • 조혈작용	• 발육장애 • 빈혈, 백혈구 감소증	• 닭고기, 간, 연어, 수박, 땅콩
판토텐산	• 당질과 지질대사 관여 • 성호르몬, 부신피질 호르몬 생성에 관여	• 닭에서 피부염 발생 • 개의 경우 저혈당, 지방간	• 간, 달걀, 대두, 육류, 호두
비타민 B_{12}	• 단백질 합성인자, 발육촉진 인자, 인체의 장내 세균에 의해 합성	• 악성 빈혈	• 간, 굴, 우유, 치즈
콜린	• 체내에서 합성 • 지방간 방지	• 지방간	• 난황, 시금치, 간, 콩류

출처: 신동주 외(2005). 영유아의 영양, 건강, 안전. p. 27.

6) 수분

수분과 공기는 영양소의 범위에는 포함되지 않으나, 신체의 성장과 유지는 물론 생명현상을 유지하는 데 필수적인 물질이다. 물을 공급받지 못했을 때 5~10분 내에 사망하게 된다.

수분의 기능은 다음과 같다(신동주 · 이상은 · 김현경 · 박영선, 2005; 이선경 · 고은님, 2009).

- 물은 나트륨(Na), 염소(Cl)와 같은 전해질을 용해하여 삼투압의 평형과 세포의 형태를 유지하는 역할을 한다.
- 인체의 타액, 위액, 담즙, 장액 같은 분비액의 성분이 된다.
- 영양소의 흡수, 순환 및 분해산물을 운반하고 몸 안의 노폐물을 배설하는 운반자의 역할을 한다.
- 피부나 폐로 물이 증발할 때 열을 흡수하여 체온을 조절한다.
- 외부 자극, 환경의 변화 등으로부터 내장기관을 보호하는 작용을 한다.

인체는 1세까지의 영아는 체중의 75%, 유아는 70%, 성인은 60~65%가 수분으로 구성되어 있다. 체중에 대한 수분 함유율이 높기 때문에 하루에 필요로 하는 물의 양은 어릴수록 많다. 특히 신열이 날 때, 구토나 설사 등의 증세가 있을 때, 고단백 식사를 할 때, 기온이 높을 때 정상보다 훨씬 많아진다.

영유아의 1일 수분 필요량은 〈표 5-7〉과 같다.

표 5-7 영유아의 1일 수분 필요량

연 령	1일 수분 필요량(mL)
0~5개월	700
6~11개월	800
1~2세	1,100
3~5세	1,500

출처: 이순형 외(2013). 영유아 건강교육(2판). p. 203.

Tip

물을 마셔야 하는 이유 7가지

1. 물은 지방, 탄수화물, 그리고 칼로리도 0인 착한 음료이다.
2. 물을 꾸준히 마시면 심장병 및 암 예방에도 효과적이다.
3. 수분이 부족할 경우 쉽게 피로해지고 무기력해질 수 있다.
4. 꾸준한 수분 섭취는 피부를 맑고 투명하게 만들어준다.
5. 체내에 수분이 부족할 경우 두통을 유발하게 된다.
6. 몸 안에 쌓여 있는 노폐물 배출을 돕는 역할을 한다.
7. 위산 분비를 억제시켜 소화장애를 완화시키는 역할을 한다.

앞에서 살펴본 기본 영양소 주요 성분과 신체의 구성성분을 간단히 정리하면 〈표 5-8〉과 같다.

표 5-8 기본 영양소 주요 성분과 신체의 구성성분

영양소	주요 성분과 신체의 구성성분
탄수화물	탄수화물은 신체활동에 필요한 에너지를 공급하는 목적이 가장 크다. 신체에너지원의 60%가량을 탄수화물에서 공급받을 정도로 큰 비중을 차지하며 탄수화물이 부족하면 단백질을 열량으로 변환하여 사용하기 때문에 단백질이 제 기능을 못하게 된다.
지방	지방은 과도할 경우 소아비만을 야기할 수 있지만 없어서는 안 되는 중요한 요소다. 신체의 모든 세포막조직을 형성하는 역할을 하며 탄수화물과 함께 에너지원으로 사용된다. 지용성 비타민의 흡수를 돕고 체온을 조절하거나 장기를 보호하는 역할도 한다. 지방은 크게 포화지방산과 불포화지방산으로 나뉘는데, 포화지방산은 동물성 지방으로 과할 경우 콜레스테롤 수치를 높여 동맥경화의 원인이 된다. 반면, 불포화지방산은 콜레스테롤 수치를 낮추고 호르몬 생성 및 분비를 조절하고 영양을 골고루 전달할 수 있도록 한다.
단백질	단백질은 신체 모든 세표의 구성성분이며 뼈, 결합조직, 혈액의 유지에도 필요하고 신체의 성장에도 매우 중요한 역할을 한다. 대사과정, 면역 기능, 체액의 균형, 산과 염기의 균형에도 영향을 미치며 영양소 운반 역할도 담당하고 있다.

영양소	주요 성분과 신체의 구성성분
무기질	골격이나 치아를 구성하고 효소 활성화 호르몬을 구성하는 데 중요한 역할을 하며, 인, 나트륨 등은 다른 음식에서 충분히 섭취되지만 칼슘은 부족하기 쉽기 때문에 음식으로 보충해 주는 것이 좋다.
비타민	인체의 대사 기능과 세포조직의 성장, 항산화작용, 해독, 면역력 증강에 필요한 물질로 많은 양이 필요하지는 않지만 없어서는 안 되는 영양소다. 지용성 비타민과 수용성 비타민으로 구분된다.
수분	기호를 결정하는 맛과 식감에 관여한다. 미생물 증식, 식품의 부패 등 식품의 저장성에 영향을 미친다. 단백질과 지질에 결합되어 있는 결합수와 조직 내에서 자유롭게 증발, 동결되는 자유수로 분류된다. 체내 함량비는 약 65%로서 가장 높다. 대부분 섭취된 음료수나 음식물 속의 수분에서 공급된다.

출처: 이선경 · 고은님(2009). 아동건강교육. p. 140.

2. 기초식품군

기초식품군이란 식품 속에 들어 있는 영양소 중 대표적인 영양소를 기준으로 단백질, 칼슘, 비타민과 무기질, 탄수화물, 유지 및 지방군으로 분류한 것이다. 한국영양학회(2005)에서는 모든 영양소를 고루 섭취할 수 있는 균형 있는 식생활을 위하여 여섯 가지 기초식품군을 설정하였다. 이를 쉽게 이해하도록 [그림 5-1]과 같이 식품구성 자전거를 제시하였다. 자전거 바퀴모양을 이용하여 6개 식품군에 권장식사패턴의 섭취 횟수와 분량에 비례하여 면적을 배분하였다. 또한 바퀴에 물잔 이미지를 삽입한 것은 수분의 중요성과 운동을 권장하기 위하여 사용하였다.

표 5-9 식품구성 자전거의 목적

• 적절한 영양 및 건강유지를 위한 한국인 영양섭취기준 충족 • 다양한 식품섭취를 통한 균형 잡힌 식사 유도 • 충분한 수분섭취 권유 • 적절한 운동을 통해 비만 예방 유도

그림 5-1 식품구성 자전거

식품군별 영양소와 역할은 〈표 5-10〉과 같다.

표 5-10 식품군별 영양소와 역할

식품군 이름	영양소	우리 몸 속 역할	섭취 횟수
곡류	탄수화물 (포도당)	• 활동하는 데 필요한 에너지 제공 • 두뇌활동 에너지 제공	끼니별 1회 정도
고기 · 생선 · 달걀 · 콩류	단백질	• 우리 몸의 피와 근육을 만듦 • 병에 걸리지 않도록 면역력을 높여줌	끼니별 1회 정도
채소류	비타민, 무기질, 식이섬유소	• 우리 몸의 기능 조절 • 피부를 건강하게 만듦 • 변비를 예방하고 개선함	채소류는 끼니별 2가지 이상(나물, 생채, 쌈, 국 건더기 등)
과일류	비타민, 무기질, 식이섬유소	• 우리 몸의 기능 조절 • 피부를 건강하게 만듦 • 변비를 예방하고 개선함	과일류는 하루 1~2회 정도
우유 · 유제품류	칼슘, 단백질	• 뼈와 이를 튼튼하게 만듦	아동 및 청소년은 하루 2회, 성인은 하루 1회
유지 · 당류	지방, 단순당	• 힘을 낼 수 있도록 도와줌 • 추위와 더위를 이겨낼 수 있게 해 줌	조리 시 사용되므로 따로 섭취할 필요 없음
물	물	• 체온을 조절함 • 체내 영양소 운반 • 체내 노폐물 배출	하루 필요 칼로리와 같은 분량의 물 섭취

영아기 영양관리

신생아 및 영아기에는 극히 짧은 기간이지만 일생 중 신체발달이 가장 급격히 이루어진다. 뿐만 아니라 뇌세포가 발달하는 시기이므로 영양 부족은 심각한 뇌손상을 일으킬 수 있다. 따라서 영아기에 바르게 성장하기 위해서는 영양이 특별히 고려되어야 한다.

이 장에서는 영아기 영양관리를 구체적으로 영아기와 걸음마기로 구분하여 수유와 이유식, 식사지도, 영아기의 영양문제 등에 대해 살펴보고자 한다.

1. 영아기의 영양관리

영아는 성인에 비해 신진대사가 활발하기 때문에 섭취해야 할 영양소의 절대량은 적지만 체중 1kg당 에너지, 단백질의 필요량은 훨씬 크다. 또한 영아는 성인과 달리 에너지나 다른 영양소를 저장해 둘 여유가 없으므로 이 시기에 영양의 부족, 영양질의 불균형, 또는 영양섭취방법이 적절하지 않으면 그 반응이 심각하게 나타난다(박성옥 외, 2008).

한국 영유아 연령별 평균 체중, 신장 및 에너지 권장량은 〈표 6-1〉과 같다.

표 6-1 연령별 평균 체중, 신장 및 에너지 권장량

연 령	체중(kg)	신장(cm)	에너지 권장량(kcal/일)
0~5개월	6.2	60.3	550
6~11개월	8.9	72.2	700
1~2세	12.2	86.1	1,000
3~5세	17.2	107.0	1,400

출처: 한국영양학회(2010). p. 26, 40.

1) 수유

약 1세까지의 영아를 위한 영양공급은 모체로부터 생성되어 방출되는 모유와 모유성분에 맞추어 우유의 성분을 조절하여 제조한 조제유 등 유즙을 섭취하는 것이다. 현재 UN 산하기구인 UNICEF에서는 최소한 5~6개월까지는 모유수유를 권장하고 있다. 모유의 성분은 수유하는 어머니의 연령, 출산 횟수, 건강상태, 수유기간 등에 따라 달라지지만 일반적으로 다음과 같은 장점이 있다.

- 모유의 단백질 함량은 우유보다 낮으나 모유에 함유된 아미노산은 아기의 성장과 발달에 필수적인 시스테인이 풍부하며 타우린은 두뇌발달에 중요한 역할을 한다.
- 모유는 우유에 비해 필수지방산인 리놀레산과 리놀렌산의 함량이 높아 소화가 잘 된다. 또한 중추신경계의 성장에 필요한 콜레스테롤의 함량이 높다.
- 칼슘과 인 등 무기질은 모유보다 우유에 훨씬 많이 들어 있으나 오히려 다량의 무기질은 신장에 부담을 줄 수 있으며 모유의 무기질이 오히려 더 쉽게 소화된다.
- 알레르기 유발 가능성이 낮고, 질병 예방에 효과적이다.
- 어머니와 영아 간의 정서적 유대를 강화하고 어머니의 건강에도 도움이 된다.

표 6-2 모유에 함유된 영양소의 특징

영양소	특 징
탄수화물	• 대부분 유당(7g/100mL)이며 그 외 소량의 포도당, 갈락토스, 올리고당, 아미노당 함유 • 수유부의 영양상태와 관계없이 일정한 수준 유지 • 유당: 아기의 소장에서 느리게 흡수되며 삼투압을 적게 가함 • 아미노당: 비피더스균의 성장을 촉진하여 장내 해로운 세균의 성장 저해 • 올리고당: 소장 상피세포로 병원균의 침입을 방해
단백질	• 다른 유즙에 비해 단백질의 함량이 낮은 편이나 아기의 성장발육에 가장 이상적임 • 수유부의 영양상태와 관계없이 일정한 수준 유지 • 락토알부민(50~90%), 카세인(10~50%) 외에 소량의 락토페린, 락토글로불린, 당단백질 함유 • 질소성분의 20~25%는 비단백태질소(펩타이드, 호르몬, 각종 유사분열인자): DNA와 단백

영양소	특 징
	질 합성, 세포 증식과 분화 촉진 • 타우린 함유: 지방의 소화를 돕고 중추신경계와 망막에서 신경전달물질로 작용 • 중추신경계에 해로운 페닐알라닌과 메티오닌의 함량은 낮은 대신 타이로신과 시스테인의 함량이 높음
지질	• 수유부의 영양상태, 수유시기에 따라 함량이 매우 다양함 • 주로 중성지방이며 그 외 소량의 인지질, 콜레스테롤, 모노글리세리드, 다이글리세리드, 당지질, 유리지방산 함유 • ω-6 계열의 리놀레산, ω-3 계열의 EPA, DHA 풍부 • 모유 콜레스테롤: 영아의 뇌 발육, 수초 형성에 이용 • 지단백라이페이스, 담즙염자극 라이페이스가 함유되어 있어 소화가 용이함
비타민	• 수유부의 영양상태에 영향을 받음 • 비타민 A, β-카로틴, 비타민 E 풍부, 소량의 비타민 D, 비타민 K 함유
무기질	• 초유에 가장 많고 수유기간이 경과함에 따라 감소 • 칼륨, 칼슘, 인 등의 다량무기질 충분 • 철, 구리, 아연, 망간 등 미량무기질 소량 • 체내이용률 높음
면역 성분	• 비피더스 인자(bifidus factor): 비피더스균의 성장 촉진, 장내 병원균의 번식 억제 • 분비형(secretory) IgA, IgM, IgG: 박테리아의 장 점막 침입과 소화관 내 증식 방지 • 항포도상구균성 인자: 포도상구균 감염 저해 • 락토페린(lactoferrin): 세균의 성장에 필요한 철과 결합하여 세균의 성장 억제 • 락토퍼옥시데이스(lactoperoxidase): 연쇄상구균과 장내 세균 살균 • 백혈구(leukocytes): 식균작용 촉진 • 인터페론(interferon): 세포 내 바이러스 증식 억제 • 라이소자임(lysozyme): 세균의 세포벽을 분해하여 직접적으로 세균을 파괴 • 비타민 B_{12}-결합단백질: 세균 성장에 필요한 비타민 B_{12}의 이용 방해 • 림프구(lymphocyte): 분비형 IgA 합성 • 대식세포(macrophage): 보체, 락토페린, 인터페론, 라이소자임 등의 합성, 식균작용 및 기타 작용

출처: 이영미 외(2013). 생애주기영양학. 양서원. p. 174.

그러나 유아교육기관에서는 모유공급이 어려우므로 우유, 조제유, 양유, 산양유, 두유 등 다양한 인공유를 제공하고 있는 실정이다. 영아에게 인공유를 수유할 때는 우유의 위생적 관리와 각 영아의 욕구충족에 세심하게 주의를 기울여야 한다. 사전에 부모와 상의하여 평소 먹는 우유의 양과 시간 간격 등을 알아두도록 한다.

(1) 수유 준비물

우유병 3~4개, 분유 재는 숟가락, 계량컵, 긴 숟가락, 소독기 주전자, 보온주전자, 분유통 등이라 할 수 있는데, 각 우유병에는 영아의 이름을 표시하여 개인적으로 사용하는 것이 위생적이다. 우유병은 잘 닦이고 위생적이며 열에 잘 견디고 입구가 넓은 것이 좋다.

우유병 젖꼭지 구멍의 크기를 고를 때, 구멍이 너무 큰 것은 우유가 너무 빨리 흘러나와 소화불량을 일으킬 수 있고, 구멍이 작은 것은 우유가 잘 나오지 않아 영아가 짜증스러워 하므로 각 영아의 분량에 잘 맞추어 선택해야 한다.

(2) 우유 타는 방법

① 위생에 철저히 신경써야 한다. 우선 손을 씻는다.
② 수유에 사용되는 모든 도구는 소독해서 사용한다.
③ 조제유를 탈 물은 반드시 끓여 식혀서 쓴다(10분 이상 끓여서 38~50℃로 식힌다). 소독한 우유병에 먹일 양의 절반의 물을 붓는다.
④ 분유를 탈 때는 스푼을 깎아서 담아 월령별 권장량대로 정확한 수를 세어 넣는다. 제품에 따른 월령별 권장량보다 묽게 먹이면 적절한 열량과 영양소의 공급이 이루어지지 않고 영아의 식욕을 떨어뜨린다. 반대로 농도가 너무 진하면 소화불량이나 비만을 유발하고 신장 기능에 부담을 주거나 탈수증과 변비를 유발할 수 있다.
⑤ 우유병 뚜껑을 닫고 흔들어 분유를 다 녹인 후 나머지 필요한 만큼의 물을 붓는다.
⑥ 적절한 온도를 지켜야 한다. 손목 안쪽에 우유 몇 방울을 흔들어 떨어뜨렸을 때 약간 따뜻하거나 실온에 가까운 온도가 적당하다. 우유병의 표면과 내부의 온도가 다를 수 있으므로 주의한다.

(3) 우유 먹이기

우유를 먹일 때는 먼저 영아를 수유자의 팔과 무릎으로 안정시킨 다음 안아 수유자와의 따뜻하고 친밀한 육체적 접촉을 즐길 수 있도록 한다. 그 다음 영아의 입술에 가볍게 젖꼭지를 접촉시켜 빨게 한다. 젖꼭지에 유즙이 충분하도록 우유병을 잘 기울여 잡아야 한다. 우유병을 잘못 잡으면 우유와 함께 공기를 들이마셔 영아의 배에 가스가 차서 불편하기 때문이다.

1회 먹이는 우유의 양은 〈표 6-3〉과 같으며, 수유시간으로는 약 15분이 적당하다.

표 6-3 월령별 수유 횟수와 양

개 월	0~4개월	4~6개월	6~8개월	8~10개월	10~12개월
모유	1일 8회 이상	5회 이상	요구에 따라 5회 이상	요구에 따라	요구에 따라
조제유	5~10회	4~7회	3~4회	3~4회	3~4회
총 섭취량	470~900cc	720~1,200cc	720~1,200cc	470~900cc	470~720cc (일반 우유 가능)

먹이다 남긴 우유는 바로 버리고, 우유병과 젖꼭지는 반드시 열탕 소독하여 위생 상태를 철저하게 유지해 주어야 한다.

수유가 끝나면 영아를 안고 트림을 시켜주는데, 트림을 시켜주는 방법으로는 [그림 6-1]과 같이 3가지가 있다.

① 영아를 곧추 안고 등을 가볍게 쓸어 준다.
② 영아를 수유자 무릎에 바로 앉히고 등을 가볍게 쓸어 준다.
③ 영아를 무릎에 엎드리게 하고 등을 쓸어 준다.

그림 6-1 트림시키는 방법

2) 이유하기

이유란 모유나 우유만을 먹던 영아에게 곡류나 채소, 과일 및 다른 음식으로 필요한 영양분을 보충해 주는 것을 말한다.

(1) 이유의 필요성

① 무엇보다 성장과 발달에 필요한 영양소를 얻기 위함이다

모유나 조제유는 일정한 시기까지는 적절한 영양원이지만 생후 5, 6개월부터는 유즙만으로는 영아에게 필요 영양요구량을 만족시킬 수 없다. 즉, 급속한 신체발달과 영아의 영양요구량은 많아지는 데 비해 모유의 영양소는 감소되어 열량, 단백질, 철분, 비타민 등의 함량이 감소되고 수분은 많아진다. 특히, 생후 4~6개월이 되면 영아가 출생 시 가지고 있던 철분 저장량도 고갈된다.

② 소화기 발달

영아기에는 씹는 기능이 발달하고, 형태가 있는 음식을 입에 넣어 주면 혀를 이용하여 목으로 내려보내는 등의 반사작용이 확립된다. 월령이 높아짐에 따라 소화효소의 분비가 많아지고 음식을 소화・흡수하는 능력이 발달된다. 따라서 음식을 조금씩 주면서 소화기관을 자극하고 발달시키며 음식을 씹어 삼키는 능력을 익히기 위해 이유가 필요하다.

③ 섭식 기능 발달

영아의 치아발달과 혀 운동 및 손놀림의 발달에 따라 섭식 기능이 발달한다. 너무 부드러운 음식만 제공하면 영아의 섭식 기능이 발달하지 못하고, 너무 딱딱한 음식을 제공하면 사고의 위험이 증가한다. 따라서 이유식의 형태와 공급방법이 달라져야 한다.

〈표 6-4〉는 영아의 섭식 기능 발달에 따른 적당한 이유식의 형태이다.

표 6-4 영아의 섭식운동발달과 이유식의 형태

연 령	섭식운동	식품의 형태
0~3개월	• 반사작용: 젖냄새가 나는 쪽으로 고개를 돌린다. • 젖꼭지가 입에 닿으면 혀를 내밀며, 힘차게 빤다. • 흐르는 음식을 삼킨다.	• 모유 • 인공유
4~5개월	• 반사작용이 없어진다. • 손을 펴고 양손으로 물건을 잡는다.	• 이유 시작 • 우유병을 이용한 이유식을 제공하거나 숟가락 사용 시도
6개월	• 앞니가 나기 시작하고 씹는 운동을 한다. • 혀 앞의 음식을 뒤로 보내 삼킨다. • 물건을 잡는 능력이 향상된다.	• 숟가락으로 먹는 것이 가능 • 미음류: 곡류, 채소, 과일즙
7개월	• 턱을 이용해 음식을 부순다. • 입 안의 음식을 돌려가며 씹는다.	• 죽류: 걸죽하게 만든 곡류, 채소
8~10개월	• 어금니가 나기 시작하고 씹는 운동과 혀 운동이 정교해진다. • 삼키는 운동이 성숙해진다. • 병을 잡을 수 있고 엄지와 검지를 이용하여 물건을 집을 수 있다.	• 컵으로 먹을 수 있다. • 과자류를 먹을 수 있다. • 부드러운 고형식
10~12개월	• 깨물거나 씹는 능력이 향상된다. • 혼자서 먹는다. • 도움 없이 컵을 집는다.	• 숟가락과 컵으로 스스로 먹게 된다. • 고형식
1~2세	• 뒤어금니를 제외하고 모든 젖니가 나온다. • 책장을 넘기고 낙서를 할 정도로 손동작이 정교해진다.	• 우유병 사용은 단계적으로 중단한다.

출처: 김일옥 · 최경순(2009). 아동건강교육. 양서원.

④ 올바른 식습관 확립

이유기는 음식에 대한 첫인상을 형성하는 매우 중요한 시기이다. 올바른 이유식 방법과 다양한 식품의 이용은 바람직한 식습관 확립을 위한 기초를 다지는 것이므로 매우 중요하다.

⑤ 지적 · 정서적 발달 도모

생후 5~6개월이 되면 부모가 먹고 있는 음식에 관심을 나타내며 그 음식에 대한 욕구를 나타내기 시작한다. 이 음식은 영아의 미각, 촉각, 후각을 자극할 뿐 아니라 시각발달도 촉진한다. 따라서 영아의 발달단계에 따라 새로운 질감, 맛, 색을 가진 식품을 먹는 연습을 통해 영아의 지적·정서적 발달을 돕도록 해야 한다.

(2) 이유 시기 및 방법

① 이유시기

영아의 체중과 건강상태를 고려하여 4~6개월 사이에 시작하는 것이 일반적이다. 세계보건기구(WHO)와 국제아동구호기금(UNICEF)에서는 영아의 체중이 출생 시 체중의 2배가 되거나 6kg 정도가 될 때 바람직하다고 되어 있다.

② 이유식의 종류

이유식을 준비할 때는 영아들이 즐겨 먹을 수 있으면서 신체발달에 필요한 영양소가 포함된 식품, 소화가 잘 되는 식품을 선택해야 한다. 채소, 과일, 고기를 갈아서 6~8개월부터 공급하고, 컵으로 제공하는 음료는 삼키는 것이 가능한 9개월 후부터 제공하는 것이 좋다.

이유식을 제공하면서부터 모유나 조제유의 횟수를 점차 줄여 1년경에는 400mL 정도 모유나 조제유를 제공한다. 이유식은 모유나 조제유를 먹이기 전에 먹이도록 한다.

이유식은 미각발달을 위해서 한꺼번에 여러 가지 음식을 주는 것보다 새로운 식품을 하나씩 증가시키고, 새로운 식품을 추가할 때는 한 번 주기 시작한 이유식은 4~5일 간의 간격을 두고 지속적으로 공급하여 새로운 맛에 적응하기 쉽도록 한다. 영아교사는 이유식 시작과 함께 매일 먹은 이유식의 종류와 양, 횟수를 기록해 두고, 음식에 대한 알레르기 반응 유무를 확인한다.

이유식에 적합한 식품과 피해야 할 식품의 종류는 〈표 6-5〉와 같다.

표 6-5 이유식에 적합한 식품과 피해야 할 식품의 종류

분 류		초기(4~6개월)	중기(6~8개월)	후기(9~11개월)	완료기(12~15개월)
곡류	가능식품	쌀, 찹쌀, 오트밀	쌀, 차조, 현미, 옥수수 등	대부분의 곡류 가능	대부분의 곡류 가능
	피할 식품	밀, 단단한 잡곡 (보리, 현미 등)	밀가루는 중기 후반부터		
육류	가능식품	6개월부터(살코기로) 쇠고기, 닭고기	(살코기로) 쇠고기, 닭고기	(살코기로) 쇠고기, 닭고기	대부분의 육류 가능
	피할 식품	기름기 많은 부위	기름기 많은 부위	기름기 많은 부위	
어패류	가능식품			흰살생선 등	보통 생선류
	피할 식품			참치 같은 큰 생선, 민물고기, 조개류, 갑각류	짠 생선
유제품	가능식품			8개월부터 플레인 요구르트	생우유, 치즈, 플레인 요구르트
	피할 식품			생우유, 치즈	저지방 우유
콩류	가능식품	완두콩, 강낭콩	대부분의 콩류 가능 두부는 7개월부터	대부분의 콩류 가능	대부분의 콩류 가능
	피할 식품	대두			
채소류	가능식품	양배추, 브로콜리, 호박 등	대부분의 채소류 가능	대부분의 채소류 가능	대부분의 채소류 가능
	피할 식품	시금치, 당근, 배추(6개월 전)			
과일류	가능식품	사과, 배, 자두 등	사과, 배, 자두 등	사과, 배, 자두 등	대부분의 과일 가능
	피할 식품	딸기, 토마토, 오렌지, 귤, 레몬, 포도, 키위 등	딸기, 토마토, 오렌지, 귤, 레몬 등	딸기, 토마토 등	
달걀	가능식품		노른자	노른자	노른자, 흰자 모두 가능
	피할 식품		흰자	흰자	
견과류 및 유지류	가능식품			참기름, 올리브유(소량)	대부분의 견과류와 유지류
	피할 식품			땅콩 및 견과류, 동물성 지방	땅콩 및 땅콩버터

출처: 하정훈(2005). 삐뽀삐뽀 119. 그린비라이프.

③ 이유식 진행방법

영아에게 고형식을 먹일 때는 가정에서의 방법과 일관된 계획을 세워야 한다. 영아의 발달수준, 성장, 특별한 보충식에 대한 요구에 근거해서 고형식을 먹인다. 고형식을 제공할 때는 다음의 지침을 따른다(서울특별시 보육정보센터, http://children.seoul.go.kr).

- 초기에는 수분이 많고 부드러운 죽 같은 형태의 음식을 제공한다. 즉, 영아에게 이가 날 때까지는 삶아서 체로 거른 음식을 준다. 점차 씹어 먹을 수 있는 고형식으로 변화시켜 나간다.
- 처음에는 알레르기 반응을 일으키지 않는 쌀가루(철분이 강화된 이유식용 곡류 제품)를 먹이고 차츰 다른 종류의 곡류를 먹이는 것이 좋다. 여기에 점차적으로 과일이나 채소를 갈아넣거나 두부, 요거트를 첨가할 수 있다.
- 충분한 시간을 제공한다. 영아가 고형식의 느낌, 맛에 익숙해지도록 시간을 준다.
- 좋은 식습관 형성을 위해 다양한 음식을 소개한다. 그러나 한 번에 새로운 음식을 한 가지씩만 추가해 준다. 새로운 음식을 받아들이지 않거나 알레르기 반응이 나타나면 속히 확인할 수 있으며 중지할 수 있다.
- 영아들은 음식의 선호 정도가 분명하며 새로운 음식을 거부하는 경향이 있다. 따라서 새로운 음식은 소량으로 천천히 소개해야 한다.
- 우유병에 음식을 넣어서 주지 않는다. 우유병에 넣게 되면 영아는 너무 많은 칼로리를 취할 수 있고, 고형식을 다루는 기술 습득이 지연된다. 숟가락에 익숙해지도록 음식은 숟가락으로 주어야 한다.
- 고형식들을 섞지 않는다. 영아는 서로 다른 맛과 질감을 인식할 수 있어야 하고 또한 알레르기나 과민반응을 나타내면 원인이 되는 음식이 무엇인지 쉽게 밝힐 수 있기 때문이다.
- 양념은 영아의 연약한 소화기관을 자극하여 소화장애를 유발할 수 있으며 신장에 부담이 된다. 또한 식품 자체에 대한 미각발달에 장애를 주므로 조미료나 양념류를 사용하지 않도록 한다.

- 젖을 주기 전에 고형식을 먹인다. 즉, 배가 고플 때 제공한다.
- 편안하고 즐거운 시간이 되어야 한다. 먹이는 동안 영아를 쳐다보고 미소를 지어 주며 말을 건넨다. 영아가 음식을 거절하면 실랑이를 하지 말고 강요하지 않는다. 억지로 먹이면 심각한 섭식문제를 초래할 수 있다. 편안한 분위기를 마련하고 영아가 자신의 속도대로 먹도록 해야 한다.
- 영아를 위한 상차림은 한 품목씩 나누어 단순한 형태로 주는 편이 좋다. 자신이 먹고 싶은 것이나 마음에 드는 식기 등의 기호가 나타나는 시기이므로 상차림을 예쁘게 하면 관심도 유도하고 식욕도 생겨난다.
- 물론 잘 지켜보아야 하지만 스스로 먹는 것을 권장하여야 한다. 이때 삼키기 쉬운 작은 크기로 음식을 조각내 준다. 좀 큰 영아가 음식 조각을 집어 들고 입으로 가져갈 때 손과 눈의 협응능력이 발달하며 음식 섭취를 스스로 조정하는 것을 학습한다.

이유식 진행에 따른 조리 형태와 기준량은 〈표 6-6〉과 같다(구재옥 외, 2011). 이유식 식단의 예는 〈표 6-7〉과 같다.

표 6-6 이유식 진행에 따른 조리 형태와 기준량

<table>
<tr><th colspan="2">월 령</th><th></th><th>5</th><th>6</th><th>7</th><th>8</th><th>9</th><th>10</th><th>11</th></tr>
<tr><td colspan="2">먹는 형태</td><td></td><td colspan="2">꿀꺽꿀꺽 그냥 넘김</td><td colspan="2">우물우물해서 넘김</td><td colspan="3">질근질근 잇몸으로 씹어 넘김</td></tr>
<tr><td colspan="2">조리 형태</td><td></td><td>흐물흐물한 상태</td><td>질척한 잼 상태</td><td colspan="2">물컹물컹한 상태</td><td colspan="3">죽과 진밥 정도의 상태</td></tr>
<tr><td rowspan="9">이유식 재료의 분량</td><td rowspan="2">곡류와 감자류</td><td rowspan="2"></td><td rowspan="2">5~30g
(연하게 으깬 죽·국)</td><td rowspan="2">30~50g</td><td>50g</td><td>50~100g</td><td rowspan="2">100g
(보통 죽)</td><td rowspan="2">100g
(진밥)</td><td rowspan="2"></td></tr>
<tr><td colspan="2">(으깨지 않은 부드러운 죽)</td></tr>
<tr><td rowspan="2">채소</td><td rowspan="2"></td><td>5~10g</td><td>20~25g</td><td rowspan="2">23~30g
(삶아서 으깬 채소즙)</td><td rowspan="2"></td><td rowspan="2" colspan="2">30~40g
(잘게 잘라 삶은 것)</td><td rowspan="2">40g
(그대로 잘 삶은 것)</td></tr>
<tr><td colspan="2">(삶아서 으깨거나 체에 거른 채소즙)</td></tr>
<tr><td>과일</td><td>50g
(과즙)</td><td>50~100g
(갈아서 거르거나 으깬 과일)</td><td></td><td></td><td colspan="2">100g
(먹기 좋도록 잘게 자른 것)</td><td></td><td></td></tr>
<tr><td>달걀</td><td rowspan="4">※1회 식사에 4가지 중 1가지를 준다.
※1회의 식사가 두 종류일 때는 1/2, 세 종류일 때는 1/3씩 계산한 양으로 한다.</td><td>노른자 1/4~1/2개
(으깬 물에 푼 것)</td><td>노른자 1/2~1개</td><td colspan="2">달걀노른자 1개
(반숙보다 좀 더 조리된 것)</td><td>통달걀 2/3~1개</td><td>통달걀 2/3~1개</td><td></td></tr>
<tr><td>콩제품</td><td>5~10g</td><td>10~20g</td><td>20~50g</td><td></td><td colspan="2">50g</td><td>50~70g</td></tr>
<tr><td>생선</td><td colspan="2">5~10g
(삶아서 으깬 것)</td><td>10~15g
(잘 다져서 조리한 것)</td><td>10~15g</td><td>25~30g</td><td></td><td>30g
(잘게 잘라서 조리한 것)</td></tr>
<tr><td>고기</td><td colspan="2">5~10g
(삶아서 으깬 것)</td><td>10~15g
(잘 다져서 조리한 것)</td><td>10~15g</td><td>25~30g</td><td></td><td>30g
(잘게 잘라서 조리한 것)</td></tr>
<tr><td colspan="2">이유식 횟수</td><td></td><td>1회</td><td>2회</td><td>2회</td><td>2회</td><td>3회</td><td>3회</td><td>3회</td></tr>
<tr><td colspan="2">이유식 후의 수유
(먹으려고 하는 만큼)</td><td></td><td>1회</td><td>2회</td><td>2회</td><td>2회</td><td>3회</td><td>3회</td><td>3회</td></tr>
<tr><td colspan="2">수유 횟수</td><td></td><td>4회</td><td>3회</td><td>3회</td><td>3회</td><td>2회</td><td>2회</td><td>2회</td></tr>
</table>

출처: 구재옥 외(2011). 생활주기영양학. 파워북. p. 158.

표 6-7 이유식 식단의 예

요일		월	화	수	목	금	토
1주	일자					1	2
	오전 간식					장국죽(쇠고기죽)	치즈죽
	점심					시금치당근죽	감자, 다시마죽
	오후 간식					닭죽	채소죽
	저녁						
2주	일자	4	5	6	7	8	9
	오전 간식	과일 갈은 죽	옥수수죽	치즈죽	표고버섯죽	게살죽	배죽
	점심	쇠고기오이죽	쇠고기우유죽	당근달걀 노른자죽	감자두부죽	흑미무죽	닭살죽
	오후 간식	두부죽	버섯죽	애호박죽	닭살죽	감자죽	
	저녁						
3주	일자	11	12	13	14	15	16
	오전 간식	사과죽	새우살죽	미역죽	연두부죽	노른자죽	바나나죽
	점심	버섯양파죽	양배추수수죽	두부영양죽	호박죽	쇠고기감자죽	흑임자죽
	오후 간식	순두부죽	밤암죽	두부찹쌀죽	버섯죽	채소잡곡죽	
	저녁						
4주	일자	18	19	20	21	22	23
	오전 간식	과일 갈은 죽	고구마죽	치즈죽	채소죽	미역죽	삶아 으깬 과일
	점심	시금치양배추죽	쇠고기우유죽	호박율무죽	단호박죽	새우살순두부죽	양송이버섯죽
	오후 간식	쇠고기채소죽	버섯죽	감자죽	배추죽	고구마채소범벅	
	저녁						
5주	일자	25	26	27	28	29	30
	오전 간식	사과죽	달걀노른자죽	채소죽	닭죽	두부죽	치즈죽
	점심	애호박표고버섯죽	당근치즈죽	단호박죽	감자채소범벅	흰살생선채소죽	쇠고기버섯죽
	오후 간식	쇠고기치즈죽	청경채죽	배추죽	브로콜리죽	흑미죽	
	저녁						

출처: 임미혜 · 이혜정(2017). 아동건강교육. p. 122.

2. 걸음마기의 영양관리

18개월부터 약 3세 정도 시기의 걸음마기 성장률은 영아에 비해 떨어지고 위의 용량도 작지만 높은 영양을 필요로 한다. 걸음마기는 호기심이 많은 한편, 새로운 것에 대한 두려움도 심해 새로운 음식을 거부하기도 하므로 영유아교사는 인내심을 가지고 음식을 제공해야 한다. 또한 걸음마기가 시작되면 이유는 대개 이루어져 있으며 우유섭취는 고형식에 비해 줄어들고 성장속도가 느려지므로 덜 먹게 된다. 그러므로 영양이 풍부한 음식을 소량으로 자주 주어야 한다.

1) 음식의 양

1~2세에는 성장률이 영아기보다 훨씬 느려지며 식욕은 불규칙하다. 칼로리 섭취가 매일 매일 아주 다를 수 있으며 개인차도 크다. 걸음마기 영유아가 하루에 먹는 양은 보통 우유 및 유제품을 제외하고는 성인의 양의 1/4~1/3 정도 또는 연령당 1큰술 정도를 700~1,000cal를 섭취하는 것이 적당하다(조경자 · 이현순, 1998 재인용). 그러므로 영유아교사는 걸음마기 영유아들이 먹을 수 있다고 생각하는 양보다 적게 주는 것이 좋으며 모자라면 더 달라고 하도록 한다. 이런 식으로 하면 걸음마기 영유아들은 음식의 양 때문에 압도되지 않으면서 독립적으로 더 달라고 주장할 수 있다. 〈표 6-8〉은 걸음마기 영유아를 위한 음식의 종류와 최소한의 양을 제시한 것이다.

표 6-8 걸음마기 영유아를 위한 음식의 종류

식품군	영양소	식품의 예	1일 최소 섭식 횟수	1회 급식량	
				1~3세	3~5세
우유와 유제품	칼슘 단백질	우유, 요구르트, 치즈	3 (500~700mL)	우유 180~200mL 요구르트 3/4컵 *주의: 저지방 우유와 탈지우유는 2세 후에 줌	
어 · 육류	단백질	소, 돼지, 양, 닭, 고기, 어류, 간, 달걀	2	30g의 육류, 생선 또는 가금류, 또는 콩 1/2컵 또는 땅콩 버터 2큰술	40g의 육류, 생선 또는 가금류, 또는 콩 3/4컵 또는 땅콩 버터 3큰술, 달걀 1개
채소 · 과일	비타민 A 비타민 C 그 외 비타민 무기질	당근, 고구마, 녹색 채소, 오렌지, 자몽, 딸기, 각종 주스, 브로콜리, 감자, 옥수수, 완두콩, 강낭콩, 양배추, 토마토, 사과, 바나나, 포도, 복숭아	4	1/8~1/4컵 1/2컵 또는 작은 1조각 1/4컵 또는 반조각	
빵 · 곡류	탄수화물 비타민 B군	곡류, 빵류, 마카로니, 스파게티, 완두콩, 강낭콩, 땅콩, 버터, 호두 같은 견과는 4세 이상에게 줌	4	빵 1/2쪽 밥(국수) 1/2공기	빵 1쪽 밥(국수) 1/2공기
지방 기름 및 설탕	지방 설탕	마가린, 버터, 식용유, 마요네즈, 샐러드 드레싱, 베이컨, 소시지, 사탕, 쿠키, 청량음료		칼로리가 높고 설탕, 지방, 소금의 양이 많으므로 소량만을 먹인다.	
물	물	식품 내 함유, 음료	4	60~120mL	

출처: 조경자 · 이현숙(1998). 유아건강교육. 학지사.

2) 식사계획

걸음마기 영유아는 이동성이 증가하고 집중기간이 제한되어 있으므로 식사시간에는 다양한 질감과 색, 냄새로 다양하게 자극을 주도록 해야 맛보기와 실험을 조장할 수 있다. 선택하도록 하기 위해 한 번에 두 가지 음식이 제공될 수 있다. 큰 음식보다는 작게 썬 음식을 더 잘 먹는다.

다른 시기와 마찬가지로 5개 식품군으로부터 음식을 골고루 섭취해야 한다. 매일 5개 식품군의 식품 중의 어떤 한 식품군은 섭취하지 않는다 하더라도 1~2일에 걸친 균형식이면 충분하다. 걸음마기 영유아가 한 번의 식사에서 1~2가지 음식만을 섭취하는 것은 흔한 일이고, 음식을 먹는 횟수는 3회의 식사와 2회의 간식 등 5회 정도이다. 즉 아침, 오전 간식, 점심, 오후 간식, 저녁 그리고 필요하면 취침 전 소량의 간식이 바람직한 섭식 패턴이다.

간식은 5개 기초식품군으로부터 선정하여 일일 음식 총 섭취량의 일부로서 계획해야 한다. 걸음마기 영유아에게 적절한 간식의 예는 비타민 C가 강화된 과일 주스, 채소와 과일, 정제되지 않은 곡류로 만든 크래커나 빵, 치즈, 단맛이 약간 나는 푸딩 등이다. 꿀, 팝콘, 견과류, 껌, 사탕, 핫도그, 포도, 염분이 가미된 음식, 수박, 씨앗, 날당근과 같은 음식은 주지 말아야 한다.

걸음마기 영유아의 식생활을 위한 제안은 다음과 같다.

- 간단한 한 가지 음식을 제공한다. 걸음마기 영유아는 음식을 섞어서 주면 흔히 거부한다.
- 다양한 음식을 제공하되 동일한 음식을 걸음마기 영유아가 인식할 수 있기에 충분할 정도로 자주 준다.
- 걸음마기 영유아는 음식을 손으로 먹기를 즐기며, 손으로 음식을 먹는 것은 혼자 먹는 능력을 향상시키는 데 도움이 된다. 따라서 식기의 사용을 권하되 걸음마기 영유아가 아직 손가락을 사용할 필요가 종종 있음을 받아들인다.

이 시기 섭식기술의 발달은 〈표 6-9〉와 같다.

표 6-9 걸음마기 영유아의 섭식기술 발달

연 령	발달과정
12~15개월	• 손목 조절이 미숙하여 음식을 숟가락으로 떠먹다 흘리는 경우가 많다. • 밥그릇이나 컵을 두 손으로 잡아 들 수 있으나 내리는 동작은 미숙하고, 음식을 자주 흘리거나 떨어뜨린다.
15~18개월	• 숟가락 잡는 것이 정확해지면서 숟가락을 한쪽 손에 쥐고 먹을 수 있으며, 이러한 행위를 정확히 하려고 노력한다. • 양손으로 그릇을 들어서 물이나 국, 우유 등을 마실 수 있으나 미숙하다.
18~24개월	• 손목 움직임이 조절되고 숟가락으로 음식을 먹을 수 있게 된다. • 컵을 손에 쥐고 조절해서 마실 수 있게 된다. • 음식에 대한 좋고 싫음에 대한 기호성이 나타난다.
24~36개월	• 숟가락을 정확하게 쥘 수 있다. • 컵이나 공기를 한 손으로 잡고 잘 마실 수 있다. • 식사 중에 음식물을 흘리지 않고 먹도록 노력한다. • 감정의 불안정과 싫은 음식에 대한 저항감으로 편식이 생길 수 있다. • 젓가락질이 가능해진다. • 활동량이 늘어나면서 식욕이 증가된다. • 잘 지도하면 좋은 식습관이 형성될 수 있다.

출처: 이영미 외(2013). 생애주기영양학, 양서원. p. 204.

- 식사하기 1시간 전에는 간식을 주지 말아야 식욕을 떨어뜨리지 않는다.
- 식사와 수면 계획을 세워 걸음마기 영유아가 식사시간에 깨어 기민한 상태로 있게 한다.
- 식사시간은 즐거워야 한다. 식사 중 야단을 치거나 잔소리는 금물이다.
- 식탁과 의자, 식기류는 걸음마기 영유아의 신체 크기와 능력에 맞는 것을 제공한다.
- 음식을 걸음마기 영유아 행동에 대한 상이나 벌로 이용하지 말아야 한다.

3. 영아기의 영양문제

영아기에 영양섭취의 불균형, 부족 또는 과잉으로 인해서 영양실조, 성장부진, 빈혈증, 충치, 설사 등의 문제가 나타날 수 있다. 영양문제의 원인과 증상, 예방법 및 관리법에 대해 살펴보면 다음과 같다(류경화 · 정명순 · 지주영, 2008; 김일옥 · 최경순, 2009; 신은수 · 강금지 · 유희정, 2008; 최민수 · 정영희, 2014; 임미혜 · 정정옥, 2014).

1) 영양실조

영양부전증이라고도 불리는 영양실조증은 섭취하는 식품량이 부족해서 나타나는 경우이다. 모유영양아의 경우 어머니는 자신의 젖의 분비상태를 잘 모르고 지나치는 경우가 많다. 또 인공영양아의 경우는 병 치료를 목적으로 우유 분량을 줄여서 주다가 결과적으로 영양실조를 일으키는 경우도 있다. 드물지만 우유를 주어도 삼키지 못해서 영양실조가 되는 수가 있다.

장기적인 영양실조는 뇌 성장에 장애를 가져와 지능지수가 현저하게 낮아질 수 있으며, 건강한 영유아에 비하여 아무리 소화하기 쉬운 음식을 주어도 소화하지 못하고 전염병에 대하여 감수성이 심히 높은 경우에 이른다. 영양실조는 치료보다 예방이 더 쉽다.

영양소의 공급으로 단백질, 무기질, 비타민 등을 더 많이 주어야 한다. 소화되기 쉬운 음식을 농축된 형태로 주는 것이 좋다.

2) 성장부진

영아기에 이유가 지연되면 표준 이하의 성장률을 보이며, 체력이 약화된다. 신장과 체중을 측정하여 제시된 신장과 체중 곡선의 백분의 곡선 중 50%보다 매우 낮으면 영아의 건강 및 발육에 신경을 써야 할 것이다.

6개월 미만의 영아는 2~17일 이내에 체중 증가가 시작되는 반면, 6개월 이상의 영아는 체중 증가가 이보다 더 늦게 이루어진다.

3) 빈혈증

영양결핍으로 일어나는 증상 중 빈혈이란 신체가 필요로 하는 단위체적 내 적혈구 수와 크기, 그리고 산소를 운반하는 헤모글로빈의 양이 감소된 상태를 말한다. 빈혈의 증상은 호흡 곤란, 안면 창백, 현기증, 귀울림, 두통, 식욕부진 등으로 나타난다.

성장기 영유아의 빈혈은 신체가 자람에 따라 혈액량이 증가하고, 혈액량 증가에 따라 혈구의 증가와 헤모글로빈의 증가가 급격히 이루어져야 하는데, 이를 따르지 못할 경우 생기게 된다.

영아기에 이유가 늦어지면 체내 철 고갈로 빈혈이 나타나게 되나, 그 외에도 단백질, 엽산, 비타민 B_{12}, 비타민 C 등의 부족에 의한 복합원인의 빈혈이 올 수도 있으므로 전체적인 영양 균형을 고려하여 이유식을 제공하여야 한다.

4) 충치

2세 이전의 영아에게 나타나는 주로 앞쪽 윗니가 썩어서 빠지거나 위쪽 첫 번째 어금니가 썩는 등의 특징을 가진 인공영양아의 특이적 충치가 발생한다. 이는 영유아가 우유병을 입에 문 채 잠들게 되는 습관에서 비롯된다.

영유아에게 충치가 있으면 치아로 음식물을 자르거나 씹는 데 어려움이 있기 때문에 씹기 힘든 음식물을 싫어하게 되어 편식의 원인이 되기도 한다. 치아는 음식물을 먹는 것 이외에도 발음을 내는 역할을 하는데, 충치로 인하여 발음이 어렵게 될 수도 있다. 또한 얼굴의 형태를 잡아주며 안면근육발달에도 영향을 미칠 수 있다.

충치의 원인은 세균 자체보다 타인의 단백질, 박테리아 등이 뭉쳐 생긴 변형 박테리아가 치아에 붙어 있는 당류를 분해하면서 젖산이 생성되고 치아의 상아질을 부식시킴으로써 충치가 생기게 된다. 또한 부모나 교사가 영아의 입에 뽀뽀를 할 경우에도 충치균이 옮겨갈 수 있으므로 주의해야 한다.

충치를 예방하기 위해서는 첫째, 당분을 제한하기, 둘째, 입 속에 당분이 장시간 머무르면서 치아에 부착되는 것을 방지하기 위해서 식사 후 양치질을 습관화하기, 셋째, 칼슘과 단백질 등 영양소를 균형 있게 섭취하기 등이다.

Tip 영유아를 위한 식생활지침

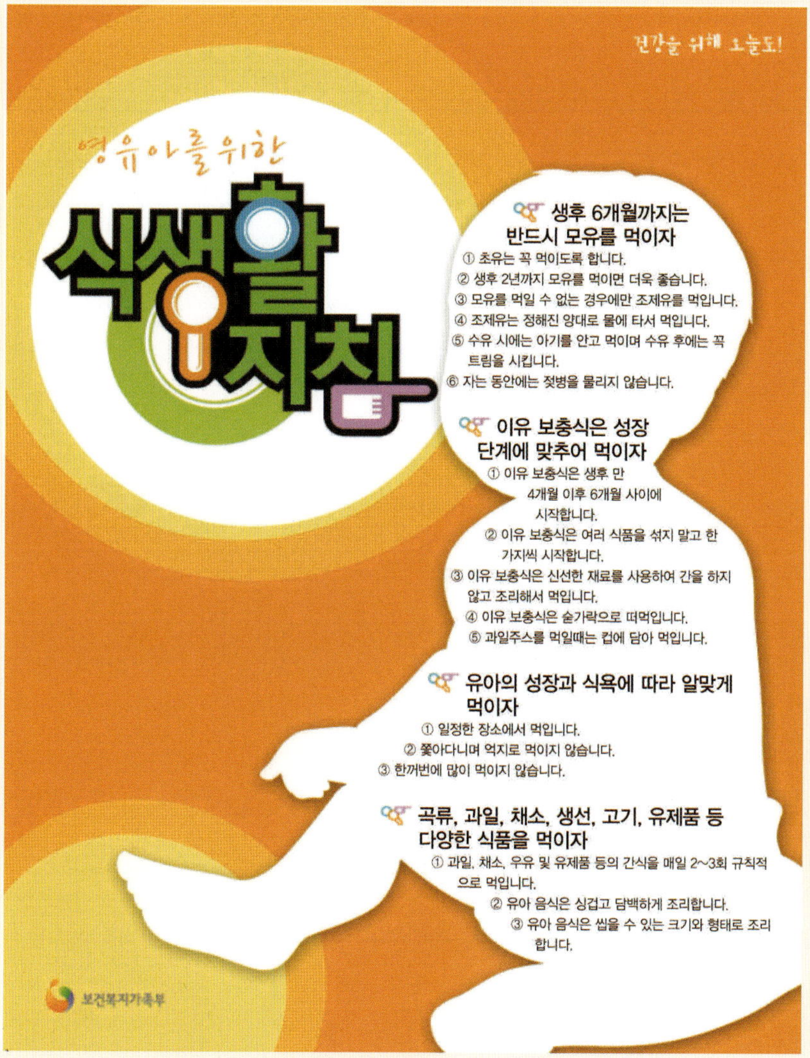

출처: 보건복지가족부(2010).

유아기 영양관리

1. 유아의 영양소 필요량
2. 식사계획
3. 간식 운영
4. 식사지도
5. 유아기의 영양문제

유아기는 영아기 이후 활동량의 증가, 두뇌의 완성, 신체의 제반 기능 조절 및 사회・인지적 능력의 발달시기로 특징지을 수 있다. 이 시기의 충분한 영양공급은 일생 동안의 성장 발달에 결정적인 영향을 미친다. 특히, 유아기의 영양결핍은 신체적 성장 발육뿐만 아니라 정신적 성숙에도 영향을 미칠 수 있다. 그러므로 유아기의 충분한 영양섭취와 올바른 식생활습관 형성으로 몸과 마음이 건강하게 성장할 수 있도록 유아기의 영양관리에 각별한 신경을 기울여야 한다.

1. 유아의 영양소 필요량

유아는 하루 평균 1,400kcal의 열량과 [그림 4-1]과 같이 다양한 영양소가 필요하다.

유아들은 한 번에 섭취할 수 있는 음식의 양이 제한되어 있으므로 하루 3회의 식사만으로 충분한 영양을 섭취하기 어려운 경우가 많다. 따라서 유아기에는 간식 횟수를 오전, 오후 1회씩과 3회 주식으로 균형을 이루게 한다. 1일 식사분배는 아침 25~30%, 오전 간식 5~10%, 점심 30%, 오후 간식 10~15%, 저녁 25~30%로 하는 것이 무난하다.

출처: 육아정책연구소(2012). 유치원급식 운영관리 지침서. pp. 12-16.

그림 7-1 만 3~5세의 영양섭취기준

한국영양학회에서는 3~5세 유아 1인 1회에 적절하도록 조절한 분량을 〈표 7-1〉과 같이 제시하고 있다.

표 7-1 식품군별 대표식품 및 3~5세 유아의 1인 1회 분량

식품군	열량	식품군별 주요 식품 및 1인 1회 분량(g)[1]
곡류	210	밥 1작은공기(130g), 백미(55g), 국수 1/2대접(건면 50g), 냉면국수 1/2대접(생면 75g), 떡국용 떡 1인분(80g), 모닝빵 2개(60g)
고기[2] · 생선 · 달걀 · 콩류	50	육류 1/2접시(생 30g), 닭고기 1/2조각(생 30g), 생선 1/2토막(30g), 콩(10), 두부 1조각(40g), 달걀 1/2개(30g)
채소류	10	콩나물 1/2접시(생 35g), 시금치나물 1/2접시(생 30g), 배추김치 1/2접시(생 20g), 버섯(생 15g), 미역(생 15g), 김 1장(2g)
과일류	25	사과 中 1/4개(50g), 귤 中 1/2개(50g), 참외 中 1/4개(100g), 바나나 1/2개(50g), 수박 1/2쪽(100g), 오렌지주스 1/4컵(50g)
우유 · 유제품류	60	우유 1/2컵(100g), 호상 요구르트 1/4컵(50g), 액상 요구르트 1/2개(75g), 아이스크림 1/4컵(50g)
유지 · 당류	20	식용유 1/2작은술(2.5g), 버터 1/2작은술(2.5g), 마요네즈 1/2작은술(2.5g), 설탕 1/2큰술(5g), 물엿 1/2큰술(5g), 잼 1/2큰술(5g)

주: 1) 식품의 중량은 가식부 기준이며, 익히기 전 무게임
2) 쇠고기와 돼지고기는 살코기 기준임

출처: 이영미 외(2013). 생애주기영양학. 양서원. p. 225.

2. 식사계획

성장에 필요한 영양소를 충분히 제공하고 소화하기 쉽고 즐거운 식사가 되도록 하기 위해 고려되어야 할 점은 다음과 같다.

첫째, 개인의 영양필요량을 만족시키도록 한다.

필요한 에너지는 나이, 성별, 신체크기, 기초대사량, 활동량에 따라 결정한다.

둘째, 다양한 식품을 골고루 먹도록 제공한다.

모든 영양소의 균형 있는 섭취를 위해서는 한두 가지 식품으로 한정하지 말고 식품의 종류를 다양하게 선택해야 한다. 또한 다양한 맛이나 질감에 익숙하게 해 줄 수 있게 된다.

셋째, 칼슘과 단백질이 충분히 함유된 식단을 구성한다.

우유, 육류, 생선, 조류, 달걀, 치즈, 콩류 등을 충분히 공급한다. 이때 씹기 어려운 질긴 음식보다는 부드럽게 조리된 달걀, 뼈를 제거한 생선, 닭고기, 콩류 등이 적합하고 육류는 곱게 갈아서 완자와 같은 형태가 적당하다.

넷째, 육류, 난황, 간, 녹색 채소류 등 인과 철분을 충분히 공급하면 빈혈을 예방할 수 있다.

다섯째, 비타민 C를 많이 함유하고 있는 오렌지 주스, 토마토 사과, 귤 등의 채소와 과실류를 공급하여 감기나 피부염을 예방해야 한다.

여섯째, 비타민 B군을 위한 식품과 변통조절을 위하여 두 가지 이상의 채소와 과일류, 정제하지 않은 곡식류를 공급한다.

이러한 점을 고려하여 작성한 유아를 위한 점심과 간식 식단의 예는 〈표 7-2〉와 같다.

표 7-2 유아 식단의 예

주	요일	월	화	수	목	금	토
1주	일자		1	2	3	4	5
	오전 간식			핫케이크 우유	제철과일 떠 먹는 요구르트	제철과일 우유	사과 유아치즈
	점심			오렌지 알밥 봄동된장국 깍두기	차조밥 된장찌개 생선조림 숙주나물 김치	쌀밥 콩나물국 제육볶음 양배추숙쌈 깍두기	우동 유부초밥 김치
	오후 간식			오미자차 꿀떡	찐감자 두유	카스텔라 우유	
	저녁						
2주	일자	7	8	9	10	11	12
	오전 간식	유기농시리얼 우유	제철과일 우유	감자베이컨 수프 당근스틱	제철과일 유아치즈	참치죽	호두살 두유
	점심	쌀밥 쇠고기무국 달걀말이 김구이 깍두기	발아현미밥 콩가루쑥된장국 햄버거스테이크 무나물 깍두기	마파두부덮밥 팽이버섯장국 깍두기 귤	찰수수밥 순두부탕 생선구이 달래오이무침 김치	쌀밥 얼갈이된장국 탕수육 돌나물 김치	삼계탕 깍두기 배
	오후 간식	잔치국수	멸치주먹밥 유산균음료	방울증편 레몬차	단호박찜 우유	핫도그 우유	
	저녁						
3주	일자	14	15	16	17	18	19
	오전 간식	모닝롤 핫초코 & 우유	제철과일 우유	찐두부+양념장	제철과일 마시는 요구르트	채소죽	한과 우유
	점심	쌀밥 시금치된장국 치킨커틀릿 채소샐러드 깍두기	찰보리밥 황태미역국 모둠장조림 봄동무침 김치	자장밥 달걀국 깍두기 사과	기장밥 청국장찌개 생선찜 두릅무침 김치	쌀밥 오징어무국 돈편육 미나리무생채 김치	크림스파게티 마늘빵 삼색초절이 오렌지
	오후 간식	들깨수제비	김치전 과일주스	쑥절편 매실차	삶은 달걀+ 구운 멸치 우유	찹쌀꽈배기 우유	
	저녁						

3. 간식 운영

유아는 체중에 비해 많은 영양량을 요하고, 소화관의 용량이 제한되어 있으므로 정규 식사만으로는 부족되기 쉬운 영양을 간식으로 보충해 주어야 한다. 간식은 식사 간격이 길거나 결식에서 오는 공복감으로 인한 정신적 불안의 해소를 위해서도 필요하다. 또한 좋은 식탁예절과 깨끗한 환경, 적절히 차린 상(냅킨, 컵, 기타 필요한 용기), 즐거운 분위기를 표현하는 하나의 기회이기도 하다. 유아교사는 잘 차려진 음식에 감사하고 모든 음식이 골고루 차려진 식탁과 좋은 예의범절을 실제로 보여주어야 한다.

간식으로 적당한 식품을 제시하면 〈표 7-3〉과 같다.

표 7-3 간식으로 적당한 식품

구분	식품명
열량 급원 식품	비스킷, 쿠키, 샌드위치, 밀전병, 감자, 고구마, 카스텔라, 밤, 옥수수, 주먹밥, 떡볶이, 핫케이크 등
단백질 및 칼슘 급원 식품	우유, 요구르트, 치즈, 여러 종류의 달걀요리, 푸딩, 두유, 콩가루 섞인 미숫가루, 삶은 콩, 핫케이크말이, 두부구이 등
비타민 급원 식품	과일주스류, 과일셰이크, 사과, 귤, 포도, 배, 복숭아, 감, 토마토, 참외, 수박, 채소나 과일 샐러드, 채소모듬전, 오이와 당근 등의 생채소 스틱 등

4. 식사지도

유아들의 쾌적한 식사를 위해 식탁, 의자 등이 유아의 체형에 맞아야 하며, 식기는 깨지지 않고 단단하며 밝은 색상의 것을 선택하여 즐거운 식사 분위기를 조성해 준다. 유아가 특히 활동량이 많은 후에는 피곤하여 먹기 싫을 때가 있으므로 식사시간 전에 짧은 휴식시간을 배정하는 것이 효과적이다.

교사 및 친구들의 식사태도 및 식습관이 유아의 식사태도에 중요한 영향을 미치게 되므로 유아교사들에 의한 올바른 식습관 지도는 필요하다. 유아에게 좋은 식습관을 형성하는 데 몇 가지 고려해야 할 점은 다음과 같다.

첫째, 유아의 식품에 대한 감각을 고려한다.

유아는 미각이 대단히 민감하다. 따라서 영유아의 입맛에 맞게 음식을 조리해 주어야 한다. 유아는 강하지 않은 연한 맛을 좋아하며, 부드럽고 젤리와 같은 질감의 음식을 좋아하고, 미지근한 온도를 좋아한다. 색은 선명하고, 모양은 손가락 모양이며, 바삭거리는 종류를 좋아한다. 주의해야 할 것은 유아도 성인과 같이 개인차가 있으며, 성인이 제공하는 음식에 따라 미각이 달리 발달한다는 것이다.

둘째, 호기심을 만족시켜 준다.

언제나 같은 음식만 주면 싫증을 내므로 변화 있게 흥미를 끌 수 있는 모양으로 음식을 만들어 준다.

셋째, 유아에게 적절한 식사환경을 준비해 준다.

편안한 자세로 손에 알맞은 물컵, 숟가락, 포크를 이용하여 식사할 수 있게 해준다. 식사하기에 불편한 식탁이나 의자, 성인용의 큰 물컵, 숟가락 등은 유아에게 좌절감을 주기 쉬우며 좋은 식습관을 형성하는 데 큰 장애가 된다.

넷째, 유아가 선택할 기회를 준다.

어릴 때부터 자신의 식생활을 할 수 있도록 무엇을 먹을지 선택하고 결정할 수 있는 능력을 길러준다. 그러나 유아에게 무엇을 먹을 것인지 질문하는 것은 옳지 않다. 맛있고 영양이 있는 몇 가지 음식을 준비하고 유아의 식욕에 따라 선택하게 한다든지, 우유를 줄 때에 찬 우유를 원하는지 더운 우유를 원하는지, 한 컵을 마실지, 반 컵을 마실지 등을 물어서 유아가 선택하게 한다.

다섯째, 규칙적인 식사시간과 음식의 양을 조절할 수 있게 한다.

식사는 항상 일정한 시간에 규칙적으로 하며 음식은 먹을 수 있는 만큼만 주어 남기지 않게 하고 부족할 경우에 더 먹는 습관을 들이도록 한다.

여섯째, 유아에게 식사지도를 할 때는 참을성 있게 한다.

이 시기의 유아는 근육운동기관이 완전히 발달되지 않아 음식을 흘리는 경우가 많다. 또한 동작이 느려 성인의 속도에 따를 수가 없다. 그러나 음식을 먹도록 간청하거나 강요해서는 안 된다. 오히려 유아의 발달에는 발달적 순서가 있으므로 유아의 신체 기능과 이해력을 기준으로 연령과 능력에 맞게 지도해야 한다.

일곱째, 바람직한 식생활습관을 형성한다.

유아기의 생활습관 중에서도 식생활습관, 즉 음식에 대한 기호, 태도, 식사예절, 식사태도 등을 의미하는 식습관은 그 유아의 장래의 건강과 인성에 밀접한 관계를 맺고 있으므로 매우 중요하다. 또한 성인의 식습관은 유아에게 영향을 주므로 유아교사나 부모는 유아에게 좋은 식습관을 길러 줄 수 있도록 세심한 주의를 기울여야 한다.

5. 유아기의 영양문제

유아기의 영양문제는 주로 경제력 빈곤이나 편식 등이 그 원인으로 작용하며, 특히 최근에는 절대섭취량의 과다로 인해 비만이 문제가 되고 있다. 비만, 편식, 식품 알레르기, 납중독 등 영양문제의 원인과 증상, 예방법 및 관리법에 대해 살펴보면 다음과 같다(류경화 · 정명순 · 지주영, 2008; 김일옥 · 최경순, 2009; 신은수 · 강금지 · 유희정; 정미라 · 배소연 · 이정미, 2009; 임미혜 · 정정옥, 2014).

1) 비만

체질량지수(body mass index, BMI; 체중(kg)을 신장(m)의 제곱으로 나눈 값)가 25 이상이면 비만으로 진단한다. 유아들은 먹는 양에 비해 활동량이 적어 비만이 되는 경우가 대부분인데, 유아기의 비만은 지방세포 수를 증가시키고, 고혈압이나 당뇨와 같은 성인병을 유발할 수 있다. 이러한 신체적 문제 외에도 비만한 유아는 또래들에게 놀림을 받아 심리적으로 위축되어 자신감을 상실하고, 또래의 놀이에도 잘 끼지 못한다. 사춘기에는 자아에 상처를 입기도하고, 2차 성징이 일찍 나타나면서 성장도 빨리 멈추는 등 다양한 문제를 지닐 수 있으므로 비만아에 대해서는 철저한 관리가 필요하다.

표준체중을 이용한 비만 판정법은 다음과 같다(〈표 7-4〉).

표 7-4 소아의 연령별 표준체중과 표준신장

$$\text{비만도} = \frac{\text{실측체중} - \text{신장별 표준체중}}{\text{신장별 표준체중}} \times 100$$

체중미달 : −20% 이하
저 체 중 : −10% 이하
정 상 : −10%~ +10%
과 체 중 : +10% 이상
비 만 : +20% 이상

(1) 비만의 원인

① 음식의 과다섭취

음식의 섭취량이 많게 되면 비만으로 이어진다. 섭취에너지와 소비에너지의 관계에서 습관적인 과식에 의해서 과잉 에너지가 생기는 경우와 식사의 양은 보통이라도 운동량이 적기 때문에 과잉 에너지가 생겨 비만하게 되는 경우의 두 가지로 생각할 수 있다. 보통 발육기의 비만요인은 전자의 경우가 많으며 성인이 되어감에 따라 증가하는 비만은 후자에 의한 것이 많다.

비만아의 공통되는 특징으로는 간식으로 설탕이 많이 포함되어 있는 음료수, 과자류의 섭취가 많고 식사 내용도 당질의 섭취량이 많은 경향을 볼 수 있다.

② 호르몬 이상

지방합성을 촉진하는 인슐린, 성장호르몬 등의 분비에 변화가 생겨 지방대사에 이상이 생김으로써 비만이 된다.

③ 운동 부족

실내에서만 주로 생활을 하여, 운동량이 부족한 경우 비만이 된다. 집 밖에서의 운동을 싫어하거나 집 밖의 놀이터나 운동 장소가 없는 환경을 가진 유아들의 경우가 많다.

④ 유전

양친 모두 비만인 경우 비만으로 이어질 가능성은 75%, 한쪽 부모만 비만일 경우는 50%가 비만아로 될 가능성이 있다.

⑤ 질병

신체의 이상에서 오는 비만을 증후성 비만이라고 한다. 유아의 증후성 비만은 지능장애와 성장장애를 수반한다.

(2) 비만으로 인한 질병

- **당뇨병**: 정상 체중보다 당뇨로 진행될 가능성이 3배 이상이며 최근에 비만아 중 당뇨병이 계속 증가하고 있다.
- **고혈압**: 정상 체중보다 비만아가 고혈압 발생이 10배 정도 높다.
- **고지혈증과 동맥경화증**: 혈액에서 지방이 많은 고지혈증을 일으키며 동맥경화증 같은 심장 및 혈관질환을 가지게 될 확률이 높다.
- **담석증**: 혈액 중에 콜레스테롤이 많이 증가되어 담석증을 잘 일으키게 된다.
- **지방간**: 비만아에게서 간에 비정상적인 증상이 나타난다.

(3) 비만의 문제점

- 유아기 비만은 성인 비만으로 발전할 가능성이 높다. 어려서 비만세포 수를 확보하게 되면 성인이 되어도 그대로 유지되기에 비만으로 발전하게 된다.
- 심리·정서적 문제를 일으킨다. 체형의 변화와 운동능력 저하로 열등감이 생기며, 내향적이고 소극적이며 비활동적인 성격을 형성하게 되어 불안감이 따르게 된다.

(4) 비만의 치료

비만아 치료는 식사요법이다. 섭취에너지, 즉 당질을 제한하게 되며 유아의 경우 성인과 달라 무리하지 않게 체중을 줄여야 한다. 식사지도와 함께 운동을 하도록 이끌어야 한다. 유아가 정서적으로 불안하다면 심리적인 안정을 갖도록 해야 한다.

① 식사요법

- 몸무게의 현상 유지 정도를 목표로 한다. 그 이상의 감소는 위험이 따르므로 의학적인 관리하에 행할 필요가 있다.
- 단기간에 효과를 올리려는 목적으로 식사 제한을 한다면 유아가 견디지 못하게 되어 실패할 염려가 있으므로 장기간의 계획을 세워 하도록 한다.
- 유아기는 발육하는 시기이므로 당질이나 지방은 제한하되, 단백질 · 무기질 · 비타민 등의 영양소는 부족하지 않도록 한다. 그러나 단백질을 필요량 이상 섭취할 때는 줄일 필요가 있다.

② 주의해야 할 점

- 제한해야 할 식품은 적정량 이상 지나치게 먹지 않도록 한다.
- 생선류, 고기류 및 콩제품은 다소 지나치게 먹어도 좋으나 되도록 지방분이 적은 것으로 한다.
- 유지류는 g당 에너지가 9kcal로 단백질이나 당질의 약 2배이기 때문에 적정량의 범위 내에서 먹도록 한다.
- 채소나 해조류를 잘 이용하여 양적으로 분량을 보충하도록 한다.
- 우유는 유아의 발육에 필요한 거의 모든 영양소를 포함한 뛰어난 식품이므로 하루에 한 컵은 주도록 한다.
- 염분은 특히 제한할 필요가 없으나 짠맛이 진하면 반드시 쌀밥이나 빵 등을 많이 먹게 되므로 일반적으로 간은 싱겁게 하고, 재료의 단맛을 살려서 설탕류의 사용을 되도록 적게 한다.

③ 비만 예방 시 지켜야 할 사항

- TV를 보면서 음식이나 간식을 먹으면 포만감을 느끼지 못하고 계속 먹어 살이 찌기 쉽기 때문에 TV를 보면서 음식이나 간식을 먹지 않도록 지도한다.
- TV 시청이나 컴퓨터 사용은 정해진 시간에만 하도록 하고, 운동을 하도록 지도한다.
- 단 음식을 간식으로 많이 주지 않는다(〈표 7-5〉 참조).

표 7-5 제한해야 할 식품과 먹어도 좋은 식품

제한해야 할 식품	먹어도 좋은 식품
쌀밥, 빵, 국수, 스파게티, 감자, 고구마, 설탕, 잼, 카스텔라, 만두, 양갱, 스낵류, 콜라 등 음료수 종류	우유, 치즈, 달걀, 육류, 생선류, 두부, 청국장, 유부, 두부튀김, 소량의 버터, 마가린, 마요네즈, 식물성 기름, 당근, 시금치, 피망 등 녹황색 채소와 오이, 무, 배추 등 기타 채소, 귤, 오렌지, 사과, 배 등의 과일

- 자신의 양만큼만 덜어 먹게 하고 음식을 남겨도 야단치지 않는다. 자신의 양보다 많이 담은 유아는 덜어 두고 먹도록 지도한다.
- 살을 빼게 한다고 굶기거나 영양섭취를 소홀히 하면 더 심각한 문제가 발생할 수 있다. 특히, 아침식사를 거르게 하면 점심이나 저녁에 폭식을 하여 살이 찌게 되고, 두뇌활동에도 지장을 주어 학습에 집중하지 못할 수 있으므로 아침식사는 꼭 하도록 배려한다.

2) 편식

편식은 특정한 종류의 식품만을 특별히 좋아하고 다른 식품을 거부하는 상태를 말하며, 자아의식이 발달되어 심리적 변동이 많은 3세 전후에서 7세까지의 유아기에 많이 보인다.

편식의 원인으로는 이유방법이 잘못되었을 때, 식단의 구성이 잘못되었을 때, 음식을 강제로 먹이려 할 때, 가족 중 편식하는 사람이 있을 때, 특히 어머니가 편식을

할 때, 식사 분위기가 너무 딱딱하거나 잔소리가 너무 심할 때, 과잉보호할 때 등을 들 수 있다.

편식하는 것이 습관이 되면 이것을 고치는 일이 쉽지 않으며 오랜 시간과 인내가 필요하게 되므로 미리 주의해야 한다. 그러나 유아기의 편식은 아직 고정된 것이 아니라 유동적이며 교정이 가능하므로 가족들의 협력이 필요하다.

편식의 예방과 관리를 위한 지도 내용은 다음과 같다.

- 유아기에는 편식을 교정하려고 너무 애쓰지 않아야 한다. 1회 식사는 먹거나 안 먹거나 20~30분 정도로 제한하는 것이 좋다.
- 식욕을 왕성하게 하기 위해서 충분히 운동시키는 것이 좋으나 너무 시켜서 지치면 오히려 식사를 안 하게 되니 주의해서 운동량을 가감한다.
- 병의 유무를 조사하여 병이 있으면 곧 치료를 받도록 한다.
- 식사에 대해서 유아가 불쾌한 감정을 가지고 있으면 그 원인을 제거한다.
- 조리법을 자주 변경해서 맛이나 냄새에 주의한다. 유아는 식품 자체가 싫은 것보다 조리법에 따라 기호가 많이 달라진다. 일반적으로 유아가 좋아하는 음식은 단 것, 부드러운 것, 입안에서 씹어 먹기 좋은 것, 입안에 넣기 쉬운 크기의 것이다. 기피하는 음식이 보이지 않게 감추어서 조리하는 것도 한 방법이다.
- 편식을 안 하는 친구를 데려다가 같이 식사를 하게 하고, 유치원이나 어린이집에서 친구들과 함께 식사를 하게 하는 것도 한 방법이다. 일종의 군중심리를 이용하는 방법이다. 서서히 유아로 하여금 식사에 대한 자신을 갖게 하여 음식물의 종류를 증가해 가도록 한다.
- 배가 고플 때는 좋아하지는 않지만 영양 균형상 먹어야 하는 음식을 먼저 주고 좋아하는 음식을 나중에 주도록 한다.

3) 식품 알레르기

알레르기란 일반적으로 외부 자극에 대해 정상과 다르게 변화된 반응이라는 뜻이다. 이는 보통사람에게는 별다른 영향이 없는 어떤 물질에 대해 비정상적으로 과민한 반응을 나타낸다는 뜻이다. 이러한 알레르기 반응은 여러 신체 부위에서 다양한 증상으로 나타날 수 있다(Daum 백과사전). 알레르기 증상은 주로 피부발진, 가려움증, 복통, 재채기나 호흡곤란 등 다양하다.

유아교육기관에서는 유아의 입학 전 사전 면담 또는 알림장이나 가정통신문 등을 통하여 유아의 식품 알레르기 여부를 확인하여 급·간식 제공 시 알레르기 유발 식품이 제공되지 않도록 주의해야 한다. 유아의 경우 우유, 달걀, 땅콩, 콩, 밀 등의 식품에 의해 주로 발생한다. 그러므로 유아교사는 식품 알레르기 대체식품에 대해 알고 있어야 한다. 대체식품의 예는 〈표 7-6〉과 같다.

표 7-6 식품 알레르기 대체식품

식 품	식품별 주의사항	대체식품
난류	과자나 케이크 등 기호식품에 많이 함유되어 있으므로 주의	생선, 쇠고기, 돼지고기, 두부
우유	식물성 식품에 함유된 칼슘은 흡수율이 낮음, 충분한 칼슘 공급이 어려운 경우 칼슘제 섭취를 고려(전문가와 상담 후 섭취), 과자, 케이크, 초콜릿 등에도 함유되어 있으므로 주의	두유
땅콩	소량으로도 반응하고, 증상이 심각한 경우가 많으므로 주의가 필요. 땅콩알레르기가 있는 경우 다른 견과류에 대한 반응도 확인해 볼 것	깨
밀	면류, 과자, 빵뿐만 아니라 시판용 된장, 고추장, 간장에도 함유	쌀, 감자
게, 새우	소량으로도 반응하고, 증상이 심각한 경우가 많으므로 주의가 필요. 건새우로 육수를 내는 경우도 주의	쇠고기, 닭고기, 돼지고기, 두부, 달걀 등 단백질 식품
생선	생선을 제한하는 경우 비타민 D 섭취가 부족할 수 있음	쇠고기, 닭고기, 돼지고기, 두부, 달걀 등 단백질 식품
토마토	케첩, 토마토소스 등에 주의	생과/주스 → 다른 과일
돼지고기, 닭고기	고기를 제한하는 경우 철 흡수 저하로 빈혈을 초래할 수 있음	쇠고기, 생선, 두부, 달걀 등 단백질 식품

출처: 질병관리본부, 식품의약품안전처, 경기도아토피천식교육정보센터.

만일 특정한 식품 알레르기가 있는 유아를 지도할 때 유아교사는 알레르기를 가진 유아가 경험하는 두려움, 슬픔, 분노, 외로움, 소외감이 있다는 것을 이해해야 한다. 따라서 알레르기에 대해 설명할 때는 "어쩌면 좋아. 큰일났네"보다는 "○○이는 땅콩에 알레르기가 있어서 땅콩이 들어간 음식을 먹으면 안 된다고 의사선생님께서 말씀하셨어"라고 사실만 이야기한다(어린이집 안전공제회, 2016).

4) 납중독

유아는 성인보다 납을 더 많이 흡수하고 민감하다. 성인은 납의 약 10%만을 흡수하는 데 반해 유아들은 약 50%까지 흡수한다. 납은 체내에서 파괴, 대치되지 않는 금속이온으로 철, 칼슘, 아연 등과 경쟁함으로써 이들의 결핍을 초래한다. 또한 납은 성장을 느리게 하고, 청각에 손상을 주고, 근육운동의 협조와 균형을 손상시켜 신경정신발달 및 학업성취능력에 저하를 가져온다.

유아의 납중독을 줄이려면 집 안이나 유치원 및 어린이집 실내를 깨끗이 청소하고, 놀고 난 후나 장난감을 만진 후에는 손을 꼭 씻도록 한다. 또한 페인트를 조심하고, 비타민 C 수치가 낮으면 혈중 납수치가 높을 가능성이 많으므로 비타민 C가 풍부한 채소나 과일을 충분히 섭취하도록 한다. 철의 섭취가 부족한 경우 납의 흡수가 촉진되므로 철이 풍부하게 들어 있는 식품의 섭취를 늘리는 게 좋다.

PART 3

아동 건강교육

아동 건강교육 내용

1. 표준보육과정
2. 누리과정

유아의 건강은 일차적으로 가정의 부모나 유아교육기관의 교사에게 달려 있다. 그러나 평생 동안 건강하게 살아가기 위해서는 스스로 자신의 건강을 유지하고 증진시킬 수 있는 건강생활습관을 유아시기에 형성하는 것이 중요하다. 콜베(Kolbe, 1982)는 '건강증진의 핵심은 교육에 있다(조경자 · 이현숙, 1998 재인용)'라고 하며 유아 건강교육을 강조하였다.

건강교육(health education 혹은 health program)이란 바람직한 건강생활습관, 규칙적인 운동, 건강관리 등 유아가 건강을 유지하는 데 필요한 건강 관련 지식이나 태도를 습득하도록 지도하는 일을 의미한다. 즉, 새로운 지식을 얻거나 이미 알고 있는 지식을 새롭게 이해하여 이를 통해 새로운 태도를 개발하거나 기존에 가지고 있는 태도를 강화 또는 수정하여 올바른 건강행위를 실천하게 하는 것이다.

이 장에서는 국가수준의 교육과정인 '표준보육과정'과 '누리과정'을 중심으로 건강교육 내용에 대해 살펴보고자 한다.

1. 표준보육과정

표준보육과정은 영유아의 심신의 건강과 전인적 발달을 도와 행복을 도모하며 민주시민의 기초를 형성하는 것을 목적으로 한다. 기본생활영역은 건강하게 생활하기, 안전하게 생활하기의 영역으로 구분되어 있다. 이를 구체적으로 살펴보면 다음과 같다.

1) 표준보육과정의 기본생활영역 목표

표준보육과정은 영유아기의 건강과 안전을 위해 기본생활영역을 통해 지식과 태도를 기르고 스스로 건강을 관리할 뿐만 아니라 타인의 건강과 안전을 배려할 수 있도록 한다. 기본생활영역의 목표에 있어 0~1세는 청결, 식습관, 수면, 휴식,

배변, 놀이 등의 기본생활을 통해서 안전한 일상생활을 경험하는 것이며, 2세는 건강하고 안전한 생활습관의 기초를 마련하도록 하기 위한 목표를 가진다.

0~1세		2세	
안전한 일상생활을 경험한다.	1. 건강하고 편안한 일상생활을 경험한다.	건강하고 안전한 생활습관의 기초를 마련한다.	1. 건강한 생활습관의 기초를 경험한다.
	2. 안전한 생활을 경험한다.		2. 안전한 생활습관의 기초를 경험한다.

2) 표준보육과정의 기본생활영역 내용

내용범주	0~1세 내용	2세 내용
건강하게 생활하기	몸을 깨끗이 하기	몸을 깨끗이 하기
	즐겁게 먹기	바르게 먹기
	건강한 일상생활하기	건강한 일상생활하기
		질병에 대해 알기
안전하게 생활하기	안전하게 지내기	안전하게 놀이하기
	위험한 상황에 반응하기	교통안전 알기
		위험한 상황 알기

0~2세의 기본생활영역은 '건강하게 생활하기'와 '안전하게 생활하기'의 두 가지 내용범주로 구성되어 있다.

0~1세의 경우 '건강하게 생활하기'는 몸을 깨끗이 하기, 즐겁게 먹기, 건강한 일상생활하기를 통해 건강하고 편안한 일상생활을 경험하는 내용으로 구성되어 있다. '안전하게 생활하기'는 안전하게 지내기, 위험한 상황에 반응하기를 통해 영아들이 안전하게 놀이하고 생활하는 것을 경험하도록 하는 데 중점을 둔다.

2세의 경우 '건강하게 생활하기'는 몸을 깨끗이 하기, 바르게 먹기, 건강한 일상생활하기, 질병에 대해 알기를 통해 건강한 생활습관과 태도를 형성하고 질병의 위험을 알고 조심하는 내용으로 구성되어 있다.

'안전하게 생활하기'는 일상생활에서 안전하게 놀이하기, 교통안전 알기, 위험한 상황 알기를 통해 영아들이 안전하게 놀이하고 생활하는 습관을 형성하는 데 중점을 둔다.

(1) 0~1세 보육과정의 영역별 세부 내용

<table>
<tr><th>내용범주</th><th>내용</th><th>1수준</th><th>2수준</th><th>3수준</th><th>4수준</th></tr>
<tr><td rowspan="10">건강하게 생활하기</td><td rowspan="3">몸을 깨끗이 하기</td><td colspan="4">몸이 깨끗해졌을 때 기분이 좋음을 안다.</td></tr>
<tr><td colspan="4">도움을 받아 손을 씻는다.</td></tr>
<tr><td></td><td colspan="3">도움을 받아 이를 닦는다.</td></tr>
<tr><td rowspan="3">즐겁게 먹기</td><td>편안하게 안겨서 우유(모유)를 먹는다.</td><td>이유식에 적응한다.</td><td>고형식에 적응한다.</td><td>다양한 음식을 먹어본다.</td></tr>
<tr><td colspan="2"></td><td colspan="2">도구로 음식을 먹어 본다.</td></tr>
<tr><td colspan="4">즐겁게 먹는다.</td></tr>
<tr><td rowspan="4">건강한 일상생활 하기</td><td colspan="4">수면을 충분히 취한다.</td></tr>
<tr><td colspan="4">편안하게 쉰다.</td></tr>
<tr><td colspan="4">하루 일과에 편안하게 참여한다.</td></tr>
<tr><td colspan="2"></td><td colspan="2">배변 의사를 표현한다.</td></tr>
<tr><td rowspan="4">안전하게 생활하기</td><td rowspan="3">안전하게 지내기</td><td colspan="3">안전한 상황에서 놀이한다.</td><td>놀잇감을 안전하게 사용한다.</td></tr>
<tr><td colspan="4">안전한 장소에서 놀이한다.</td></tr>
<tr><td colspan="4">차량 승하차 시 안전 장구를 착용한다.</td></tr>
<tr><td>위험한 상황에 반응하기</td><td></td><td>위험하다는 말에 반응을 보인다.</td><td colspan="2">위험하다고 알려주면 주의한다.</td></tr>
</table>

① 건강하게 생활하기

• 몸을 깨끗이 하기

'몸을 깨끗이 하기'는 위생과 청결에 대한 기본적인 감각을 기르기 위한 것으로, 영아가 몸이 깨끗할 때의 기분 좋음을 알고 도움을 받아 손을 씻고 이를 닦는 경험을 하게 하는 내용이다.

내용	1수준	2수준	3수준	4수준
몸을 깨끗이 하기	몸이 깨끗해졌을 때 기분이 좋음을 안다.			
	도움을 받아 손을 씻는다.			
		도움을 받아 이를 닦는다.		

'몸이 깨끗해졌을 때 기분이 좋음을 안다'는 영아가 청결한 생활을 습관화하기 위한 내용으로 청결을 유지하는 습관을 형성하도록 하는 것이다. 교사는 영아를 씻겨주고 닦아줄 때 영아가 청결하고 위생적인 생활습관을 형성할 수 있도록 지도한다.

'도움을 받아 손을 씻는다'는 영아가 스스로 손을 씻을 수 있도록 돕기 위한 내용이다. 교사는 수유, 식사 전후, 놀이가 끝났을 때, 배변 후에 영아의 손이나 몸을 씻겨 주거나 영아 스스로 씻도록 도와준다.

'도움을 받아 이를 닦는다'는 영아의 구강위생에 관련된 것으로, 영아가 이 닦는 것에 관심을 갖고 이를 닦는 습관을 기르도록 지도한다.

• 즐겁게 먹기

'즐겁게 먹기'는 영아가 먹는 것에 대한 즐거움을 알고 우유(모유)에서 시작하여 이유식, 고형식 등 다양한 음식을 섭취하는 과정을 원만하게 겪도록 도와주고 더 나아가 도구를 사용하여 먹는 것을 연습해보도록 지도하는 내용이다.

내용	1수준	2수준	3수준	4수준
즐겁게 먹기	편안하게 안겨서 우유(모유)를 먹는다.	이유식에 적응한다.	고형식에 적응한다.	다양한 음식을 먹어본다.
			도구로 음식을 먹어 본다.	
	즐겁게 먹는다.			

'편안하게 안겨서 우유(모유)를 먹는다'는 영아가 편안한 상태로 우유(모유)를 먹으면서 정서적인 안정감을 느끼는 것이 중요하므로, 교사는 편안한 분위기에서 영아를 안고 미소를 짓거나 부드럽게 말을 거는 등 교사와 영아의 상호작용이 이루어질 수 있도록 한다.

'이유식에 적응한다'는 영아가 6개월 정도 되면 이유식을 시작하므로 다양한 맛을 경험할 수 있도록 음식을 골고루 접하게 할 필요성을 제시하고 있다.

'고형식에 적응한다'는 영아가 15~18개월경이 되면 대부분 이유가 완료되고 식성도 뚜렷해진다. 이때 영아는 단단한 음식을 먹을 수 있으므로 점차 성인이 먹는 음식을 섭취할 수 있도록 지도한다.

'다양한 음식을 먹어본다'는 한 번에 한 가지 음식을 제공하고 음식에 익숙해지도록 자주 제공하며, 다양한 음식을 먹어봄으로써 편식하지 않고 음식을 골고루 먹을 수 있는 기호를 갖게 한다.

'도구로 음식을 먹어 본다'는 수저와 식기 등을 사용하여 음식을 먹도록 연습하는 내용으로, 이때부터 기본적인 식사예절을 지도해야 한다.

'즐겁게 먹는다'는 식사를 통해 음식을 먹는 것 외에도 대인관계의 기초적인 기술을 배울 수 있다는 점에서 중요한 의미가 있다. 영아가 식사시간을 즐거운 시간으로 인식할 수 있도록 통제는 되도록 적게 하되 다른 사람의 식사를 방해하지 않도록 지도한다.

- 건강한 일상생활하기

'건강한 일상생활하기'는 영아가 어린이집에서 수면, 휴식, 놀이, 배변 등의 일상생활을 건강하고 편안하게 하기 위한 내용이다.

내용	1수준	2수준	3수준	4수준
건강한 일상생활하기	수면을 충분히 취한다.			
	편안하게 쉰다.			
	하루 일과에 편안하게 참여한다.			
			배변 의사를 표현한다.	

'수면을 충분히 취한다'는 영아의 경우 수면이 일상생활 중 매우 중요하므로 충분하고 편안하게 수면을 취하도록 하는 내용이다. 영아가 숙면을 취하게 하기 위해서는 안락하고 조용한 수면장소를 제공해야 한다. 수면시간은 영아의 월령에 따라 차이가 있으므로 영아 개인차에 따라 적절하게 맞춰야 한다.

'편안하게 쉰다'는 하루의 일과를 무리하게 진행하지 않고 수면시간 외에도 편안하게 쉬도록 하는 내용이다. 영아는 활동량이 많고 신진대사가 왕성하기 때문에 영아 각자가 안정적으로 휴식을 취할 수 있도록 환경을 제공하고 심리적으로 편안한 분위기를 만들어 주는 것이 중요하다.

'하루 일과에 편안하게 참여한다'는 어린이집의 하루 일과에 영아가 편안하게 참여할 수 있도록 교사는 영아에게 쾌적하고 편안한 환경을 마련해 주어야 하며 영아가 즐겁게 놀이에 참여하고 생활하고 있는지 늘 관찰해야 한다. 또한 교사는 부드러운 말씨와 표정으로 영아가 편안하고 즐겁게 놀이를 할 수 있는 분위기를 조성해야 한다.

'배변 의사를 표현한다'는 배변훈련을 하기 전 단계로 영아가 대・소변의 마려움을 인식하고 배변 의사를 표현하게 하는 내용이다. 교사는 영아의 기저귀가 젖었는지 수시로 확인하고 영아 개개인의 배변 간격을 파악하며, 영아의 울음소리와 불편해 하는 표시, 배변하고자 하는 욕구 표현을 잘 관찰하도록 한다.

② 안전하게 생활하기

- 안전하게 지내기

'안전하게 지내기'는 영아가 안전한 상황과 장소에서 놀이하고 놀잇감을 안전하게 사용하며 차량 승하차 시 안전 장구를 착용하여 안전하게 생활하도록 하기 위한 내용이다.

내용	1수준	2수준	3수준	4수준
안전하게 지내기	안전한 상황에서 놀이한다.			놀잇감을 안전하게 사용한다.
	안전한 장소에서 놀이한다.			
	차량 승하차 시 안전장구를 착용한다.			

'안전한 상황에서 놀이한다'는 영아가 생활하는 환경을 안전하게 하고 안전한 상황에서 놀이하도록 하는 내용이다. 교사는 영아가 놀이하는 환경에 위험한 물건이 없는지 확인하고 안전한 상황과 장소에서 놀이하도록 늘 세심하게 주의를 기울여야 한다.

'놀잇감을 안전하게 사용한다'는 영아가 놀잇감을 올바르게 사용하게 하여 안전하게 놀이할 수 있도록 하는 내용이다. 교사는 영아가 삼킬 수 없을 정도로 충분히 크고 모서리가 날카롭지 않은 독성이 없는 놀잇감을 제공하여 영아가 놀잇감을 안전하게 탐색하도록 해야 한다.

'안전한 장소에서 놀이한다'는 영아가 실내외 놀이 장소에서 안전하게 놀이할 수 있도록 사고가 발생할 수 있는 위험요인들이 미리 제거된 안전한 놀이 공간과 시설을 제공하는 것이다. 교사는 영아가 놀이하는 환경에 위험한 물건이 없는지 확인하고 안전한 상황과 장소에서 놀이하도록 늘 세심하게 주의를 기울여야 한다.

'차량 승하차 시 안전장구를 착용한다'는 어린이집 등·하원 시 차량을 이용하는 경우에는 반드시 안전장구를 착용하도록 하는 내용으로 교통안전을 중시하는 습관을 들이도록 해야 한다.

- 위험한 상황에 반응하기

'위험한 상황에 반응하기'는 여러 가지 위험한 상황에서 영아가 위험하다는 것을 느끼고 이에 반응하도록 지도하는 내용이다.

내용	1수준	2수준	3수준	4수준
위험한 상황에 반응하기		위험하다는 말에 반응을 보인다.	위험하다고 알려주면 주의한다.	

'위험하다는 말에 반응을 보인다'는 영아가 위험하다는 말을 알아듣고 이에 반응을 보이도록 하는 내용이다. 영아가 위험한 상황에 처했을 때 교사가 위험하다고 말해 주면 영아는 이를 알아듣고 행동을 멈추거나 조심하는 등 반응을 보이도록 지도한다.

'위험하다고 알려주면 주의한다'는 영아에게 위험하다는 것을 알려주면 영아가 이를 피하고 주의할 수 있도록 지도하는 내용이다. 교사는 영아에게 위험한 물건이나 장소를 인식하게 하여 안전사고를 예방해야 한다. 이를 위해 교사는 위험한 것이 무엇이며 위험한 물건과 위험한 장소에 대해 알게 해서, 영아가 함부로 만지거나 가까이 가지 않고 주의하도록 지도한다.

(2) 2세 보육과정의 영역별 세부 내용

<table>
<tr><th>내용 범주</th><th>내용</th><th>1수준</th><th>2수준</th></tr>
<tr><td rowspan="10">건강하게 생활하기</td><td rowspan="2">몸을 깨끗이 하기</td><td colspan="2">스스로 손과 몸 씻기를 시도한다.</td></tr>
<tr><td colspan="2">스스로 이 닦기를 시도한다.</td></tr>
<tr><td rowspan="3">바르게 먹기</td><td colspan="2">음식을 골고루 먹는다.</td></tr>
<tr><td colspan="2">도구를 사용하여 스스로 먹는다.</td></tr>
<tr><td colspan="2">정해진 자리에서 먹는다.</td></tr>
<tr><td rowspan="4">건강한 일상생활 하기</td><td colspan="2">일과에 따라 규칙적으로 잠을 잔다.</td></tr>
<tr><td colspan="2">정해진 시간에 알맞게 휴식한다.</td></tr>
<tr><td colspan="2">하루 일과에 즐겁게 참여한다.</td></tr>
<tr><td>정해진 곳에서 배변한다.</td><td>화장실에서 배변한다.</td></tr>
<tr><td>질병에 대해 알기</td><td colspan="2">질병의 위험을 안다.</td></tr>
<tr><td rowspan="5">안전하게 생활하기</td><td rowspan="2">안전하게 놀이하기</td><td colspan="2">놀이기구나 놀잇감을 안전하게 사용한다.</td></tr>
<tr><td colspan="2">안전한 장소에서 놀이한다.</td></tr>
<tr><td>교통안전 알기</td><td>교통수단의 위험을 안다.</td><td>교통수단의 위험을 알고 조심한다.</td></tr>
<tr><td rowspan="2">위험한 상황 알기</td><td>위험한 상황과 위험한 것을 안다.</td><td>위험한 상황과 위험한 것을 알고 조심한다.</td></tr>
<tr><td colspan="2">위험한 상황 시 어른의 지시에 따른다.</td></tr>
</table>

① 건강하게 생활하기

• 몸을 깨끗이 하기

'몸을 깨끗이 하기'는 건강한 생활을 위한 기초로서, 영아가 스스로 손과 몸 씻기와 이 닦기를 시도하도록 하는 내용이다.

내용	1수준	2수준	3수준	4수준
몸을 깨끗이 하기	스스로 손과 몸 씻기를 시도한다.			
	스스로 이 닦기를 시도한다.			

'스스로 손과 몸 씻기를 시도한다'는 영아가 청결을 유지하기 위해 스스로 손과 몸을 씻으려고 시도해 보게 하는 내용이다. 손 씻기는 질병의 감염을 막고 건강을 유지하기 위한 일차적인 활동이므로, 일과 속에서 손 씻는 방법, 손을 씻어야 하는 때를 영아에게 알려주고 영아가 스스로 씻으려고 노력해 보도록 지도한다.

'스스로 이 닦기를 시도한다'는 충치를 예방하기 위하여 영아 스스로 이를 닦으려고 시도해 보게 하는 내용이다. 2세 영아는 칫솔을 입 안에 넣어서 겨우 닦는 동작을 할 수 있을 정도이지만 영아가 스스로 양치질을 하도록 격려하고 뒷마무리는 교사가 도와주도록 한다.

- 바르게 먹기

'바르게 먹기'는 영아가 건강을 유지하기 위해 음식을 골고루 먹고 도구를 사용하여 스스로 먹으며 정해진 자리에서 먹는 등 바른 식습관을 형성하게 하는 내용이다.

내용	1수준	2수준	3수준	4수준
바르게 먹기	음식을 골고루 먹는다.			
	도구를 사용하여 스스로 먹는다.			
	정해진 자리에서 먹는다.			

'음식을 골고루 먹는다'는 영아가 신체 건강을 유지하기 위해 편식하지 않고 음식을 골고루 먹게 하는 내용이다. 2세 영아는 일반식에 적응되어 성인과 동일한 음식으로 식사를 할 수 있다. 그러나 아직 균형 있는 영양섭취의 필요성을 잘 이해하지 못하며 자기중심적인 경향이 식생활에서도 나타나므로 영아들이 음식을 골고루 먹어볼 수 있게 하는 것이 중요하다.

'도구를 사용하여 스스로 먹는다'는 영아가 수저와 식기를 바르게 사용할 수 있도록 지도하는 내용이다. 2세 영아는 소근육이 발달하여 완전하지는 않지만 수저를 사용할 수 있게 되므로 손으로 먹거나 교사가 먹여주지 말고 영아 스스로 먹을 수 있도록 지도한다.

'정해진 자리에서 먹는다'는 영아에게 바른 태도로 식사하는 습관을 길러주기 위한 기본적인 내용이다. 영아가 음식을 먹으면서 돌아다니지 않고 정해진 자리에서 바른 자세로 먹도록 지도한다.

- 건강한 일상생활하기

'건강한 일상생활하기'는 영아가 건강한 생활습관을 형성하는 데 필요한 규칙적인 수면과 휴식, 올바른 배변 습관을 길러서 즐겁게 생활하는 태도를 형성하도록 하는 내용이다.

내용	1수준	2수준	3수준	4수준
건강한 일상생활하기	일과에 따라 규칙적으로 잠을 잔다.			
	정해진 시간에 알맞게 휴식한다.			
	하루 일과에 즐겁게 참여한다.			
	정해진 곳에서 배변한다.		화장실에서 배변한다.	

'일과에 따라 규칙적으로 잠을 잔다'에서 2세 영아는 오후 1회 정도 낮잠을 잔다. 교사는 규칙적인 일과에 따라 영아가 수면을 취할 수 있도록 하되, 영아의 수면시간은 개인차가 있고 같은 영아라도 그날의 활동량에 따라 수면시간에 다소의 차이가 있음을 고려해야 한다.

'정해진 시간에 알맞게 휴식한다'는 영아가 활동 후 적절하게 휴식을 취함으로써 생리적인 피곤을 회복하여 건강을 유지할 수 있도록 하는 내용이다. 피로한 영아는 자발적인 활동이 줄고 칭얼거리거나 표정의 변화가 적어지는 등 행동에 이상이 생기게 되므로 충분한 휴식을 통해 쌓인 피로를 해소하고 에너지를 충전하는 것이 필요하다.

'하루 일과에 즐겁게 참여한다'는 영아가 건강을 유지하기 위해서 신체적 건강뿐만 아니라 정신적 건강을 유지할 수 있게 하는 내용이다. 이를 위해 교사는 영아가 활동에 적극적으로 참여하고 보육실의 편안한 분위기에서 즐겁게 생활하도록 지원한다. 또한 교사는 영아의 관심과 흥미에 맞는 놀잇감과 환경을 제공해 주고 영아의 개별적인 놀이 및 또래와의 놀이에도 참여한다.

'정해진 곳에서 배변한다'는 처음부터 화장실에서 배변훈련을 하는 것이 어려운 경우에 보육실의 정해진 곳에서 변기를 사용하여 배변하도록 지도하는 내용이다. 배변훈련은 척수신경이 발달하고 항문과 요도조임근의 긴장력 조절능력이 생겼을 때 성공할 수 있다. 배변하는 장소는 늘 청결하게 해서 영아가 깨끗하고 즐거운 장소라 느낄 수 있도록 해 주어야 한다.

'화장실에서 배변한다'는 정해진 곳에서의 배변훈련이 어느 정도 이루어지면 화장실로 장소를 옮겨 화장실에서 배변할 수 있도록 지도하는 내용이다. 영아가 배변 욕구를 느끼면 교사는 화장실로 데리고 가서, 화장실에서 용변을 보면서 편안함을 느낄 수 있도록 배려하고 격려해 준다.

• 질병에 대해 알기

'질병에 대해 알기'는 전염병에 대한 면역력이 약한 영아가 질병의 위험에 대해 알게 지도하는 내용이다.

내용	1수준	2수준	3수준	4수준
질병에 대해 알기	질병의 위험을 안다.			

'질병의 위험을 안다'는 영아가 건강을 유지하기 위한 기초적인 내용으로 질병의 위험을 알게 하는 것이다. 저항력이 약한 영아기에는 여러 가지 질병에 걸리기 쉬우므로 영아에게 질병의 위험성에 대해 알려주어 영아가 이를 알도록 하고, 몸이 아플 때 어른에게 알려서 도움을 받을 수 있도록 지도한다.

② 안전하게 생활하기

• 안전하게 놀이하기

'안전하게 놀이하기'는 영아가 실내외 여러 가지 놀이기구나 놀잇감을 안전하게 사용하고, 안전한 장소에서 놀이하는 태도를 형성하는 내용이다.

내용	1수준	2수준	3수준	4수준
안전하게 놀이하기	놀이기구나 놀잇감을 안전하게 사용한다.			
	안전한 장소에서 놀이한다.			

'놀이기구나 놀잇감을 안전하게 사용한다'는 영아에게 실내외 놀이기구나 놀잇감의 올바른 사용법을 알려 주어 안전하게 놀이할 수 있도록 하는 내용이다. 교사는 영아에게 놀이기구나 놀잇감을 사용하기 전에 안전에 필요한 사항을 미리 알려 주고, 안전하게 사용할 수 있도록 지도한다.

'안전한 장소에서 놀이한다'는 영아가 실내외 놀이 장소에서 안전하게 놀이할 수 있도록 하는 내용이다. 영아가 안전하게 놀이하도록 하기 위해서는 안전사고위험 요인들이 미리 제거된 안전한 놀이 공간과 시설을 제공하는 것이 중요하다.

• 교통안전 알기

'교통안전 알기'는 영아가 교통수단의 위험을 알고 사고의 위험으로부터 자신을 보호하기 위해 필요한 교통안전을 알도록 하는 내용이다.

내용	1수준	2수준	3수준	4수준
교통안전 알기	교통수단의 위험을 안다.		교통수단의 위험을 알고 조심한다.	

'교통수단의 위험을 안다'는 영아가 접할 수 있는 기본적인 교통수단의 안전한 이용방법과 위험에 대해서 알게 하는 내용이다. 어린이집 등·하원 시 또는 가정에서 이용하는 차량이 유익한 교통수단인 반면, 안전을 위협할 수도 있다는 것을 설명하여 영아가 교통수단의 위험을 알게 한다.

'교통수단의 위험을 알고 조심한다'는 2세 영아는 주차되어 있는 차도 움직일 수 있음을 이해하지 못하고 움직이는 차의 위험을 잘 인지하지 못하여 교통사고의 위험이 크다. 교사는 영아로 하여금 교통기관의 위험을 알고 조심하는 태도를 취하도록 지도하고, 도로에 혼자 나가지 않도록 지도해야 한다.

• 위험한 상황 알기

'위험한 상황 알기'는 영아가 처할 수 있는 여러 가지 위험한 상황과 위험한 것에 대해서 알고 조심하며, 위험한 상황이 발생했을 때 어른의 지시에 따를 수 있도록 지도하는 내용이다.

<table>
<tr><th>내용</th><th>1수준</th><th>2수준</th><th>3수준</th><th>4수준</th></tr>
<tr><td rowspan="2">위험한 상황 알기</td><td colspan="2">위험한 상황과 위험한 것을 안다.</td><td colspan="2">위험한 상황과 위험한 것을
알고 조심한다.</td></tr>
<tr><td colspan="4">위험한 상황 시 어른의 지시에 따른다.</td></tr>
</table>

'위험한 상황과 위험한 것을 안다'는 영아에게 위험이 될 수 있는 여러 가지 상황과 위험요인에 대해 알게 하는 내용이다. 여러 가지 재난과 사고, 화재, 학대, 유괴 등의 비상상황에 대해 알고, 이러한 상황의 위험에 대해 알도록 지도한다.

'위험한 상황과 위험한 것을 알고 조심한다'는 영아가 위험한 상황을 인지할 뿐만 아니라 이를 조심할 수 있게 지도하는 내용이다. 2세 영아는 이동능력이 커지고 호기심이 왕성한 반면 위험을 잘 모르기 때문에 사고에 취약하다. 교사는 영아에게 주변 환경의 다양한 위험요인과 상황에 대해 지속적으로 알려줌으로써 위험을 인지하고 조심하도록 지도해야 한다.

'위험한 상황 시 어른의 지시에 따른다'는 영아가 위험한 상황에 처했을 때 적극적으로 대처하는 것이 어려우므로 어른의 지시에 따라 행동하여 위험에 대처할 수 있도록 교육하는 내용이다. 위험한 상황이 발생하면 어른의 지시에 따라 대피하거나 대처하도록 지도하는 것이 필요하다.

2. 누리과정

누리과정은 만 3~5세 유아의 심신의 건강과 조화로운 발달을 도와 민주 시민의 기초를 형성하는 것을 목적으로 한다. 신체운동 · 건강영역은 유아가 자신의 신체를 긍정적으로 인식하고 신체활동에 즐겁게 참여함으로써 유아기에 필요한 기본 운동능력과 기초 체력을 기르고, 건강하고 안전한 생활을 실천하는 능력과 태도를 기르기 위한 영역이다.

1) 누리과정의 신체운동 · 건강영역 목표

누리과정의 신체운동 · 건강영역에서는 유아가 기본 운동능력을 기르고, 건강에 대한 바른 태도를 가지며, 기본생활습관을 형성하고, 안전하게 행동하고 생활하는 능력을 기르는 것을 목표로 한다.

2) 누리과정의 신체운동 · 건강영역 내용

신체운동 · 건강영역의 내용은 '신체 인식하기', '신체 조절과 기본 운동하기', '신체활동에 참여하기', '건강하게 생활하기', '안전하게 생활하기'로 이루어져 있으며, 이에 따라 내용 및 세부 내용으로 구성되어 있다.

내용범주	내용
신체 인식하기	• 감각능력 기르고 활용하기 • 신체를 인식하고 움직이기
신체 조절과 기본 운동하기	• 신체 조절하기 • 기본 운동하기
신체활동에 참여하기	• 자발적으로 신체활동에 참여하기 • 바깥에서 신체활동하기 • 기구를 이용하여 신체활동하기
건강하게 생활하기	• 몸과 주변을 깨끗이 하기 • 바른 식생활하기 • 건강한 일상생활하기 • 질병 예방하기
안전하게 생활하기	• 안전하게 놀이하기 • 교통안전 규칙 지키기 • 비상 시 적절히 대처하기

신체운동·건강영역에서는 유아가 신체 조절능력과 기본 운동능력을 기르고 건강한 생활습관을 통해 질병에 대한 면역력을 키울 수 있도록 하며, 안전 관련 위험요소를 예방하고 위험에 적절히 대처하는 능력을 기르도록 한다.

'신체 인식하기'는 감각능력과 감각기관의 활용능력을 기르고 다양한 신체 움직임을 통하여 자신의 신체를 긍정적으로 인식하도록 돕는 내용으로 구성되어 있다.

'신체 조절과 기본 운동하기'는 신체를 움직일 때 균형이 맞게 바로잡는 조절력을 기르고, 몸을 한 장소에서 다른 장소로 위치를 변화시키며 움직이는 이동운동이나 제자리에서 다양하게 움직여 보는 운동을 통해 운동능력의 기초를 형성하는 데 중점을 두고 있다.

'신체활동에 참여하기'는 유아가 자발적으로 신체활동에 참여하며 실내뿐 아니라 실외에서의 다양한 운동활동과 기구를 이용한 신체활동을 통해 즐거움을 느끼고 기초 체력을 기르는 내용이다. 이러한 신체운동 활동을 통해 유아가 즐거움을 느끼고 규칙적이며 자발적인 운동습관을 기르는 데 중점을 둔다.

'건강하게 생활하기'는 청결과 위생, 바른 식생활하기, 규칙적이고 건강한 일상생활하기를 통해 건강한 생활습관과 태도를 형성하고 질병을 예방할 수 있는 능력과 태도를 형성하는 내용으로 구성되어 있다.

'안전하게 생활하기'는 유아가 일상생활에서 안전하게 놀이하는 습관을 형성하고, 교통규칙을 알고 지키며, 재난이나 사고 등 비상사태에서 안전하게 대처하는 방법을 알고 실천하도록 하는 데 중점을 둔다.

① 신체 인식하기

<table>
<tr><th>내용</th><th>3세</th><th>4세</th><th>5세</th></tr>
<tr><td rowspan="2">감각능력 기르고 활용하기</td><td>감각적 차이를 경험한다.</td><td>감각적 차이를 구분한다.</td><td>감각으로 대상이나 사물의 특성과 차이를 구분한다.</td></tr>
<tr><td>감각기관을 인식하고, 활용해 본다.</td><td colspan="2">여러 감각기관을 협응하여 활용한다.</td></tr>
<tr><td rowspan="2">신체를 인식하고 움직이기</td><td>신체 각 부분의 명칭을 알고, 움직임에 관심을 갖는다.</td><td colspan="2">신체 각 부분의 특성을 이해하고 활용하여 움직인다.</td></tr>
<tr><td colspan="3">자신의 신체를 긍정적으로 인식하고 움직인다.</td></tr>
</table>

• 감각능력 기르고 활용하기

'감각능력 기르고 활용하기'는 유아가 여러 가지 감각적 차이를 경험하고 감각기관을 활용하거나 협응함으로써 사물과 주변 환경을 인식하는 능력을 키울 수 있는 내용으로 구성되어 있다.

'감각적 차이를 경험한다'는 유아가 시각, 촉각, 청각, 미각, 후각 등 오감각의 여러 가지 감각적인 차이를 경험해 보도록 함으로써 감각능력의 발달을 돕는 내용이다.

'감각적 차이를 구분한다'는 유아가 여러 가지 감각적 차이를 구분해 보도록 함으로써 감각능력의 활성화를 돕는 내용이다.

'감각으로 대상이나 사물의 특성과 차이를 구분한다'는 유아가 감각 기능을 토대로 대상이나 사물의 고유한 성질이나 서로 다른 점을 인식해 보도록 함으로써 감각능력을 발전시키도록 돕는 내용이다.

'감각기관을 인식하고, 활용해 본다'는 유아가 감각기관을 활용하여 대상이나 사물의 특성을 탐색하고 이해할 수 있도록 하는 내용이다. 이러한 경험을 통해 유아는 주변 환경을 파악하기 위해서는 우리의 시각, 청각, 후각, 미각, 촉각 등 여러 가지 감각기관을 사용할 수 있음을 알고, 이를 활용하게 된다.

'여러 감각기관을 협응하여 활용한다'는 유아가 다양한 감각기관을 협응하여 사물과 주변 세계를 인식할 수 있도록 돕는 내용이다. 유아는 대상과 사물을 다각적인 측면으로 탐색하고 정확히 이해하기 위해 청각과 촉각, 또는 미각과 후각, 시각과 촉각 등과 같이 두 가지 이상의 감각기관을 동시에 활용하여 사물이나 상황에 대해 이해할 수 있도록 한다.

• 신체를 인식하고 움직이기

'신체를 인식하고 움직이기'는 유아가 자신의 신체에 관심을 가지고 각 부위의 명칭을 알게 될 뿐만 아니라, 자신의 몸을 적절히 움직여 보는 경험을 통해 자신의 신체를 긍정적으로 인식하도록 하는 내용이다. 유아는 신체의 다양한 움직임에 관심을 갖게 되고, 점차 신체 각 부분의 특성을 보다 잘 인식하게 되면서 신체의 특성을 활용하여 움직일 수 있게 된다.

'신체 각 부분의 명칭을 알고, 움직임에 관심을 갖는다'는 유아가 자신의 신체 각 부분의 명칭을 알고 그 기능을 탐색하기 위한 내용이다. 자신의 신체 기능에 대한 유아의 관심과 흥미는 건강한 신체발달의 중요한 토대가 된다.

'신체 각 부분의 특성을 이해하고 활용하여 움직인다'는 유아가 자신의 신체에 대한 관심과 탐색을 보다 적극적으로 추구하고, 자신의 신체능력을 구체적으로 인식할 수 있도록 하는 내용이다. 유아가 자기 신체의 구조, 신체 각 부위의 기능과 역할 등에 대해 알아보고, 자세나 동작을 바꾸거나 몸을 이동하는 신체의 움직임에 능숙해질 수 있는 경험을 갖도록 한다.

'자신의 신체를 긍정적으로 인식하고 움직인다'는 유아가 신체의 움직임을 적절하고 다양하게 경험함으로써 자신의 신체능력에 대한 유능감을 키우도록 돕기 위한 내용이다. 교사는 유아가 신체활동을 즐겁고 성공적으로 경험하면서 자신의 신체적 능력을 보다 긍정적으로 인식할 수 있도록 개인적 특성, 놀이 기구의 크기, 신체활동의 난이도 등을 세심하게 고려한다.

② 신체 조절과 기본 운동하기

<table>
<tr><th>내용</th><th>3세</th><th>4세</th><th>5세</th></tr>
<tr><td rowspan="5">신체 조절하기</td><td>신체균형을 유지해 본다.</td><td colspan="2">다양한 자세와 움직임에서 신체균형을 유지한다.</td></tr>
<tr><td>공간, 힘, 시간 등의 움직임 요소를 경험한다.</td><td colspan="2">공간, 힘, 시간 등의 움직임 요소를 활용하여 움직인다.</td></tr>
<tr><td>신체 각 부분의 움직임을 조절해 본다.</td><td colspan="2">신체 각 부분을 협응하여 움직임을 조절한다.</td></tr>
<tr><td colspan="3">눈과 손을 협응하여 소근육을 조절해 본다.</td></tr>
<tr><td></td><td></td><td>도구를 활용하여 여러 가지 조작운동을 한다.</td></tr>
<tr><td rowspan="2">기본 운동하기</td><td>걷기, 달리기 등 이동운동을 한다.</td><td colspan="2">걷기, 달리기, 뛰기 등 다양한 이동운동을 한다.</td></tr>
<tr><td>제자리에서 몸을 움직여본다.</td><td colspan="2">제자리에서 몸을 다양하게 움직인다.</td></tr>
</table>

- 신체 조절하기

유아기에는 신체균형과 신체 각 부분의 움직임, 감각기관과의 협응 및 소근육 조절이 이루어진다. 이때 연령별 신체발달과 성장에 따라 근육의 협응과 조절의 정도는 다르다. '신체 조절하기'는 정지 또는 이동 시 무게, 움직이는 속도, 힘, 연속성 등을 고려한 몸의 조정 및 균형 유지능력을 키우는 것으로, 유아는 바른 자세, 여러 가지 운동기능 발달에 필요한 지식과 기능, 태도를 기를 수 있다.

'신체균형을 유지해 본다'는 유아가 자신의 신체균형을 잡고, 이를 유지하는 능력의 발달을 돕는 내용이다. 유아가 몸을 정지해 있거나 움직일 때, 신체의 균형을 맞추어 이를 적절하게 유지하고자 하는 균형감을 경험해 볼 수 있도록 한다.

'다양한 자세와 움직임에서 신체균형을 유지한다'는 유아가 원하는 동작을 원활하고 안전하게 실행하기 위해 다양한 자세에서 몸의 균형을 유지하고 몸을 조정하는 능력을 키워주기 위한 내용이다. 평형판 위에서 앞뒤, 좌우로 기울이면서 넘어지지 않고 균형을 잡는 활동, 콩주머니와 같은 물체를 머리 위나 신체 부위에 올려놓고 걸어다니는 활동 등을 제공한다.

'공간, 힘, 시간 등의 움직임 요소를 경험한다'는 유아가 신체 각 부분을 움직일 때 공간의 활용, 힘의 강약, 시간의 길고 짧음, 속도의 빠름과 느림 등 움직임과 관련된 요소를 경험할 수 있도록 돕기 위한 내용이다. 이를 통해 유아는 자신의 신체 조절력을 키워갈 수 있도록 한다.

'공간, 힘, 시간 등의 움직임 요소를 활용하여 움직인다'는 유아가 공간, 힘, 시간 등의 움직임 요소를 이해하고 이를 활용하여 신체를 움직이는 능력을 기르는 내용이다. 유아는 점차 공간, 힘, 시간 등의 움직임 요소를 고려하여 자신의 행위를 조절하고 움직일 수 있게 된다.

'신체 각 부분의 움직임을 조절해 본다'는 유아가 몸 전체나 팔, 다리 등 신체 각 부분의 움직임에 대한 조절력을 키우도록 돕는 내용이다. 걷기 활동을 변형하여 점점 빨리 걷기, 점점 천천히 걷기, 신호나 상황에 따라 멈추기 등의 신체 움직임의 조절과 관련된 활동을 다양하게 경험함으로써 유아가 자신의 신체 각 부분의 움직임을 조절하는 능력을 키울 수 있도록 한다.

'신체 각 부분을 협응하여 움직임을 조절한다'는 유아가 자신의 신체 부분을 서로 협응하여 신체 움직임을 조절할 수 있는 능력을 기르는 내용이다. 유아가 자신의 신체 두 부분 이상을 협응하여 동작을 조절하는 능력을 기르는 데 중점을 둔다.

'눈과 손을 협응하여 소근육을 조절해 본다'는 유아가 소근육의 힘과 조절력, 시각능력의 발달을 기초로 눈과 손을 협응하여 움직일 수 있는 능력을 기르기 위한 내용이다. 유아가 자신의 신체나 주변의 대상이나 사물의 특징을 시각능력을 이용하여 적절하게 인식하고 의도한 대로 소근육을 조절하여 목표행동을 수행할 수 있도록 돕는다.

'도구를 활용하여 여러 가지 조작운동을 한다'는 유아가 플라스틱 볼트와 너트, 나사못 등 각종 도구를 사용하는 움직임으로 소근육과 조작 기술의 발달을 돕는 내용이다.

- 기본 운동하기

유아기에는 몸을 한 곳에서 다른 곳으로 이동하면서 움직이는 달리기, 미끄러지기, 점프하기 등의 운동과 제자리에서 몸을 축으로 하여 장소를 옮기지 않고 움직여 보는 구부리기, 뻗기, 구르기, 흔들기 등의 운동에 활발하게 참여하면서 운동능력의 토대를 갖추게 된다.

'걷기, 달리기 등 이동운동을 한다'는 몸을 한 장소에서 다른 장소로 위치를 변화시키며 움직이는 동작으로 이는 운동능력의 기본을 향상시킨다. 이 시기 유아는 조절능력이 능숙하지 못하므로 악기나 특정 동작을 정해 놓고 멈춤 신호에 맞춰 멈추도록 하여 민첩성과 균형감각을 익히도록 한다.

'걷기, 달리기, 뛰기 등 다양한 이동운동을 한다'는 유아가 걷기와 앞으로 달리는 것을 기본으로 뒤로, 옆으로, 지그재그로 달리기와 한 발 뛰기, 두 발 모아 뛰기, 뛰어 넘기 등의 활동이 포함되며 뛰기 또한 앞, 뒤, 좌, 우로 방향을 달리 하는 이동운동을 경험해 보도록 하는 데 중점을 둔다.

'제자리에서 몸을 움직여본다'는 장소를 옮기지 않은 채 몸을 움직이는 동작을 하여 유아가 제자리에서 신체균형을 유지면서 다양한 동작과 포즈를 경험해 보게 하는 내용이다. 이동운동이 효율적으로 이루어지기 위해서는 비이동운동의 기본기능이 먼저 숙달되어야 하므로 유아가 제자리에서 움직임을 탐색해 볼 수 있게 함으로써 자신의 신체 움직임 능력에 주의를 기울여 볼 수 있도록 한다.

'제자리에서 몸을 다양하게 움직인다'는 구부리기, 뻗기, 꼬기, 회전하기, 흔들기,

떨기 등의 다양한 동작으로 균형감각 및 평형성의 발달을 돕는 내용이다. 유아는 몸의 모양과 움직임을 다르게 하여 몸을 높고 낮게 넓고 좁게 둥글고 곧게 움직여 신체의 지각과 공간 지각을 익힐 수 있다.

③ 신체활동에 참여하기

내용	3세	4세	5세
자발적으로 신체활동에 참여하기	신체활동에 자발적으로 참여한다.	신체활동에 자발적이고 지속적으로 참여한다.	
	다른 사람과 함께 하는 신체활동에 참여한다.		
		자신과 다른 사람의 운동능력의 차이에 관심을 갖는다.	자신과 다른 사람의 운동능력의 차이를 이해한다.
바깥에서 신체활동하기	규칙적으로 바깥에서 신체활동을 한다.		
기구를 이용하여 신체활동하기	여러 가지 기구를 이용하여 신체활동을 한다.		

• 자발적으로 신체활동에 참여하기

유아는 개인 또는 집단으로 하는 다양한 신체활동에 참여하면서 신체운동을 생활 속에서 즐기는 습관을 갖게 된다. '자발적으로 신체활동에 참여하기'에서는 유아가 신체활동에 자발적으로 참여하여 즐김으로써 기쁨과 만족감을 느끼고 자신의 신체운동능력에 자신감을 느끼도록 하는 데 중점을 둔다.

'신체활동에 자발적으로 참여한다'는 유아가 신체활동에 자발적으로 참여해 보게 하는 내용이다. 신체활동을 즐기는 습관은 기초 체력을 기르는 데 도움이 될 뿐만 아니라 긍정적인 생활 태도를 형성하는 토대가 된다. 유아가 자신의 신체기량과 발달적 특성에 맞는 신체활동을 다양하게 경험해 봄으로써 신체활동의 즐거움을 만끽하고 기초체력을 기를 수 있게 한다.

'신체활동에 자발적이고 지속적으로 참여한다'는 유아가 신체활동을 지속적으로 즐기면서 기초체력뿐만 아니라 신체활동에 대한 자신감을 키우고 자발적으로 신체활동에 참여하는 태도를 기르는 내용이다. 유아가 자신이 좋아하는 신체활동에 자발적으로 참여하면서 기쁨을 느끼고 이를 지속하여 숙달시킴으로써 성취감과 자신감을 키우도록 한다.

'다른 사람과 함께 하는 신체활동에 참여한다'는 유아가 개인뿐만 아니라 집단으로 하는 신체활동에 참여하게 함으로써 집단활동의 규칙과 다른 사람과의 협력을 자연스럽게 익히도록 하는 내용이다. 이를 통해 간단한 규칙이 있거나 팀을 나누어 진행하는 신체활동에 참여하도록 하여 만 3, 4, 5세 유아가 신체활동에서 규칙을 지키고 팀원 간에 협동하는 경험을 갖도록 한다.

'자신과 다른 사람의 운동능력의 차이에 관심을 갖는다'는 유아가 신체활동에 참여하면서 자신의 운동능력과 다른 사람의 운동능력이 다를 수 있다는 것을 경험해 보도록 하는 내용이다. 다양한 운동경험을 통해 유아는 다른 사람의 운동능력을 자신과 비교하면서 서로의 차이에 관심을 갖게 된다.

'자신과 다른 사람의 운동능력의 차이를 이해한다'는 유아가 자신과 친구들의 신체운동능력 차이를 인정하고 이러한 차이를 존중해 줄 수 있는 능력과 태도를 길러 주는 내용이다. 이러한 태도는 유아가 다른 친구와 협동하며 놀이하는 데 기초가 되며 다른 사람을 존중하는 바탕이 된다.

- 바깥에서 신체활동하기

'바깥에서 신체활동하기'는 실외놀이터, 주변 공원이나 놀이터, 가까운 숲 등의 자연환경에서 신체활동을 하는 내용이다. 유아는 실외에서 마음껏 뛰어놀고, 달리고, 탐색하고 만져보며 쌓거나 파보는 등의 신체활동을 할 수 있다. 유아기에는 대근육활동을 포함하여 1일 바깥놀이 시간을 최소 60분을 확보해야 한다.

'규칙적으로 바깥에서 신체활동을 한다'는 유아가 바깥에서 신체를 자유롭게 움직임으로써 긴장을 완화시키고 대근육발달을 돕는 내용이다. 특별한 경우를 제외하고 유아가 날씨나 기온변화에 크게 구애받지 않고 매일 규칙적으로 바깥놀이 활동을 하도록 하여 신체 기능의 원활한 발달을 이룰 수 있도록 한다.

- 기구를 이용하여 신체활동하기

'기구를 이용하여 신체활동하기'는 유아가 다양한 기구를 활용하여 신체활동을 함으로써 대근육운동능력을 기르고, 기구를 이용하는 방법을 습득하게 하는 내용이다. 유아는 기구 활용을 통해 거리, 높이, 길이, 빠르기에 대한 감각을 경험하면서 조절능력과 방어 대처능력을 기를 수 있다.

'여러 가지 기구를 이용하여 신체활동을 한다'는 유아가 신체활동 시 이용되는 공, 훌라후프, 줄넘기 등 여러 가지 기구를 활용하여 신체활동을 해 봄으로써 대근육발달은 물론, 신체 유연성이나 근력, 근지구력 등 기초 체력을 기르도록 하는 내용이다.

④ 건강하게 생활하기

<table>
<tr><th>내용</th><th>3세</th><th>4세</th><th>5세</th></tr>
<tr><td rowspan="2">몸과 주변을 깨끗이 하기</td><td colspan="2">손과 이를 깨끗이 하는 방법을 알고 실천한다.</td><td>스스로 몸을 깨끗이 하는 습관을 기른다.</td></tr>
<tr><td>주변을 깨끗이 한다.</td><td colspan="2">주변을 깨끗이 하는 습관을 기른다.</td></tr>
<tr><td rowspan="3">바른 식생활하기</td><td colspan="2">음식을 골고루 먹는다.</td><td>적당량의 음식을 골고루 먹는다.</td></tr>
<tr><td>몸에 좋은 음식에 관심을 갖는다.</td><td>몸에 좋은 음식을 알아본다.</td><td>몸에 좋은 음식을 선택할 수 있다.</td></tr>
<tr><td>바른 태도로 식사한다.</td><td colspan="2">음식을 소중히 여기고 식사예절을 지킨다.</td></tr>
<tr><td rowspan="3">건강한 일상생활 하기</td><td colspan="3">규칙적으로 잠을 자고, 적당한 휴식을 취한다.</td></tr>
<tr><td colspan="3">하루 일과에 즐겁게 참여한다.</td></tr>
<tr><td>스스로 화장실에서 배변한다.</td><td>바른 배변습관을 가진다.</td><td>규칙적인 배변습관을 가진다.</td></tr>
<tr><td rowspan="2">질병 예방하기</td><td>질병의 위험을 알고 주의한다.</td><td colspan="2">질병을 예방하는 방법을 알고 실천한다.</td></tr>
<tr><td>날씨에 맞게 옷을 입는다.</td><td colspan="2">날씨와 상황에 알맞게 옷을 입는다.</td></tr>
</table>

• 몸과 주변을 깨끗이 하기

'몸과 주변을 깨끗이 하기'는 유아가 질병을 예방하기 위한 기초로서 자신의 손과 몸을 깨끗이 하는 방법을 알고 실천하며, 나아가 유아가 생활하는 주변을 깨끗이 하는 습관을 기르도록 하는 내용이다.

'손과 이를 깨끗이 하는 방법을 알고 실천한다'는 유아가 손과 이를 항상 청결하게 유지하는 습관을 갖게 하는 내용이다. 유아의 청결한 생활습관은 자신의 신체를 항상 청결하게 유지하는 것에서부터 시작한다. 손과 치아의 청결은 건강유지의 기본이 되므로 유아가 생활 속에서 항상 손과 몸, 이를 청결히 유지하도록 지도한다.

'스스로 몸을 깨끗이 하는 습관을 기른다'는 생활 속에서 자발적으로 손과 이를 닦는 습관을 기르기 위한 내용이다. 유아는 간식과 급식 전후는 물론이고, 화장실 이용 후, 미술활동 이후와 바깥놀이 활동이나 산책을 다녀온 후, 항상 손을 깨끗이 씻는 것이 습관화되도록 지도한다.

'주변을 깨끗이 한다'에서 주변이란 좁게는 유아의 개인장을 비롯한 활동실을 말하며, 넓게는 유아교육 및 보육기관을 비롯하여 유아가 이용하는 공공시설이나 공간 등을 모두 일컫는다.

'주변을 깨끗이 하는 습관을 기른다'는 생활 속에서 정리 정돈의 경험을 반복 실천하게 함으로써 청결습관을 갖도록 하기 위한 내용이다. 유아는 자신이 사용한 물건을 스스로 정리 정돈하고 청결하게 유지하는 습관을 형성할 수 있다.

- 바른 식생활하기

'바른 식생활하기'는 유아가 건강을 유지하기 위해 음식을 골고루 적당량 먹고 몸에 좋은 음식에 관심을 갖고 구별할 수 있게 하는 내용이다. 이와 함께 유아가 바른 식사예절과 태도를 알고 실천할 수 있게 돕는 내용이다.

'음식을 골고루 먹는다'는 유아가 신체 건강을 유지하기 위해 편식하지 않고 음식을 골고루 먹게 하는 내용이다. 유아의 식품 선호도는 음식을 먹어본 경험에 의해 형성되므로 유아가 다양한 음식을 즐겁게 먹어볼 수 있게 하는 것이 중요하다.

'적당량의 음식을 골고루 먹는다'는 유아가 편식하지 않고 골고루 먹을 수 있을 뿐만 아니라 자신이 먹을 수 있는 음식의 양을 적절히 조절하게 하는 내용이다.

'몸에 좋은 음식에 관심을 갖는다'는 유아가 건강과 영양과의 관계를 알고 건강을 유지하는 데 좋은 음식과 그렇지 못한 음식이 있음을 알며 관심을 갖게 하는 내용이다. 유아에게 몸에 좋은 식품에 관심을 갖고 이러한 식품을 섭취할 수 있게 지도한다.

'몸에 좋은 음식을 알아본다'는 유아가 음식에 포함된 기본적인 영양분에 관심을 갖고, 신체발달에 필요한 칼슘이나 비타민, 단백질 등이 풍부한 우유나 멸치, 생선, 채소, 과일 등을 선택할 수 있게 하는 것이다.

'몸에 좋은 음식을 선택할 수 있다'는 유아가 우리 몸의 건강과 영양 간의 관계를 알고 이를 스스로 실천할 수 있는 태도를 길러주기 위한 내용이다. 유아는 채소나 생선, 고기, 과일, 유제품 등에 들어 있는 영양소가 우리 몸의 건강에 어떠한 영향을 미치는지 이해할 수 있다.

'바른 태도로 식사한다'는 유아가 바른 태도로 식사하는 습관을 길러주기 위한 내용이다. 바른 식습관 형성은 건강유지를 위한 기본 요소이므로 유아에게 올바른 수저 사용법은 물론 식사 도중에 돌아다니지 않기, 음식을 꼭꼭 씹고 입에 넣은 상태로 말하지 않기, 입술을 붙이고 소리나지 않게 씹기 등 식사 시 지켜야 하는 기본적인 예절을 익히도록 지도한다.

'음식을 소중히 여기고 식사예절을 지킨다'는 유아가 식품의 생산과 공급, 조리과정에 참여하는 많은 사람의 노고를 이해함으로써 음식의 소중함을 알고 실천할 수 있게 하는 내용이다. 유아에게 바른 식사 태도는 물론 자신이 먹을 만큼의 음식을 가져와서 남기지 않고 먹는 습관을 갖도록 한다.

- 건강한 일상생활하기

'건강한 일상생활하기'는 유아가 건강한 생활습관을 형성하는 데 필요한 규칙적인 수면과 휴식, 배변습관을 가지고 즐겁게 생활하는 태도를 형성하도록 하는 내용이다.

'규칙적으로 잠을 자고, 적당한 휴식을 취한다'는 유아가 활동 후 휴식을 취함으로써 생리적인 피곤을 회복하여 건강을 유지할 수 있도록 하는 내용이다. 유아는 잠자는 동안 낮에 경험했던 사건을 재구성하고, 성장호르몬도 생성되므로 수면이 중요함을 일깨워 준다.

'하루 일과에 즐겁게 참여한다'는 유아가 건강을 유지하기 위해서 신체적 건강뿐만 아니라 정신건강을 유지할 수 있게 하는 내용이다. 이를 위해 교사는 유아가 활동에 적극적으로 참여하고 활동과정에서 느끼는 다양한 감정과 느낌을 적절한 방법으로 표현할 수 있게 돕는다.

'스스로 화장실에서 배변한다'는 유아가 배변 욕구를 느낄 때 스스로 화장실에 가고자 하고, 화장실에서 용변을 보면서 편안함을 느낄 수 있도록 하는 내용이다. 유아는 어떤 활동에 몰입하다 보면 용변의 욕구를 느끼면서도 화장실에 가야 함을 인지하지 못할 경우도 있으므로 교사가 유아의 행동을 관찰하고 수시로 화장실에 가야 함을 지도한다.

'바른 배변습관을 가진다'는 유아가 화장실 사용에 대한 올바른 절차와 방법을 알고 배설 후 스스로 뒤처리할 수 있도록 지도하는 내용이다. 유아가 대・소변을 지나치게 참거나 미루지 않고, 배변의 욕구를 느낄 때 스스로 배변하는 습관을 갖도록 한다.

'규칙적인 배변습관을 가진다'는 아침에 일어난 후 규칙적으로 배변하는 습관을 가지게 함으로써 개인위생과 건강습관을 형성하게 하는 것이다. 유아에게 규칙적인 배변습관은 건강의 기본이 됨을 이해하게 하고, 바른 식습관과 운동을 통해 규칙적인 배변습관을 갖도록 지도한다.

• 질병 예방하기

'질병 예방하기'는 전염병에 대한 면역력이 약한 유아가 질병의 위험을 알고 주의하며, 날씨와 상황에 맞게 옷을 조절하여 입게 함으로써 체온을 조절하고 건강을 유지할 수 있도록 하는 내용이다.

'질병의 위험을 알고 주의한다'는 유아가 건강을 유지하기 위해 기초적으로 이해해야 할 내용으로 질병의 위험을 알고 예방할 수 있는 태도를 기르는 것이다. 유아가 질병에 걸리지 않기 위해 규칙적인 생활습관을 형성하고 전염병에 걸리지 않도록 예방주사를 맞거나, 모기에 물리지 않도록 몸을 청결히 하는 등의 내용을 알고 주의하도록 한다.

'질병을 예방하는 방법을 알고 실천한다'는 유아가 질병을 예방하는 방법을 알아보고 지키게 하는 내용이다. 유아는 감기에 걸리지 않으려면 편식하지 않고 몸과 주변을 청결히 하며 정기적으로 건강검진을 하는 등 건강한 생활습관에 관심을 가지고 실천할 수 있게 한다.

'날씨에 맞게 옷을 입는다'는 외부 날씨나 기온에 적절하게 옷을 입고 벗을 수 있게 하는 내용이다. 날씨나 기온에 맞게 옷을 입고 벗는 일은 일정한 체온을 유지하게 하므로 매우 중요하다.

'날씨와 상황에 알맞게 옷을 입는다'는 날씨와 계절뿐만 아니라 바깥놀이나 조형활동을 할 때 등 특별한 상황에 맞게 옷을 입을 수 있게 하는 것이다. 유아에게는 태양열이 강한 여름철에는 직사광선을 피하기 위해 반드시 모자를 쓰게 하고 땀을 흘린 뒤에는 몸을 깨끗이 닦고 젖은 옷을 즉시 갈아입도록 지도한다.

⑤ 안전하게 생활하기

<table>
<tr><th>내용</th><th>3세</th><th>4세</th><th>5세</th></tr>
<tr><td rowspan="3">안전하게 놀이하기</td><td colspan="2">놀이기구나 놀잇감, 도구를 안전하게 사용한다.</td><td>놀이기구나 놀잇감, 도구의 바른 사용법을 알고 안전하게 사용한다.</td></tr>
<tr><td>안전한 놀이 장소를 안다.</td><td colspan="2">안전한 장소를 알고 안전하게 놀이한다.</td></tr>
<tr><td>TV, 인터넷, 통신기기 등을 바르게 사용한다.</td><td colspan="2">TV, 인터넷, 통신기기 등의 위해성을 알고, 바르게 사용한다.</td></tr>
<tr><td rowspan="2">교통안전 규칙 지키기</td><td>교통안전 규칙을 안다.</td><td colspan="2">교통안전 규칙을 알고 지킨다.</td></tr>
<tr><td colspan="3">교통수단을 안전하게 이용한다.</td></tr>
<tr><td rowspan="2">비상 시 적절히 대처하기</td><td>학대, 성폭력, 실종, 유괴상황을 알고 도움을 요청한다.</td><td colspan="2">학대, 성폭력, 실종, 유괴상황 시 도움을 요청하는 방법을 알고 행동한다.</td></tr>
<tr><td>재난 및 사고 등 비상 시 적절하게 대처하는 방법을 안다.</td><td colspan="2">재난 및 사고 등 비상 시 적절하게 대처하는 방법을 알고 행동한다.</td></tr>
</table>

- 안전하게 놀이하기

'안전하게 놀이하기'는 실내 · 외 여러 가지 놀이기구나 놀잇감, 도구를 안전하게 사용하고, 안전한 장소에서 놀이하며, 전자 미디어를 안전하게 사용하는 데 필요한 지식, 기능, 태도를 형성하는 내용이다.

'놀이기구나 놀잇감, 도구를 안전하게 사용한다'는 유아에게 실내 · 외 놀이기구나 놀잇감, 도구의 안전한 사용법 및 규칙 등을 알려 주어 안전하게 놀이할 수 있도록 하는 내용이다. 실외 놀이터에서 놀 경우에는 모자나 끈 달린 옷을 입지 않거나 신발을 바로 신는 등 안전을 위해 갖추어야 할 복장도 포함한다.

교사는 유아에게 놀잇감이나 도구를 사용하기 전에 안전에 필요한 사항을 미리 알려 주고, 안전하게 사용할 수 있게 지도한다. '놀이기구나 놀잇감, 도구의 바른 사용법을 알고 안전하게 사용한다'는 유아에게 놀이기구나 놀잇감, 도구의 안전한 사용법을 알려 주는 것뿐만 아니라 생활 속에서 실천할 수 있게 하는 것이다. 교사는 유아에게 놀이기구나 놀잇감, 도구의 바른 사용법을 알려줄 뿐만 아니라 유아가 스스로 안전한 사용 규칙에 대해 의논하고 약속으로 정하며 이를 지켜서 놀이하도록 지도한다.

'안전한 놀이 장소를 안다'는 유아가 실내 · 외 놀이 장소에서 안전하게 놀이할 수 있도록 안전한 놀이 장소를 알고 안전하지 못한 곳과 구분할 수 있게 하는 내용이다. 유아가 안전하게 놀이하도록 하기 위해서는 안전사고 위험요인들이 미리 제거된 안전한 놀이공간과 시설을 제공하는 것이 중요하다.

'안전한 장소를 알고 안전하게 놀이한다'는 유아에게 안전한 놀이 장소를 알려주고 놀이하도록 하는 것에서 발전하여, 유아와 함께 실내 · 외에서 안전하고, 위험한 장소를 알고 구분하며, 질서를 지키는 등 안전하게 놀이할 수 있게 지도하는 내용이다. 유아에게 위험한 장소 및 그 이유에 대해 알아보고, 안전하게 놀이할 수 있는 규칙을 정한 후 스스로 지키면서 놀이하도록 한다.

'TV, 인터넷, 통신기기 등을 바르게 사용한다'는 유아에게 올바른 전자 미디어의 사용법을 알려주고 사용하도록 하는 내용이다. 유아에게는 정해진 시간에만 바른 자세로 앉아 사용하는 등 전자 미디어의 바른 사용법을 알고 생활 속에서 지킬 수 있도록 한다.

'TV, 인터넷, 통신기기 등의 위해성을 알고, 바르게 사용한다'는 전자 미디어의 순기능뿐 아니라 역기능에 대해 인식하고 이를 바탕으로 자기 조절능력을 가지고 올바르게 전자 미디어를 사용하도록 하는 내용이다. 전자 미디어 안전교육은 반드시 가정과 연계되어 이루어질 수 있도록 한다.

- 교통안전 규칙 지키기

'교통안전 규칙 지키기'는 유아가 교통안전 규칙의 중요성과 자동차 사고의 위험을 알고 사고의 위험으로부터 자신을 보호하기 위해 필요한 지식, 기능, 태도를 형성하는 내용이다.

'교통안전 규칙을 안다'는 유아에게 안전보행이나 도로횡단 등의 각종 교통안전 규칙을 알려주어 안전하게 생활할 수 있도록 하는 내용이다.

'교통안전 규칙을 알고 지킨다'는 교통 규칙을 알려주고 경험하도록 하는 것에서 나아가, 교통안전 규칙을 왜 지켜야 하는지, 지키지 않을 경우 어떤 일이 생기는지 등에 대해 알고 지키도록 하는 내용이다. 유아에게 교통안전 규칙에 대해 알아보고 실천하면서 평가해 볼 수 있는 경험을 제공하도록 한다. 또한 기본적인 교통 표지판에 대해 알아보고 그 의미를 알고 지키도록 한다.

'교통수단을 안전하게 이용한다'는 유아가 기본적인 교통수단의 안전한 이용방법에 대해 인식하고 실천하는 내용이다. 유아가 승용차, 버스, 지하철 등 실생활에서 경험할 수 있는 교통수단을 승차해 보는 경험을 제공하고, 그에 따른 안전수칙에 대해 알고 안전하게 이용하도록 한다. 유아가 일상생활에서 많이 이용하는 유치원이나 어린이집 통학 버스를 안전하게 이용하는 방법을 경험하는 것에서부터 시작할 수 있다.

- 비상 시 적절히 대처하기

'비상 시 적절히 대처하기'는 학대, 성폭력, 실종, 유괴상황과 재난 및 사고 등의 비상상황을 알고 적절하게 대처함으로써 자신을 보호하는 데 필요한 지식, 기능, 태도를 형성하는 내용이다.

'학대, 성폭력, 실종, 유괴상황을 알고 도움을 요청한다'는 유아에게 학대, 성폭력, 실종, 유괴상황의 가능성을 알려주고, 만약의 경우에 도움을 요청하도록 알려

주는 내용이다. 유아는 위험에 처해 있을 때 적절히 대처하는 방법을 알지 못하므로 교사나 주변의 믿을만한 성인에게 도움을 요청하는 방법을 알려준다.

'학대, 성폭력, 실종, 유괴상황 시 도움을 요청하는 방법을 알고 행동한다'는 유아가 학대, 성폭력, 실종, 유괴 발생 상황을 인식하고, 적절한 대처방법을 알아서 실천하도록 하는 내용이다. 영상물 홍보 자료, 방송이나 신문기사, 그림 자료, 동화 등을 통해 유아와 함께 왜 이런 상황이 생기는지, 이런 상황에서 어떻게 대처해야 하는지에 대해 의논하고, 의논한 대로 실천해 보도록 한다.

'재난 및 사고 등 비상 시 적절하게 대처하는 방법을 안다'는 유아에게 태풍, 홍수, 지진(해일), 화재, 폭염, 폭설, 한파, 방사능 등에 대비한 재난 대피방법 및 사고가 발생할 수 있는 위험한 상황을 알려주어 자신을 보호하도록 하는 내용이다. 이를 위해서는 비상 시에 대비하여 정기적으로 훈련을 실시해야 한다.

'재난 및 사고 등 비상 시 적절하게 대처하는 방법을 알고 행동한다'는 유아가 지속적이고 반복적인 대피훈련을 통해 위급한 상황에 처했을 때 당황하지 않고 적절히 대처하도록 하는 내용이다. 유아에게 실제 생활 속에서 발생하는 다양한 재난 및 사고 발생의 원인과 예방방법을 알아보고, 적절히 행동하는 방법을 익힐 수 있게 지도한다.

아동 건강교육 지도방법

1. 아동 건강교육 시 고려할 점
2. 건강교육 지도방법

1. 아동 건강교육 시 고려할 점

영유아교사가 일반적으로 유아 건강교육을 계획할 때 고려해야 할 점은 다음과 같다(이선경 · 고은님, 2009).

첫째, 건강교육 내용은 유아 발달에 적합하게 구성해야 하며, 발달단계에 따라 체계적으로 접근하고 연속성을 가지고 계획해야 한다.

예를 들어, 자기조절능력이 성숙했을 때 배변훈련을 실시하여야 한다. 준비되지 않았을 경우 잘못된 방식으로 습관을 익히게 되므로 주의를 기울여야 한다.

둘째, 건강교육은 연간의 계획하에 월간, 주간의 계획으로 구체화해야 한다.

채소와 과일 등 식물이 자라는 계절에는 몸에 좋은 음식과 연관된 활동을 포함하는 등 일상적 경험을 바탕으로 연중 흥미로운 활동이 계획되어야 한다.

셋째, 건강교육은 자연스럽게 일과 속에서 활동이 이루어지도록 계획해야 한다.

예를 들어, 정기검진이 있을 때, 사회에서 아동학대나 감염병이 발생했을 때, 집단 식중독 사고가 발생했을 경우 등의 상황을 적절히 활용한다.

넷째, 건강교육은 이야기 나누기, 동화 듣기, 간식 및 점심 시간, 극 놀이, 화장실 가기, 요리하기, 현장학습 등 다양한 영역별 활동을 통합하는 것이 효과적이다.

다른 영역과의 통합은 주제와 관련된 여러 상황이나 활동을 연관시켜 유아의 건강습관 형성과 실제 생활에 적용하는 데 유리하다.

다섯째, 건강교육은 감각적이고 구체적인 자료를 마련하여 유아가 직접 경험하고 활동할 수 있도록 계획되어야 한다.

책, 야외학습, 동영상, 교구, 역할놀이 코너의 관련 소품 등을 배치하며, 유아 자신과 관련된 실제적인 예를 바탕으로 활동을 진행할 때 더 큰 흥미와 호기심을 가지고 받아들일 수 있다.

여섯째, 건강교육은 유아교사가 의도를 가지고 구조화된 놀이나 학습활동으로 이루어질 수 있도록 한다.

일곱째, 건강교육은 활동 주제에 따라 흥미영역을 구성하여 자유선택활동으로 계획할 수 있다.

흥미영역은 계절, 주제, 행사 및 요구 등에 따라 재구성한다.

여덟째, 건강교육은 유아교육기관과 가정의 협력을 바탕으로 하며, 교육 목표와 내용, 접근에 일관성이 있어야 한다.

건강과 관련된 경험, 건강 습관, 건강관련 지식과 경험은 가정의 문화와 부모의 태도에 영향을 받기 때문이다.

아홉째, 건강교육은 지역사회의 자원을 통합하는 건강정책을 통해 치밀하게 계획되고 시행되어야 한다.

건강교육활동은 교사, 부모, 영양사, 정신건강 전문가, 특수 전문요원, 지역사회의 여러 다양한 자원이 참여할 때보다 효과적으로 이루어질 수 있다.

열째, 건강교육은 교과목을 통하여 분리된 내용을 배우는 것보다 평소에 경험하는 상황을 통해서 필요한 지식, 기술, 태도 등을 통합적으로 배우는 것이 더욱 효과적이다.

예를 들어, 음식을 주제로 하여 관련된 내용을 이야기 나누기, 실내・외 자유선택놀이, 노래 부르기, 동화 동시 감상, 현장학습, 게임 등의 활동을 통해 건강교육을 실시하는 것이다. 음식에 관한 구체적인 활동망의 예는 [그림 9-1]과 같다.

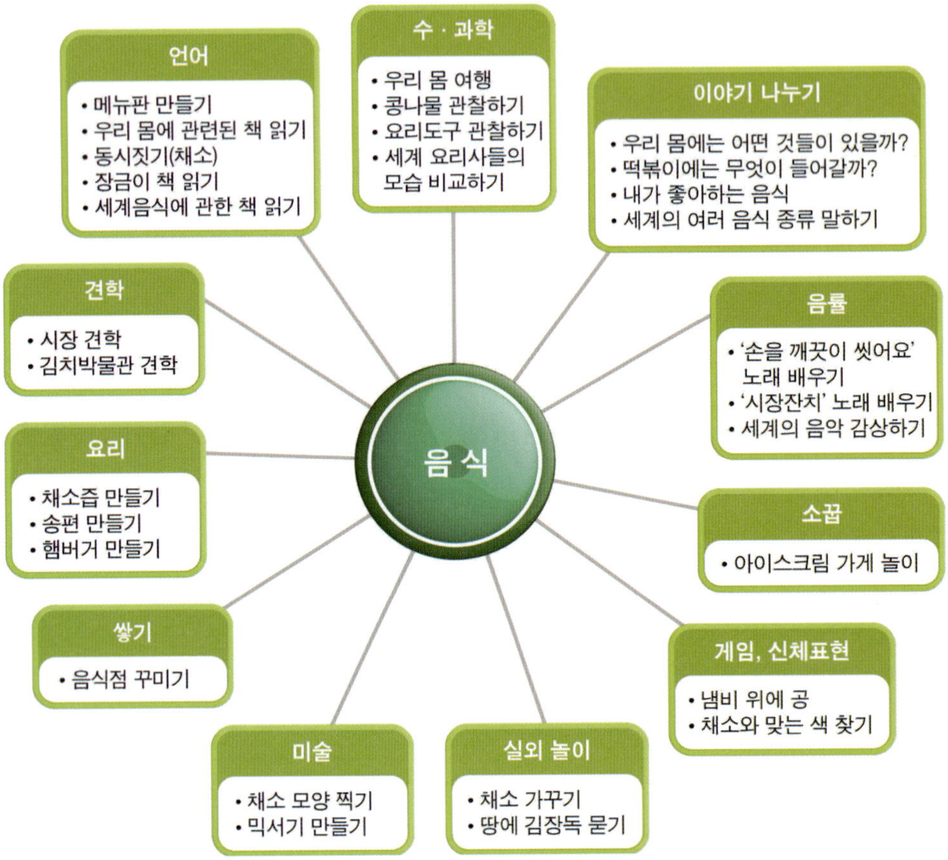

그림 9-1 음식에 관한 활동망

2. 건강교육 지도방법

1) 이야기 나누기

이야기 나누기는 교사와 유아가 함께 모여 하루의 일과 계획과 평가, 자신의 경험이나 생각을 서로 들려주고, 교실에서의 규칙 세우기, 특별한 주제에 대하여 설명 및 시연, 자유롭게 의견을 교환하고 토론하는 시간이다. 따라서 교사는 유아에게 건강에 관련된 주제나 개념에 대한 정보를 제공하도록 한다.

이야기 나누기 시간에 교사가 주의해야 할 점은 다음과 같다(임미혜 · 정정옥, 2014 재인용).

① 일정한 주제나 개념에 대한 정보를 제공함으로써 교사 주입식으로 영유아를 가르쳐야 한다는 생각을 버려야 한다.

② 영유아들과 나누고자 하는 이야기의 전체적인 흐름, 즉 도입, 전개, 마무리 과정이 체계적으로 정리되어 있어야 하며, 영유아들의 요구나 흥미 정도에 따라 이야기 나누기가 융통성 있게 진행되어야 한다.

- 영유아의 집중시간은 10분에서 30분 이내이기 때문에 학기 초, 어린 연령, 너무 덥거나 추운 날씨에는 이야기 나누기 시간을 조절한다.
- 흥미로운 전개를 위해 구체적이고 시청각적인 풍부한 자료(예: 실물, 그림, 사진, 슬라이드, 비디오, 인형 등)를 활용하도록 한다.

③ 주제에 따라 영유아들이 알고 있는 것이나 경험한 것을 먼저 이야기할 수 있도록 하고, 교사와 유아 간의 토의식, 상호 의견으로 교환한다. 발문을 할 때에는 영유아들의 사고를 확장시켜 줄 수 있는 좁은 범위의 발산적인 질문을 많이 하고, 그에 대해 영유아들이 충분히 생각할 시간을 준 후 대답하도록 한다.

- 교사는 영유아의 발달과 이해 수준을 고려하여 정확한 발음으로 천천히 이야기한다.
- 영유아들의 경험을 적절히 표현하도록 도와준다. 예를 들어, "빵을 먹고 배가 아팠어요."라고 이야기한 후 더 이상 표현하지 못할 경우에 교사는 "빵의 색이 변하지는 않았었니?" 등의 질문을 하여 경험과 느낌을 적절히 표현할 수 있도록 도와준다.

④ 발표할 기회를 모든 영유아들에게 골고루 주어서 대답을 잘 하는 일부 영유아를 중심으로 이야기 나누기가 진행되지 않도록 주의한다.

- 소극적인 영유아가 손을 든 경우 교사는 그 영유아에게 말할 수 있는 기회를 제공한다.

⑤ 진행하고 있는 주제와 상관없는 이야기를 하는 영유아가 있을 때에는 간단하게 인정해 주고 원래의 이야기를 계속한다.

– 이야기 나누기를 진행하는 데 방해를 하거나 집중하지 않는 행동을 할 때는 이야기 나누기 시간에 지켜야 할 규칙을 상기시키거나 영유아의 행동이 다른 사람에게 방해를 주는지에 관하여 이야기하여 스스로 자신의 행동을 조절 할 수 있게 한다.

〈표 9-1〉은 유아 흡연예방교육 내용 시 교사 발문의 예이다.

표 9-1 유아 흡연예방교육 내용 교사 발문의 예

목표 분류	교육내용	상호작용
지식	직접흡연 및 간접흡연의 유해성 알기	• 담배를 피우면 우리의 몸은 어떻게 될까? – 담배 속에 들어 있는 나쁜 성분 때문에 우리의 몸이 아프게 된단다. • 담배 연기 속에는 무엇이 있을까? – 니코틴과 타르, 일산화탄소 같이 우리 몸에 해로운 성분들이 들어 있단다. • 담배 연기를 마시면 우리의 몸은 어떻게 될까? – 담배를 피우지 않아도 담배 연기가 우리 몸속으로 들어오게 되면서 나쁜 성분들이 우리 몸을 아프게 한단다. • 담배 피우는 사람 옆에 있으면 어땠니? / 담배 연기가 나는 곳에 있을 때 어땠니? – 숨쉬기가 힘들었구나. 눈과 목도 따가웠구나. 담배를 피우지 않고, 담배 연기만 맡았는데도 몸이 불편했구나. 이런 것을 간접흡연이라고 한단다. • 사람들이 담배를 피웠던 방이나 장소에 가본 적이 있니? • 지금 담배를 피우고 있지 않지만, 담배를 피우고 온 사람 옆에 있으면 어떠니? • 왜 좋지 않은 냄새가 날까? / 왜 불편함을 느낄까? – 소파나 커튼, 벽지에 배어 있던 담배의 나쁜 성분들이 우리의 몸에 닿게 된단다. – 옷이나 머리에 배어 있던 담배의 나쁜 성분들이 우리가 숨을 쉴 때 냄새와 함께 우리 몸속으로 들어오게 된단다.
	간접흡연을 예방할 수 있는 방법 알기	• 담배 연기를 피할 수 있는 방법에는 어떤 것들이 있을까? – 담배를 피우는 사람과 떨어져 걸어가야 하겠구나. – 담배 연기를 피해 돌아가거나 길을 빨리 지나갈 수도 있겠구나. • 담배 연기가 있는 방이나 담배 냄새가 나는 장소에 가게 된다면 어떻게 할까? – 창문이나 문을 열어두어 담배 연기나 냄새가 빠져나가도록 할 수 있겠다. – 환기가 될 동안 밖에서 잠깐 기다렸다가 안으로 들어갈 수도 있겠구나.

목표 분류	교육내용	상호작용
태도	흡연예방에 대한 건강한 생활습관 형성하기	• 담배를 피우는 사람들은 왜 담배를 피우게 되었을까? - 담배는 어떤 것일까 궁금해서, 친구가 함께 피우자고 해서, 담배 피우는 모습이 멋있어 보여서와 같이 여러 이유로 사람들이 담배를 피웠다고 해. • 담배 피우는 사람들은 담배가 몸에 해롭다는 것을 알면서 왜 계속 피울까? - 우리 몸을 아프게 하는 담배의 성분에는 '니코틴'이 있는데, 니코틴은 사람들에게 계속 담배를 피고 싶은 마음이 들도록 한단다. 이것을 '중독'이라고 하고, 중독은 TV나 컴퓨터 게임처럼 하고 싶은 마음이 계속 생기게 하는 거란다. - 그래서 한 번 담배를 피우면 담배를 끊기가 힘들어진단다. • 나는 커서 어른이 되면 담배를 피우게 될까? • 담배를 피우지 않겠다고 생각하는 이유는 무엇이니? - 어른이 되었을 때도, 지금의 생각을 잘 기억해 두자.
	흡연과 흡연자에 대한 올바른 태도 갖기	• 담배를 피우는 사람을 본 적 있니? • 가족이나 아는 사람 중에 담배를 피우는 사람이 있니? • 담배를 피우는 사람에 대해 어떻게 생각하니? - 담배를 피우는 사람은 몸에 나쁜 담배를 피우고, 담배 연기도 내뿜지만 그렇다고 담배를 피우는 사람이 나쁜 사람은 아니란다. - 담배를 피우는 사람은 담배라는 끊기 어려운 위험한 물질에 중독된 사람, 도움이 필요한 사람이란다.
실천	간접흡연의 노출 피하기	• 담배 연기를 피하는 방법(담배를 피우는 사람과 떨어져 걷기, 옆을 빨리 지나가기, 손으로 코와 입을 막기 등)에는 무엇이 있을까? • 왜 금연 표시, 금연시설 표시를 붙여놓았을까? - 담배를 피지 않는 사람들이 담배 연기를 마시지 않도록 하기 위해, 이곳에서는 담배를 피울 수 없다는 것을 알려주기 위해 표시를 붙여 놓았단다. - 금연 표시, 금연시설 표시가 있는 곳에서는 간접흡연을 예방할 수 있단다.
	흡연자에게 금연 권유하기	• 담배를 피워서 아프거나 불편하게 된 몸(폐, 혈관, 치아, 얼굴 모습 등)은 다시 건강해질 수 있을까? / 어떻게 하면 다시 건강하게 할 수 있을까? - 금연을 하면 다시 건강해질 수 있단다. - 담배를 피우지 않는 것을 '금연'이라고 하는데, 금연을 하면 불편해진 몸이 더 나빠지지 않을 수 있고, 아픈 몸을 다시 건강하게 회복할 수도 있단다. • 담배를 피우는 사람들에게 금연을 알려줄 수 있는 방법에는 무엇이 있을까? - 담배 대신에 권유해 주고 싶은 것을 생각해 보자. - 가벼운 맨손체조하기, 심호흡하기, 물 마시기, 무가당 껌 씹기, 과일이나 야채, 견과류 등의 간식먹기 등이 금연을 하는 데 도움이 되는구나. - 우리도 금연을 하는 사람들을 도와 함께 체조도 하고, 과일과 채소로 간식을 만들어 먹을 수도 있겠구나.

출처: 조형숙 외(2010). 청소년 음주 · 흡연 예방인식 제고를 위한 유아용 교재개발 보고서. 여성가족부 청소년보호과.

2) 동화

동화는 유아교육기관에서 가장 손쉽고 다양한 방법으로 사용되는 문학의 한 분야로 유아들이 일상생활을 통해 가장 쉽게 접할 수 있는 활동이다. 식습관, 영양, 청결, 안전, 특히 성폭력 등 건강 관련 내용의 동화를 들려주면 건강의 실제 상황을 유아가 쉽게 인식할 수 있어 교육적인 효과를 얻을 수 있다. 건강교육에 활용할 수 있는 그림동화는 다음과 같다([그림 9-2]).

그림 9-2 건강교육용 그림동화

이러한 동화는 유아교사가 그림동화, 융판동화, 앞치마동화, 테이블동화, 자석동화, 막대동화 등 다양하게 제시하는 것이 좋다.

3) 동극

동극은 교사가 들려준 동화의 내용을 중심으로 유아들이 극화해 보는 활동으로 건강관련 동극을 하기 위해서는 적합한 동화를 선택하는 것이 중요하다. 동극용 동화는 여러 명의 인물이 등장하고, 기승전결이 있으며, 반복적이고, 짧은 언어로 재구성하기 용이한 내용인 것을 선택한다. 영유아가 어떤 역할을 맡아 활동하는 동안 또래 간에 언어나 행동으로 상호작용을 통해 사회성이 발달하고 건강 개념을 체득할 수 있다.

많이 먹으면 안돼요

활동 목표

- 찬 음식을 많이 먹으면 건강을 해칠 수 있다는 것을 알게 된다.

활동 자료

융판 그림(꿀꿀이의 아이스크림 가게), 동극 머리띠(꿀꿀이, 곰돌이, 야옹이, 토순이, 딸기맛 아이스크림, 수박맛 아이스크림, 바나나맛 아이스크림, 초콜릿맛 아이스크림, 코끼리 의사, 찡그린 꿀꿀이)

활동 방법

1) 여름철에 우리가 먹는 음식들에 대해 이야기 나눈다.
"우리가 더운 여름을 시원하게 보내기 위해 어떤 음식들을 먹을까?"

2) 동화 〈꿀꿀이의 아이스크림 가게〉를 들려준다.

3) 동극 준비를 한다.
"동극을 하려면 어떤 것이 필요할까?"
"무대를 어떻게 꾸미면 좋을까?"

4) 동극의 배역을 정한 뒤 각자 맡은 역할을 한다.

5) 관람한 느낌을 듣고 평가 한다.
"꿀꿀이에게 어떤 일이 벌어졌니?"
"너희들도 꿀꿀이처럼 아파본 적이 있니?"
"꿀꿀이처럼 아프지 않으려면 찬 음식을 어떻게 먹어야 할까?"

6) 동극이 끝난 후 자리를 정돈한다.

4) 동시

동시는 건강과 관련된 내용으로 선정하는 것이 좋다. 또한 의성어와 의태어를 포함한 운율이 있는 것으로 선정하는 것이 좋으며, 이때 영유아가 관심을 가질 수 있도록 지도한다. 동시 낭독에서 나아가 연령에 따라 의성어와 의태어의 사용을 다른 표현으로 바꾸기와 주제에 맞는 동시 짓기로 연계할 수 있다.

5) 게임

게임은 영유아가 정해진 규칙하에 집단으로 움직이거나 상호작용하는 기회를 제공하는 것이다. 이때 영유아는 또래와 상호작용을 하면서 적절하게 반응하는 방법을 경험한다. 이러한 경험을 통해 영유아는 건강에 대한 지식이나 기술 및 규칙의 중요성을 배울 수 있는 기회를 가질 수 있다.

이때 생활 주제와 관련된 건강관련 게임을 선택함으로써 건강에 대한 지식기술을 자연스럽게 교육할 수 있다. 따라서 교사는 영유아의 신체발달, 인지발달 등 발달단계에 적절한 게임을 선택해야 하며 영유아의 흥미, 요구, 환경, 안전 등을 고려하여 게임을 선택한다.

누가 빨리 도착할까요?

활동 목표

- 먹을 수 있는 것과 먹을 수 없는 것을 구분할 수 있다.
- 우리 몸에 해로운 음식을 먹지 않을 수 있다.

활동 자료

먹을 수 있는 그림과 먹을 수 없는 그림이 그려진 게임판, 주사위, 말

활동 방법

1) 게임방법을 소개한다.
   * 주사위를 던진다.
   * 주사위에 나온 수만큼 목적지로 향한다.
   * 말판 위에 먹을 수 없는 것(☠)이 나왔을 때는 뒤로 한 칸 물러난다.
   * 목적지에 먼저 도착한 사람이 이긴다.

(병원)

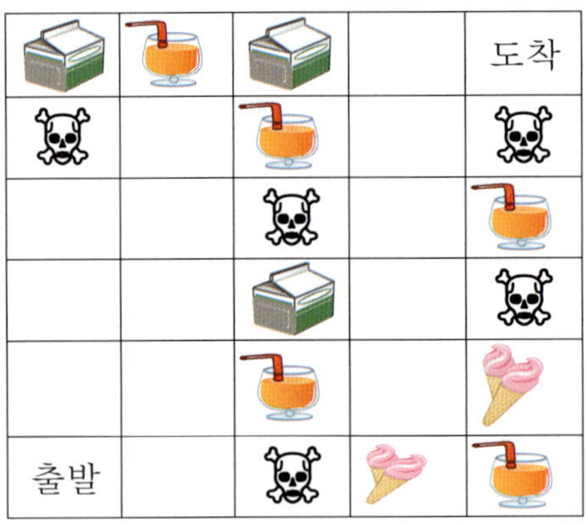

(집)

2) 게임을 진행한다.
3) 우리 몸에 해로운 것을 함부로 먹지 말아야 함을 이야기한다.
   – ☠ 모양으로 표시할 수 있는 것에는 무엇이 있는지 알아본다.

6) 새 노래

건강 관련된 주제의 동요를 익히는 새 노래 지도와 악기 다루기 등을 통해 건강 교육을 실시할 수 있다. 이때 새 노래 지도를 위한 노래 가사판, 피아노나 실로폰 등의 다양한 악기, 음원 등을 준비하여 지도할 때 사용한다.

금연송

행복한 모두를 위한 금연

작곡 차진현

콜록콜록 담배 연기 숨이 막혀요
눈이 빙글 코가 매워 나쁜 담배 연기
담배 피우지 마요 금연 건강을 함께 지켜요
행복한 모두 위해 금연 우리 함께해요

7) 신체표현

음악 감상 및 이야기에 맞춰 몸을 움직이고 멈추는 신체표현을 통해 건강교육을 실시할 수 있다. 신체표현의 경우 비이동 동작, 이동 동작, 조작적 동작 등으로 나누어 볼 수 있으며, 이러한 기본적인 신체표현을 바탕으로 건강에 관련한 동작을 표현할 수 있다. 또한 음악 감상을 통해 표현할 수 있는 다양한 소품 들을 준비하여 유아의 흥미를 증진시킬 필요가 있다. 이 외에도 다양한 악기를 탐색하고 노래에 맞추어 악기를 연주하는 방법으로도 교육이 이루어질 수 있다.

방귀타령

생활 주제 우리나라/세계 여러 나라

활동 영역 새 노래

건강 요소 개인의 건강

활동 목표
- 우리 몸의 소화과정을 통해 방귀가 생기는 원리를 안다.
- 방귀타령을 부르고 가사를 창의적으로 만든다.

5세 누리과정 관련 요소
- 신체운동·건강 > 건강하게 생활하기 > 바른 생활하기
- 예술경험 > 예술적 표현하기 > 통합적으로 표현하기
- 자연탐구 > 탐구하는 태도 기르기 > 호기심을 유지하고 확장하기

활동 자료

방귀 소리, 방귀요정 손 인형, 〈방귀타령〉 노래, 〈방귀타령〉 가사판

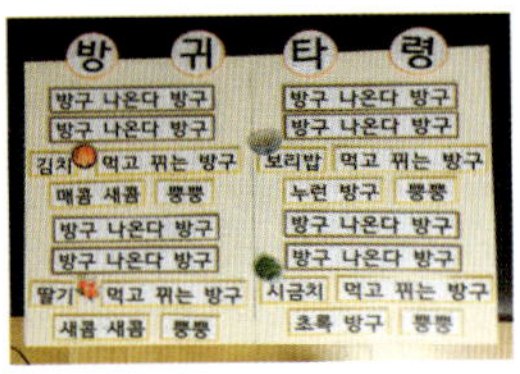

활동 방법

1) 방귀 소리를 들으며 방귀를 뀌거나 방귀 소리를 들은 경험에 대해 이야기 나눈다.
   - (방귀 소리를 듣고) 지금 무슨 소리가 나니?
   - 방귀를 뀌어본 적이 있니?
   - 방귀 소리가 어땠니?
   - 냄새는 어땠니?
2) '방귀요정'의 이야기를 듣고, 방귀가 생기는 원리를 알아본다.

(방귀요정 손 인형) 누리반 친구들 안녕~ 나는 방귀요정이야! 방귀가 어떻게 만들어지는지 궁금하다고? 내가 알려줄게. 잘 들어봐. 우리가 음식을 먹을 때, 공기도 같이 입 속으로 들어가. 우리 몸 안에서는 먹은 음식물을 잘게 쪼개고, 몸에 꼭 필요한 영양분을 빨아들이지. 그러고 나서 우리 몸에 있는 대장이라는 곳에서 소화되지 않은 찌꺼기를 대장에 사는 균들이 먹는대. 이때 부글부글 가스가 만들어지는 거야. 입으로 들어온 공기와 대장에서 생긴 가스가 항문(똥구멍)을 밀치고 나오는데, 괄약근이 부르르 떨리면서 뿡~~하고 방귀가 나오는 거야. 방귀가 어떻게 만들어지는지 이제 알겠니? 오늘 방귀에 대한 노래를 배운다던데 큰소리로 재미있게 불러줘~ 안녕~~

- 방귀는 어떻게 만들어지는 것일까?
- 얘들아, 이제 방귀가 어떻게 생기는지 잘 알겠니?
- 입으로 들어온 공기와 대장에서 만들어진 가스가 항문을 밀치고 나오면서 뿡~ 방귀가 나오는 것이지.
- 그런데 가스가 빠져나오지 못하고 배 속에 가득 차면 어떻게 될까?
- 압력 때문에 배가 아플 수도 있겠지. 얼굴이 노랗게 될 수도 있어.
- 방귀를 뀌어야 배가 아프지 않고 우리 몸이 건강할 수 있어.

3) 노랫말 판을 보며 〈방귀타령〉을 불러본다.
- 가사판을 보면서 노랫말을 살펴보자.
- 노랫말을 잘 생각하면서 노래를 다시 들어보자.
- 한 소절씩 듣고 따라 불러보자.

4) 전래동요 방귀타령의 노랫말을 바꾸어 불러본다.
- 이번에는 노랫말을 바꾸어 볼까?
- 어느 부분을 바꾸고 싶니?

5) 활동에 대한 생각과 느낌을 이야기 나눈다.
- 이 노래를 불러보니까 어땠니?
- 오늘 활동을 통해 알게 된 점이 있니?

활동 시 유의점

노랫말을 바꾸는 과정에서 유아의 창의적 표현을 격려한다.

활동 평가

1) 방귀가 생기는 원리를 알고, 방귀에 호기심을 가지는지 평가한다.
2) 노랫말을 만들 때 적극적으로 참여하는지 평가한다.

확장 활동

방귀를 그림으로 표현하기(미술활동)

8) 요리

요리활동은 유아로 하여금 음식에 대한 흥미와 관심을 유발함으로써 유아의 건강에 도움이 되는 활동이다. 유아는 요리활동을 통해 요리재료 탐색으로 다양한 질감이나 색감, 특유의 향을 경험하며 요리활동을 진행하는 과정에서 요리재료의 변화과정을 관찰할 수 있다. 또한 완성된 요리를 통해 유아가 편식을 하지 않고 골고루 먹을 수 있는 계기가 마련될 수 있다.

건강한 나물

생활 주제 식물과 동물

활동 영역 요리

건강 요소 영양

활동 목표
- 봄나물의 종류에 대해 알아본다.
- 친구들과 함께 봄나물을 요리해서 맛보고 맛에 대해 이야기해 본다.

4세 누리과정 관련 요소
- 신체운동 · 건강 > 건강하게 생활하기 > 바른 식생활하기
- 의사소통 > 말하기 > 느낌, 생각, 경험 말하기

활동 자료

나물(냉이, 달래), 앞치마, 사진 자료, 양념(맛소금, 참기름, 깨소금), 그릇, 일회용 장갑

활동 방법

1) 경험에 대해 이야기한다.
   - 우리 친구들이 보았던 식물 중에서 몸을 건강하게 해 주는 봄나물들이 있대.
   - 어떤 것이 있을까?
2) 나물의 종류와 효능에 대해 알아본다.
   - 냉이는 간을 튼튼하게 해 주고 눈을 밝게 해 준대.
   - 달래는 음식을 잘 먹지 못하거나 봄이 돼서 피로해지는 사람들에게 좋대.
   - 쑥은 피가 맑아지고 장이 튼튼해지고 주름이 생기는 걸 막아준대.
   - 두릅은 마음이 편안해지고 머리가 맑아지고 잠이 잘 온대.

3) **실제 나물을 만져보고 향도 맡아본다.**
- 선생님이 이 나물들 중에서 두 개의 나물을 가지고 와봤어. 한번 봐 볼까?
- 이 나물은 어떤 나물이었지?
- 그래 달래, 냉이였지. 우리 친구들이 아까 선생님이 이야기할 때 잘 들어주었구나.
- 달래를 만져보고 향을 맡아 볼 친구가 있니?

4) **나물을 요리해 보고 맛을 본다.**
- 오늘은 달래와 냉이로 즐거운 요리활동을 해 볼 거야.
- 어떤 재료가 들어가는지 알려준다(재료: 맛소금, 참기름, 깨소금, 냉이와 달래).
- 요리 순서도를 보고 활동방법에 대해 설명해 준다.

> • 그릇에 냉이와 달래를 넣는다.
> • 맛소금과 참기름을 조금만 뿌려준다.
> • 양념이 잘 섞이도록 조물조물 해 준다.
> • 마지막으로 깨소금을 넣어 한 번 더 조물조물 해 준다.
> • 다른 그릇에 완성된 나물을 옮긴다.

- 활동을 해 보기 전에 요리 시간에 지켜야 할 약속이 있어. 어떤 약속을 해야 할까?
- 앞치마를 하고 책상에 앉아보자.
- 선생님과 함께 일회용 장갑을 끼고 친구들과 같이 요리를 해 본다.
- 다 만들고 난 후 접시에 옮기고 맛을 본다.

5) **나물을 만들어 본 느낌과 맛은 어땠는지 이야기 나눈다.**
- 오늘 우리가 나물에 대해 알아보았는데, 맛은 어땠니?
- 달래와 냉이를 직접 요리해 보니까 어땠니?

활동 시 유의점

1) 위생관리가 청결하도록 일회용 장갑을 준비한다.
2) 옷에 묻지 않도록 앞치마를 준비하고 유아들이 장난치지 못하도록 주의시킨다.

활동 평가

1) 수업했던 나물에 대해 알고 있는지 평가한다.
2) 나물을 요리해 본 느낌과 맛에 대해 말하는지 평가한다.

확장 활동

미술활동을 통해 손가락을 찍어서 나물을 표현해 본다.

9) 현장학습

현장학습은 영유아가 보건소 또는 병원을 직접 방문하여 사람들이 병원에 오는 이유나 진찰 및 치료과정 등의 직접적인 관찰을 통해 건강을 유지하기 위해 해야 할 일들을 이해하고 체험할 수 있는 학습방식이다. 이를 통해 영유아는 건강에 필요한 지식, 가치, 태도, 기술 등을 형성할 수 있게 된다.

현장학습을 계획할 때 고려해야 할 점은 다음과 같다(서유미, 2008).

- 현장학습의 목적을 명확히 해야 한다.
- 교육내용과 교육활동을 보완해 줄 수 있는 적합한 장소를 선정해야 한다.
- 어떤 교통수단을 이용할 것인지를 결정하고 관계자와 의논해서 확정한다.
- 사전답사를 실시한다. 사전답사 시에는 직원에게 방문 목적, 방문 영유아의 나이, 영유아들이 하게 될 질문에 대한 설명, 안전성과 화장실 위치, 식수시설 등을 점검한다. 이외에도 도착시간, 진행될 활동의 소요시간, 출발지점 등을 확인하여 현장학습이 원활하게 이루어지도록 해야 한다. 현장학습 장소의 사진을 찍어서 미리 교실에 게시하면 영유아들의 현장학습에 대한 동기와 흥미를 높일 수 있다.
- 실제 현장학습과 연관된 사전활동을 실시한다. 현장학습을 하는 이유와 목표를 인식하게 하고, 현장학습 장소의 위치나 주의할 점에 대해 설명한다. 이야기나 토의를 통해 영유아들이 직접 질문할 목록을 작성해 보는 활동을 하거나 인터넷 등을 활용하여 현장에 관한 정보를 찾아보게 할 수 한다.
- 안전교육을 실시한다. 현장학습 시 영유아들이 해서는 지켜야 할 약속과 질서 등에 관해 토의해 보는 시간을 갖는다.
- 만약의 사태에 대비하여 구급약이나 여벌의 옷, 화장지, 여분의 간식 등을 준비한다.
- 현장학습 가기 일주일 전쯤 학부모에게 현장학습 안내서를 발송한다. 현장학습장소와 일시, 현장학습 목적과 내용, 유치원 도착시간, 부모자원봉사 신청

등에 대해 안내한다.

- 교사와 현장학습을 함께 갈 자원봉사자는 각각 역할을 분담하고, 맡은 역할을 숙지할 수 있도록 안내한다.

건강생활습관지도

1. 건강생활습관 형성의 원리
2. 지도 내용

영유아기는 삶을 살아가는 데 기본이 되는 생활 전반의 지식을 습득하고 기술을 익히는 시기이다. 영유아가 자신의 신체에 대해 긍정적으로 인식하고 돌보는 능력이 발달하도록 하기 위해서는 건강한 생활습관이 형성되어야 한다. 첫째, 적기에 영양공급이 이루어질 수 있도록 음식물을 섭취하는 습관이 필요하고, 둘째, 몸을 청결히 하는 습관, 셋째, 적당히 휴식하는 습관, 넷째, 적절한 운동습관이 필요하다.

여러 가지 좋은 습관을 형성하는 것은 영유아의 건강을 향상시킬 뿐 아니라 성인이 되어서까지 영유아가 좀 더 건강하게 살아갈 수 있기 때문에 중요하다고 할 수 있다. 이 장에서는 영유아가 건강한 생활습관을 형성할 수 있는 원리와 지도 내용에 대해 살펴보고자 한다.

1. 건강생활습관 형성의 원리

영유아기는 가소성이 풍부한 시기로 나쁜 습관이 고착화되기 전에 좋은 습관을 가질 수 있도록 지도해야 한다. 영유아를 위한 건강생활습관의 원리는 발달적 적합성에 기초하여 영유아 스스로 바람직한 수준에 도달하도록 도와야 하며, 올바른 생활습관이 형성되도록 반복적이고 지속적인 지도가 이루어져야 한다.

영유아에게 건강생활습관을 형성시켜주는 원리는 다음과 같다.

첫째, 교사의 모델링을 통한 교육을 실시한다.

모델링은 영유아로 하여금 교사의 교육 목표나 교육 내용과는 상관없이 이루어지는 것으로 기본적인 생활습관에 대한 좋은 모델링을 통해 영유아는 긍정적인 생활습관을 형성할 수 있다.

둘째, 영유아로 하여금 동기 유발을 통해 교육한다.

생활습관지도에 있어서 지식적으로 가르치기보다는 다양한 교수방법을 통해 영유아의 흥미가 충분히 고려되도록 한다. 영유아 스스로 좋은 습관을 형성하겠다는 동기가 유발될 때 건강한 생활습관 형성에 도움이 된다.

셋째, 생활습관지도에 대한 계획을 세운다.

영유아의 생활습관지도에 대한 계획을 세우고 운영할 때 영유아 관찰을 통해 습관지도에 필요한 내용을 계획하고 운영할 필요가 있다. 이때 교육 내용은 전인적 발달의 맥락에서 통합적으로 이루어져야 한다.

넷째, 영유아의 발달단계나 습관 형성의 시기를 충분히 고려한다.

영유아 개인이 지닌 능력이나 발달 정도가 다르므로 연령과 발달에 적합한 지도 및 개별 영유아의 발달상황, 필요한 생활습관을 형성하도록 도와줄 때 영유아는 성취감을 느끼게 되고 좋은 습관을 형성할 수 있다.

다섯째, 칭찬과 보상을 통해 반복적으로 지도한다.

영유아가 좋은 생활습관을 형성하는 방법은 일관성이 있어야 하며 반복적인 연습을 통해 이루어진다. 이때 영유아가 긍정적으로 행동하였을 때 칭찬이나 머리 쓰다듬어주기, 미소 짓기 등의 강화를 통해 바람직한 생활습관이 형성되는 데 강화될 수 있다.

여섯째, 시간을 두고 꾸준히 지도한다.

건강한 생활습관은 지속적인 교육이 필요하다. 좋은 습관은 하루 아침에 형성되는 것이 아니므로 교사나 부모는 서두르지 말고 끈기 있고 참을성 있게 인내하면서 지도한다.

2. 지도 내용

1) 청결습관

면역력이 충분하지 않은 영유아는 질병에 감염될 위험이 높으므로 깨끗한 환경을 유지하는 것이 필요하다. 특히, 자신의 몸을 청결히 하는 습관은 영유아의 건강과 매우 밀접한 관계가 있다. 영유아기에 길러주어야 할 청결습관은 양치질과 얼굴, 손, 발을 씻는 것, 목욕하는 것이다.

대부분 만 2세가 되면 스스로 손을 씻을 수 있고, 만 4세가 되면 스스로 양치질을 할 수 있으므로 영유아의 청결습관을 지도하기 위해서는 청결을 유지해야 하는 이유와 방법, 필요한 도구의 사용방법에 대해서 교육해야 한다. 지도방법에 따라 청결습관은 즐거운 일이 되기도 하고 귀찮아 하는 일이 되기도 하므로 영유아의 발달을 고려해서 매력적인 양치 컵, 칫솔, 유아용 치약·비누, 수건 등을 준비해 줄 필요가 있다. 이때 교사가 바른 모델링을 보인다면 보다 쉽게 청결습관을 기를 수 있을 것이다.

(1) 손 씻기

국내·외 연구에 따르면 손 씻기는 감염병 예방의 가장 기본이 되는 수단으로 감염병의 약 50~70%를 예방할 수 있는 것으로 나타났다([그림 10-1] 참조). 특히, 면역력이 약한 신생아를 둔 산모의 경우, 비누를 사용한 손 씻기로 신생아 사망률의 44%를 줄일 수 있으므로 손 씻는 것은 생활화할 필요가 있다.

영유아가 손을 깨끗이 씻는 습관을 형성하기 위해서는 우선 교사가 모델이 되어 항상 손을 청결히 유지하고 손을 씻는 모습을 보여 주며, 올바른 손 씻는 방법을 알려주고 일과생활 중에도 필요한 경우에는 손 씻는 시간을 마련해 주어 손 씻기 및 손 소독을 격려하여야 한다.

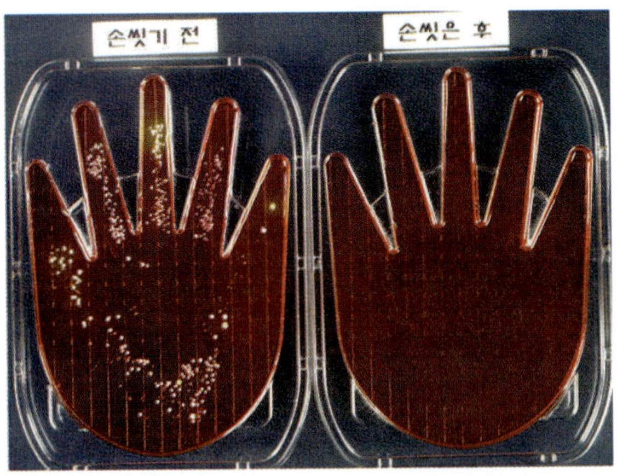

출처: KFDA 식품의약품안전처 식품의약품안전평가원.

그림 10-1 손 씻기 전과 손 씻은 후의 세균 증식의 차이

① 손 씻기로 예방할 수 있는 질환

손을 씻지 않았을 경우 우리 손에 주로 서식하는 균은 설사나 눈병을 일으키거나 여러 가지 병에 걸릴 수 있으므로 손을 꼭 씻어야 한다. 손 씻기로 예방할 수 있는 대표적인 질환은 [그림 10-2]와 같다.

그림 10-2 손 씻기로 예방할 수 있는 질환

- 설사성 질환

설사성 질환은 미숙아 사망에 이어 5세 미만 영유아의 사망원인 중 두 번째에 해당한다. 설사는 대개 물이나 배설물과 배설물에서 비롯된 병원균과 관련이 있다. 특히, 오염수를 마셨을 때, 배설물에 직·간접적으로 접촉하게 될 때 균에 감염될 수 있다.

• 급성 호흡기 감염

폐렴과 같은 급성 호흡기 감염 역시 대표적인 영유아 사망의 원인으로 꼽힌다. 올바른 손 씻기는 두 가지 측면에서 해당 질환의 감염률을 낮춘다. 첫 번째는 손이나 각종 접촉면의 호흡기 병원균을 제거하는 것이고, 두 번째는 호흡기 증상을 나타낼 수 있는 기타 병원균을 제거하는 것이다.

• 회충 및 피부 · 안구 감염

비누로 손을 씻는 것이 피부 질환과 트라코마와 같은 눈 감염 및 회충, 편충과 같은 기생충 감염률을 낮춘다.

② 연령별 손 씻어야 할 때는 간식이나 점심을 먹기 전, 요리활동하기 전, 화장실을 다녀온 후, 바깥놀이를 하거나 조형활동을 한 후, 상처를 만진 후에도 반드시 손을 씻어야 한다. 또한 재채기를 할 때 손으로 입을 가렸다면 꼭 손을 씻어야 한다. 연령에 따라 손 씻기 지도방법을 다르게 해야 한다.

- 1세: 교사나 성인이 세면대에서 영아의 손을 씻어 준다.
- 2세: 교사나 성인이 영아에게 "손을 씻자"라고 말하면, 혼자 손을 씻을 수도 있으므로 영아 스스로 할 수 있도록 적절한 높이의 세면대와 비누 등을 준비해 주고 옆에서 격려해 준다.
- 3세: 손을 왜 씻어야 하는지 이유를 설명해 주면 혼자서도 손을 잘 씻을 수 있게 된다. 올바른 손 씻기 방법을 그림이나 사진 등으로 준비하여 세면대 위에 부착한다.

출처: KFDA 식품의약품안전처 식품의약품안전평가원.

그림 10-3 올바른 손 씻기

손 씻은 후 수건으로 물기를 닦는다. 큰 수건을 여러 명이 함께 사용하는 것보다 가능하면 일회용 종이수건을 사용하는 것이 위생적이다.

(2) 이 닦기

치아는 엄마 배 속에서부터 형성되기 시작하여 임신 6주부터 치아의 싹이 자라기 시작한다. 유치(젖니)의 경우 임신 3개월경에는 유전치(앞니)가, 임신 4개월경에는 유구치(어금니)가 만들어지기 시작하며, 영구치의 경우 출생 전후에 만들어진다.

생후 6~7개월이 되면 아래 앞니부터 나며, 2년 6개월 정도면 좌우 5개씩 10개, 위아래 합해서 모두 20개의 유치가 나게 되고, 3년 정도면 유치 뿌리가 모두 완성된다. 영구치는 전부 32개인데, 보통 6세에 대구치(제1영구 대구치)가 처음 나기 시작하며, 이 치아는 앞으로 치주 모양의 기본이 되는 중요한 치아이므로 잘 관리해야 한다.

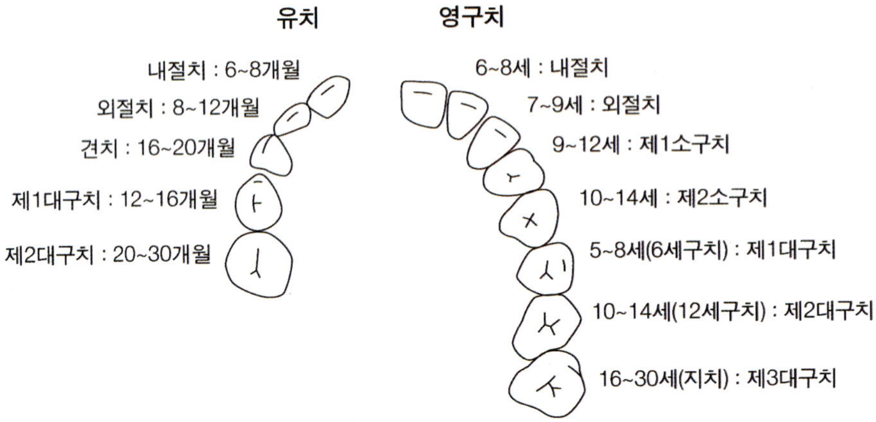

그림 10-4 유치와 영구치의 발생시기

치아는 음식물을 잘게 부수어 주어 충분한 영양을 섭취할 수 있도록 하는 중요한 역할을 하므로 건강한 치아를 갖기 위해서는 평소에 이를 잘 닦는 습관을 갖게 하여 충치가 생기지 않도록 예방하는 것이 가장 좋다.

① 연령별 구강관리

- 출생~24개월

영아기에는 치아가 완전하지 않기 때문에 목욕시킬 때 물에 적신 거즈로 잇몸을 골고루 마사지하여 입술과 잇몸 사이의 우유 찌꺼기를 없애주어야 잇몸이 건강해진다. 우유, 요구르트, 주스 등을 물려서 재우지 말고 영아가 우유병을 물고 잘 경우 우유병을 빼고 입 안을 젖은 거즈로 헹궈주는 것이 좋다.

약 6개월부터 유치가 나기 시작하므로 돌이 지나면 칫솔질을 하는 것이 좋다. 치약은 2~3세 전까지는 사용하지 않아도 무방하다.

- 만 2~6세

3세 정도에 20개의 완전한 젖니를 가지게 되므로 칫솔질에 익숙해지도록 한다. 칫솔은 손잡이가 직선이고 부드러운 강모와 편평한 솔 면에 강모는 적어도 3열을 가지며 두부는 작아야 한다. 이때 부모나 교사는 영유아가 좋아하는 색의 부드러운 칫솔과 어린이용 치약을 준비해 주고, 영유아들이 쉽게 이를 닦을 수 있도록 적절한 높이의 세면대를 준비해 주는 것이 좋다.

② 칫솔 고르는 방법

칫솔은 치아의 두세 개 정도 덮을 수 있는 크기의 머리에 솔이 너무 단단하거나 부드럽지 않은 것이 좋다.

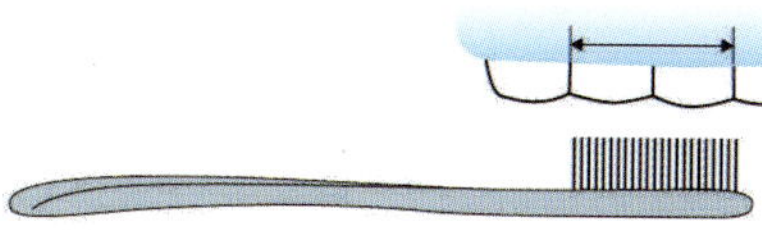

칫솔 머리의 크기는 치아 두세 개 정도가 적당하다.

칫솔모가 구부러진 칫솔은 새것으로 바꿔준다.

그림 10-5 칫솔 고르는 방법

③ 이 닦기

올바른 이 닦는 방법은 [그림 10-6]과 같다.

- 이와 잇몸이 접하는 곳에서 칫솔모를 45° 각도로 향하게 한다.
- 이와 잇몸이 접하는 곳에 칫솔모를 놓고 짧게 회전식으로 이의 안과 밖을 닦는다. 즉 윗니는 위에서 아래로, 아랫니는 아래에서 위로 손목을 돌려 칫솔의 탄력을 이용하여 털어내듯이 닦으며, 잇몸도 닦는다.
- 음식 씹는 면을 닦는다.
- 혓바닥을 닦는다.
- 이를 닦는 일정한 순서를 각자 정하여 따르도록 돕는다. 예를 들어, 오른쪽 윗니의 안쪽 면 → 오른쪽 윗니의 바깥쪽 면 → 왼쪽 → 양쪽의 씹는 표면 → 혓바닥과 같은 순서를 따를 수도 있다. 또는 영유아의 이는 크기가 작으므로 아래・윗니를 맞물리게 하고 바깥쪽 면을 닦은 뒤 이의 안쪽 면을 닦을 수 있다. 이때 바깥쪽 면의 이는 칫솔을 둥글게 돌려가며 닦도록 한다.

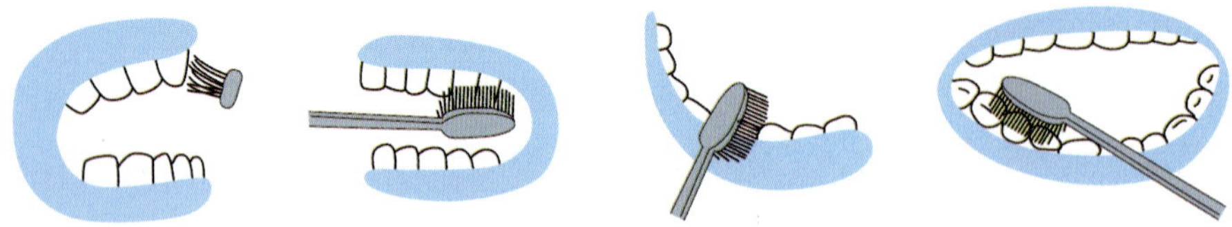

칫솔모를 45° 각도로 댄다. | 20번씩 작은 원을 그리며 닦는다. | 이의 안쪽은 훑어 내듯이 닦는다. | 어금니의 씹는 면은 앞뒤로 움직이며 닦는다.

그림 10-6 양치질하는 순서

(3) 세수 및 목욕습관

목욕은 피부를 청결히 할 뿐만 아니라 혈액 순환과 신진대사를 촉진하고 발육을 증진시키는 효과가 있으므로 비누와 물로 매일 몸을 씻어주면 세균 감염을 예방할 수 있다. 또한 목욕을 통해 영유아의 마음을 안정시킬 수 있으므로 규칙적으로 세수와 목욕습관을 길러줄 필요가 있다. 구체적인 지도방법은 다음과 같다.

- 외출에서 돌아온 후에는 반드시 샤워나 목욕을 하도록 한다.
- 비누 목욕은 7일(일주일)에 3회가 적당하다.
- 지나치게 뜨거운 물로 목욕을 하면 피부가 건조해지거나 손상을 입을 수 있으므로 주의해야 한다. 목욕물의 온도는 여름에는 38℃, 겨울에는 40℃ 정도가 적당하다. 팔꿈치를 담가 따뜻한 정도로 맞추면 된다.
- 목욕을 오래 시키면 영유아가 지칠 수 있으므로 적당한 목욕 시간은 샤워 5분 이내, 입욕은 10분 이내이다.
- 목욕할 때 씻는 순서는 발가락 → 다리 → 손 → 팔 → 등 → 배 → 목 순으로 한다.
- 식전이나 식사 직후에는 목욕을 삼가는 것이 좋고 식사 후 1시간 정도 지났을 때가 가장 적절하다.
- 목욕 후 3분 이내 물기가 마르기 전에 보습제를 적당량 발라준다.

2) 배변습관

인간의 기본 욕구 중의 하나는 배설의 욕구이다. 배설이라는 것은 인간의 원활한 신체 건강을 유지하는 동시에 정신적 건강에도 중요한 역할을 한다. 자신의 욕구와 마음을 언어로 잘 표현하지 못하는 영아들의 경우 더더욱 자신의 배설의 욕구를 올바르게 해결하거나 표현하지 못하고 그냥 실수해 버리는 경우가 많다.

대・소변훈련 시기는 대략 18~24개월 사이에 방광과 항문의 괄약근을 통제할 수 있는 생리적인 능력이 생길 때 시작하는 것이 좋다. 대・소변훈련을 너무 일찍 시키면 훈련 기간이 2배 이상 걸리고 영아가 불안과 좌절감을 겪게 돼 자신감이 없거나 강박적인 성격을 가지게 될 수 있다.

(1) 대・소변 가리기 준비 신호

배변학습을 위한 준비가 되었을 때 나타나는 영아의 행동은 다음과 같다(김민화・김근희・조경선・연혜민, 2011).

① 젖은 기저귀나 옷을 가리키거나 만지며 기저귀를 바꾸어달라는 의사를 표현한다.

② 소변을 보는 간격이 길어지며 밤 사이에 소변을 보지 않기도 한다.

③ 용변기의 용도를 알고 옷을 입은 채 자주 가서 앉는다.

④ 젖지 않은 바지나 기저귀, 용변기 사이의 관계를 이해한다(바지가 젖지 않으려면 변기에 용변을 해야 한다는 것을 이해).

⑤ 대・소변 관련 용어를 사용하고 화장실에 가고 싶다는 말을 한다.

⑥ 대・소변을 볼 때 스스로 적절한 자세로 서거나 변기에 앉아 있을 수 있다.

⑦ 용변의 의사가 있을 때 얼굴표정이 바뀌거나, 다리를 꼬거나 팔짝팔짝 뛰거나 끙끙거리는 등의 행동을 보인다.

⑧ 옷을 스스로 벗고 입는다.

(2) 배변훈련방법

영유아교사가 영유아에게 자연스럽게 대·소변훈련을 시킬 수 있도록 지도할 때 고려해야 할 점은 다음과 같다.

① 유아용 변기를 보여 주면서 용도를 설명해 준다([그림 10-7]).

② 배변훈련에 대한 예행연습을 한다.

③ 배변훈련은 일정한 사람이 일정한 시간에 일정한 장소에서 실시한다.

④ 영아가 처음 변기에 앉으면 다정하게 말을 걸어 긴장을 해소시킨다.

⑤ 변기에 앉아 5분이 지나도 변이 나오지 않으면 영아를 변기에서 내려주고 배변에 성공했을 때는 칭찬을 해 준다.

⑥ 영아가 변기에 앉는 것이 익숙해지면 변기를 가까운 곳에 놓아두고 혼자서 할 수 있게 한다.

⑦ 유아용 변기는 사용한 뒤 깨끗이 소독하는 것이 좋고 처음에는 방수팬티를 입히는 것이 용이하다.

그림 10-7 남아용 소변기와 유아용 변기

3) 수면습관

충분한 수면은 영유아가 건강하게 자라기 위해서 필수적이다. 잠이 부족해지면 졸리고 피곤해서 쉽게 지칠 수 있고, 기억력과 몸의 면역력이 떨어지기 때문에 잠을 제대로 자는 것은 매우 중요하다. 숙면을 취하는 동안 성장호르몬의 80%가 나오고, 심장박동이 자연스럽게 느려져 혈압이 10~20% 낮아지는 등 심장도 보호할 수 있게 된다.

영유아들의 수면시간은 개인차가 있으나 대체로 연령이 증가함에 따라 점점 줄어드는 것을 볼 수 있다. 미국 수면재단에서 제시하고 있는 연령별 권고 수면시간은 〈표 10-1〉과 같다(국민건강지식센터. http://hqcenter.snu.ac.kr).

표 10-1 연령별 권고 수면시간

연 령	잠자는 시간
0~3개월	14~17시간
4~11개월	12~15시간
1~2세	11~14시간
3~4세	10~13시간

이때 영아의 경우 오전·오후 1회씩, 유아의 경우는 오후 1회 1~2시간 정도의 낮잠을 자게 하는 것이 좋다. 낮잠은 휴식과 피로회복을 제공함과 동시에 영유아에게 필요한 하루 수면량을 충족시킨다. 그러나 자지 않으려고 하는 경우 지나친 강요를 하지 말고 잠 대신에 휴식을 취하도록 한다.

영유아에게 길러주어야 하는 수면습관은 일정한 시간에 잠자리에 들게 하고, 잠투정을 하지 않으며, 충분한 시간 동안 숙면을 하는 것이다.

유아교육기관에서 바람직한 영유아의 수면습관을 지도하기 위해 고려해야 할 점은 다음과 같다.

① 부모와의 긴밀한 연락을 통하여 영유아 개개인의 생활리듬이나 수면습관 또는 수면과 관계된 생활 경험을 파악한다.

② 영유아들이 편안하게 낮잠 잘 수 있도록 커튼이나 블라인드를 이용하여 실내를 조금 어둡게 하고 적절한 온도를 유지하며 바깥의 소음도 차단해 준다.
③ 영유아가 잠자리에 들 시간인지를 알게 하기 위하여 일과를 규칙적으로 진행한다.
④ 낮잠시간 직전 영유아들이 화장실에 다녀오도록 하고, 쉽게 잠이 들 수 있도록 조용한 음악을 틀어주거나 집에서 가져온 인형을 안고 자도록 허락한다.
⑤ 낮잠을 자지 않으려는 영유아에게 억지로 잠잘 것을 강요하지는 않는다.
⑥ 영유아들이 낮잠 자는 동안 한 명의 교사는 반드시 자리를 지키고 있어 갑작스러운 안전사고에 대비한다.
⑦ 낮잠을 자고 난 후에는 잠잔 이부자리를 정리하고 다음 활동을 할 수 있도록 도와준다.

4) 운동습관

영유아의 건강에 영향을 미치는 요소에는 여러 가지가 있지만, 직접적이고 중요한 요인 중 하나는 운동이라 할 수 있다. 적당한 신체활동은 체내 세포를 활성화시키고 혈액순환이 잘되게 하며 영양공급과 노폐물 배설이 잘되므로 인체의 기능을 유지하고 향상시킨다. 특히, 영유아기는 성장급등기로 생애단계 중 신체적으로 가장 빠른 속도로 성장과 발달이 이루어진다. 운동능력은 달리기, 구르기, 잡기, 뛰기 등과 같은 기본 움직임과 같은 운동기능이 발달하며 신장은 1년에 6~8cm씩 총 25~28cm 정도 성장하고, 신경계의 발달로 가장 왕성하게 이루어진다.

(1) 운동의 중요성

운동의 중요성은 다음과 같다(임미혜 · 황순각, 2005).

① 신체의 성장을 촉진한다

영유아에게 알맞은 운동은 발육을 촉진시키고 활발한 전신의 움직임을 유발하기 때문에 이를 반복함으로써 근 조직의 모세혈관을 발달시키고 나아가 골격이나 근육을 발달시킨다. 혈액순환이 좋아질 뿐만 아니라 심장, 폐, 소화기관 등의 작용도 활발해진다. 특히, 햇빛의 자극이 피부에 대한 자율신경의 적응성을 높임으로써 내장 기능의 조절력도 향상된다.

② 운동기능을 향상시킨다

영유아기는 뇌신경계의 발달이 가장 활발하게 이루어지는 시기이다. 운동기능은 뇌신경계의 지배하에 있기 때문에 영유아기에 다양한 운동경험을 통하여 운동신경계를 지배하는 중추신경계를 단련하는 것은 매우 중요한 일이다. 영유아기에 한 번 형성된 신경지배의 중추회로는 쉽게 소멸되지 않으며, 일반적으로 좋은 운동 소질을 가지고 있는 성인이나 운동선수들은 모두 어릴 때부터 다양한 운동놀이를 경험한 것으로 알려져 있다.

③ 안전에 대처하는 능력을 기른다

영유아들은 위험상황을 판단할 수 있는 지적 능력이 부족하면서도 매사에 호기심이 많아 잠시도 가만히 있지 않으므로 사고의 위험이 높다. 이러한 시기에 몸을 지탱하고 오래 버틸 수 있는 힘, 몸을 균형 있게 움직일 수 있는 힘 등을 길러 주어 사고의 위험에 스스로 대처하도록 도와주어야 한다. 또 여러 운동기구를 사용하고 자신의 신체를 조절하는 다양한 활동을 통해 자기 자신을 위험에서 지킬 수 있는 안전능력을 향상시킬 수 있게 된다.

④ 사회성발달을 도와준다

보통 2세경에는 놀이 상대가 한 명 정도였던 것이 3세가 되면서 다양한 사회적 행동이 요구되는 놀이집단이 형성되기 시작한다. 영유아들은 운동을 통하여 서로 지켜야 할 규칙을 지키면서, 서로 돕는 협동정신을 배워나가게 된다.

⑤ 정서발달을 도와준다

영유아들은 운동을 통하여 억압된 감정을 해소하고, 불안과 욕구불만에 대한 긴장을 완화시켜 나갈 수 있다. 또한 운동과정을 통하여 근력, 유연성, 민첩성, 지구력, 평형성, 협응력 등의 운동기능이 발달하여 부모나 친구의 도움 없이 혼자서 여러 가지 활동에 적극적으로 참여하게 되고 스스로 즐거움을 느낄 수 있다.

⑥ 인지발달을 도와준다

영유아들은 능동적으로 움직이는 동안 자신과 세계에 대한 정보를 얻고 움직임을 내면화하는 과정 속에서 많은 개념들을 이해하게 된다. 다양한 방법으로 반복적으로 운동을 하는 가운데 높이, 거리, 방향, 공간, 모양 등의 개념을 이해하고 학습될 수 있다.

(2) 운동습관지도 내용

바람직한 운동습관을 형성하기 위해 지도내용은 다음과 같다.

① 규칙적으로 운동할 수 있는 시간을 갖도록 한다

운동은 식사 후 바로 하는 것은 절대 금물이다. 이는 소화를 위해서 모든 장기가 매우 바쁘게 움직이고, 이를 위해 근육에서 필요로 하는 혈액이 부족 현상을 일으키기 때문이다. 또한 장에 들어가 있는 가스에 의해 심한 복통이 유발되거나 메스꺼움을 느끼게 한다. 최소한 2시간이 지나서 운동할 수 있도록 하루 일과를 계획한다.

② 발달수준에 맞는 스포츠 기구를 선택한다

- 스케이트 보드는 세웠을 때 코보다 낮아야 한다.
- 자전거는 몸에 맞아야 하고 안장에 앉았을 때 발이 땅에 닿는 것이 적당하다.
- 자신의 키보다 너무 높은 철봉에 매달리지 않는다.

③ 기구가 안전검사를 받은 제품인지를 확인한다

그림 10-8 KC인증 마크

참고로, KC인증제도는 기존의 국내 13개의 인증 마크를 통합된 인증제도로서, 공산품안전, 자율안전확인, 어린이보호포장, 승강기부품, 전기용품안전, 고압가스용 제품, 정보통신기기, 에너지소비효율등급, 정수기 품질검사, 안전, 가스용품, 계량기검정, 소방용품검정을 2011년도부터 국가표준기본법에 의해 하나의 마크로 통합하였다(http://www.kats.go.kr/kcmark).

④ 사전에 기구 사용법이나 운동방법에 대한 교육을 한다

〈오르기 기구〉

- 가로대를 양손으로 잡고 올라가기
- 다른 사람이 내려오는 방향으로 올라가지 않기
- 위에 있는 사람의 발을 잡거나 흔들지 않기
- 내려올 때는 아래를 잘 살피기
- 젖어 있는 기구에서는 놀지 않기

〈그네〉

- 완전히 정지한 후에 타고 내리기
- 줄을 양손으로 잡고 타며 그네가 움직이는 도중에 뛰어 내리지 않기
- 한가운데에 앉아서 타기

- 배를 깔고 엎드려서 타거나 서서 타지 않기
- 사슬을 꼬지 않기
- 다른 사람이 타고 있을 때 앞뒤로 지나가지 않기

〈인라인 스케이트, 롤러스케이트, 스케이트보드, 킥보드〉

- 차가 다니지 않는 안전한 공터나 공원에서 타기
- 길을 건너거나 계단을 오르내릴 때는 벗기
- 손에 물건을 들고 타지 않기
- 새벽이나 저녁에 타지 않기

〈스키, 스노우보드〉

- 능력에 맞추어 슬로프의 난이도를 결정하여 타기
- 다른 사람과 같은 방향으로 타기
- 앞 사람과 적절한 거리를 유지하기
- 경주하지 않기

〈자전거〉

- 핸들을 양손으로 잡고 바른 자세로 타기
- 자전거 전용도로에서 타기
- 거리에서 타야 할 경우 차량의 흐름과 같은 방향으로 타며 교통 신호 지키기
- 보도와 차도의 구별이 없는 도로에서는 우측통행하기
- 내리막길에서는 가속되어 위험하므로 내려서 걷기
- 자전거 뒤에 사람을 태우지 않기

바퀴달린 놀이기구를 안전하게 사용하는 방법은 [그림 10-9], [그림 10-10]과 같다.

그림 10-9 바퀴달린 놀이기구 안전하게 이용하기-1

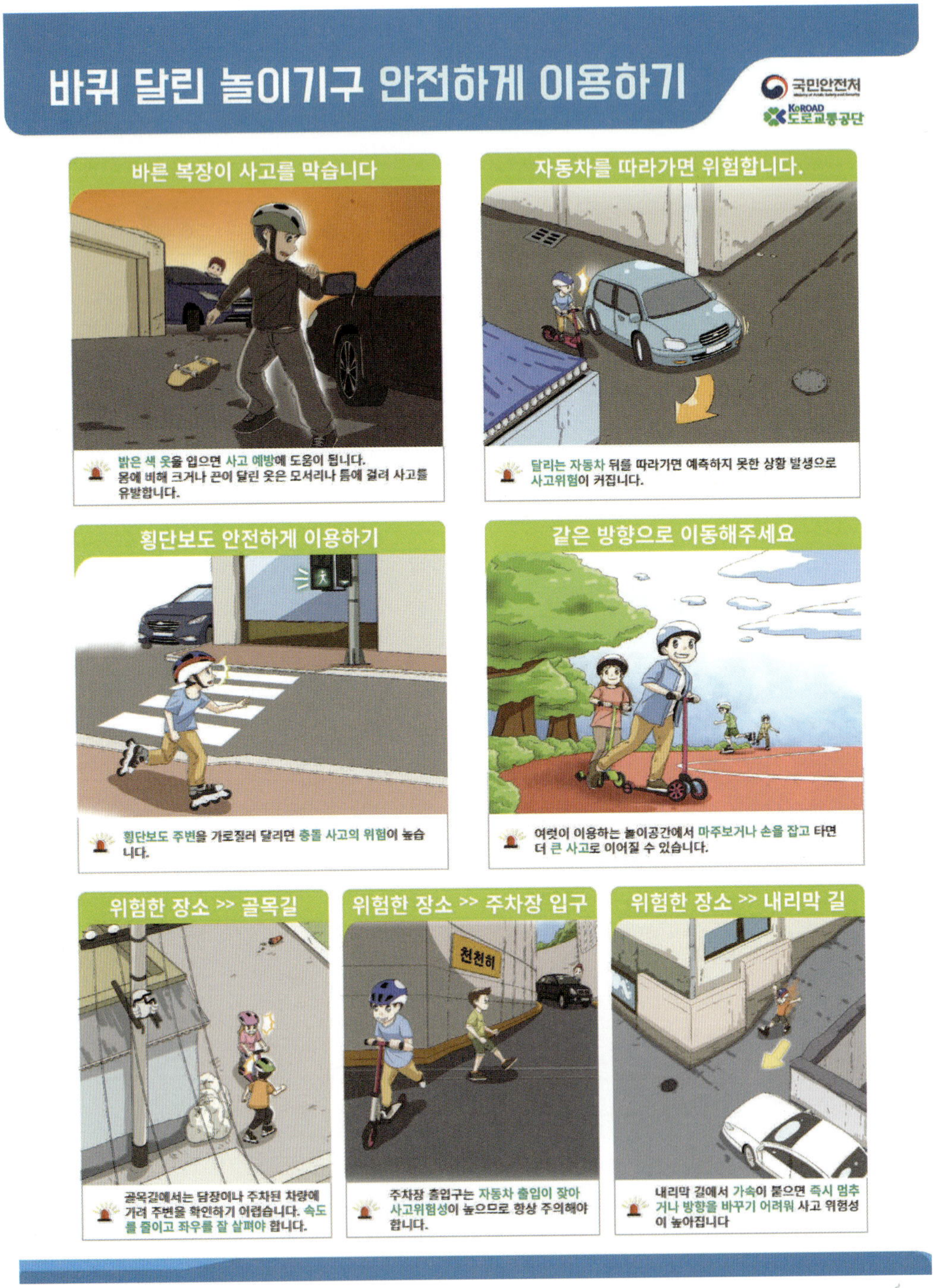

출처: 어린이 안전넷(https://www.isafe.go.kr).

그림 10-10 바퀴달린 놀이기구 안전하게 이용하기-2

⑤ 안전 보호장구를 반드시 착용한다(안전모, 장갑, 무릎 보호대, 신발 등).

2 법칙
안전모와 눈썹 사이의 공간은 손가락 두 개가 들어갈 공간만 남기고 이마가 덮이도록 착용한다.

4 법칙
귀 아래에서 손가락으로 V자 모양을 만들어 손가락과 안전모의 끈이 포개지도록 한다.

1 법칙
버클은 '딱' 소리가 나도록 잠근 뒤, 안전모의 끈과 턱 사이의 공간은 손가락 한 개가 들어갈 정도의 공간만 남기고 끈을 잘 조여준다.

출처: 세이프키즈코리아(www.safekids.or.kr)

그림 10-11 안전모 착용법

PART 4

질병관리와 응급처치

감염병 관리

1. 감염병 질환
2. 감염병 확산 방지를 위한 조치사항
3. 감염병 관리

감염병(전염병)이란 병원성 미생물이나 그 독성 산물에 감염된 사람과의 직·간접적인 접촉 혹은 주위 환경에서 기생동물의 중간 숙주나 보균자 또는 무생물과의 접촉에 의하여 전염되는 질환을 말한다. 많은 영유아 및 성인과 집단생활을 하는 영유아는 감염성 병원균에 노출될 가능성이 높다. 따라서 유아교육기관에서는 감염성 질병의 예방과 관리에 세심한 주의를 기울여야만 한다.

특히 영유아에게 쉽게 발생하는 수두, 수족구 등은 전염성이 강하여 유아교육기관에서 쉽게 번지는 경향이 있다. 이에 유아교사는 보호자와 협조하여 집에서 휴식을 취한 뒤 완치 후에 등원을 할 수 있도록 조치해야 한다.

이 장에서는 감염병 질환, 감염병 확산 방지를 위한 조치사항, 감염병 관리에 대해 살펴보고자 한다.

1. 감염병 질환

1) 수족구병

수족구병이란 열이 나면서 손과 발, 입안에 물집이 생기는 병으로, 4월 말부터 증가해 5월부터 7월에 가장 많이 발생한다. 원인균은 콕사키 바이러스로, 주로 환자에게 비말감염(보균자가 기침이나 재채기, 또는 말을 할 때 튀어 나오는 작은 침방울 속에 병원균이 포함되어 감염됨), 때로는 분변 등에서 경구감염된다. 합병증은 흔하지 않지만 발열, 두통, 경부(목) 강직 증상 등을 나타내는 무균성 뇌수막염이나 드물게 뇌간 뇌척수염, 신경인성 폐부종, 폐출혈, 쇼크 등이 나타날 수 있다.

2) 유행성 감기

유아가 온몸에 열이 나고 짜증을 내며 칭얼댄다면 감기를 의심해 봐야 한다. 실내외 온도차가 심하면 기온 변화에 적응하지 못해 감기에 걸릴 위험이 높다. 때로 감기 바이러스는 장까지 침범하는 경우가 많아 열이 떨어지면서 묽은 변을 보기도 한다.

열이 높을 때는 신속하게 병원을 방문해야 한다. 그 이유는 뇌수막염 초기 증상과 흡사하기 때문이다. 처음에는 열만 나다가 며칠 후 두통, 구토, 의식장애, 경련 등의 증상이 발생하면 유행성 감기가 아니라 바이러스성 뇌수막염일 가능성이 있다.

3) 수두

5~9세 어린이들에게 걸리기 쉬운 수두는 늦가을과 초봄에 주로 발생한다. 원인은 헤르페스 바이러스(herpes virus)의 일종인 수두-대상포진(varicella-zoster) 바이러스이다. 수두에 감염된 환자와 같은 곳에서 생활하면 면역이 없는 이상 거의 100% 감염된다.

수두의 증상은 2~3주간의 잠복기 이후 미열, 두통, 근육통이 유발되는 동시에 온 몸에 피부발진이 나타난다. 피부발진은 작은 점 크기로 피부가 오톨도톨 솟아나는 것부터 시작되어 물집으로 변했다가 딱지(가피)가 생기는데 이 과정이 빠르게 진행된다. 가피는 중심부에서 형성되며 5~20일째 떨어진다.

2005년부터 기본접종에 포함된 수두는 예방접종으로 예방할 수 있으며, 한 번 걸리면 평생 면역이 된다.

4) 아폴로 눈병(급성출혈성각결막염)

아폴로 눈병은 감염력이 강하여 빠르게는 8시간 만에 증상이 나타날 수 있다. 증상으로는 갑자기 눈이 빨갛게 변하고 눈곱이 끼고 눈의 흰자에 출혈이 생기고 눈물이 나며 눈꺼풀이 붓고 통증까지 생긴다. 심한 경우 눈앞이 흐려지기도 하고 온몸이 아프기도 하지만 대개는 1주일이 지나면 회복된다.

눈이 빨갛게 변했다고 우선 안약을 넣고 병원을 찾는 것은 금물이다. 이는 초기 진단이 힘들어지고 오히려 바이러스를 퍼뜨릴 위험이 있기 때문이다.

5) 홍역

홍역은 바이러스에 의한 질병으로, 5~10세 어린이에게 흔히 발병한다. 원인은 환자의 코와 입을 통한 분비물에 직접 접촉하거나 재채기를 통해 공기 중에 산포되어 있다가 공기를 통해 감염되거나 직접 분비물이 묻은 물체를 통하여 감염된다.

대개 3~4일간 가벼운 발열(38℃ 정도), 재채기, 콧물, 기침, 눈곱이 나타나고 입안이나 뺨에 홍역의 특징인 코플릭 반점이 나타나기 시작한다. 반점이 나타난 후 1~2일이 지나면 발진이 시작되는데, 처음에는 이마와 귀 뒤부터 시작하여 얼굴, 목, 팔, 몸통 상부로 급속히 퍼진다.

발진이 나타난 후 2~3일째 증상이 가장 심하여 39℃ 이상의 고열이 나기도 한다.

6) 간염

간염은 A형, B형 간염바이러스, 기타 여러 가지 바이러스 균에 의해 발생하며, 감염된 배설물, 보균자, 감염된 음식물에 직·간접 접촉으로 전염된다.

A형 간염은 주로 2~3세의 영유아에게 많이 나타나는데, 특히 5~6월 중에 높은 발생률을 보인다. 발열, 쇠약감, 소화 장애 등 감기와 비슷한 증세가 나타나다가 경우에 따라 황달 증상, 가려움증, 정신적 우울상태, 식욕부진, 복통 등의 증세가 나타난다. 그러나 아동의 경우 설사나 드물게 호흡기계 증상이 나타나기도 하나 5세 이하의 영유아 50~90%가 무증상이다.

A형 간염 예방을 위해서는 끓인 물을 마시거나 충분히 익힌 음식을 섭취하도록 한다. A형 간염 바이러스는 85℃ 이상에서 가열하면 사라지기 때문이다. 또한 외

출 후에 손발을 씻는 것은 물론, 개인위생이 청결해야 예방할 수 있다.

A형 간염 예방접종은 '어린이 국가예방접종 지원사업'에 따라 2015년 5월 1일부터 무료로 실시하고 있다

7) 식중독

식중독은 '식품 섭취로 인하여 인체에 유해한 미생물 또는 유독물질에 의하여 발생하였거나 발생한 것으로 판단되는 감염성 질환 또는 독소형 질환'(「식품위생법」 제2조 제14항)이다. 안전하지 못한 음식을 먹었을 때 복통, 구토, 설사, 발열 등의 증상이 나타나며 심하면 사망에 이를 수도 있는 질병이다. 요즈음은 계절과 상관없이 또 육류 및 생선, 채소와 과일 등 모든 식품에 의해 식중독이 발생하기 때문에 영유아에게 제공되는 모든 식품은 철저하게 주의하여야 한다.

영유아가 식중독에 걸리지 않기 위해서 주의할 점은 다음과 같다.

- 음식을 먹기 전에 유통기한과 포장상태를 확인한다.
- 날것으로 먹기보다는 가열한 음식을 먹는다.
- 냄새가 나거나 위생상태가 좋지 않은 음식은 먹지 않는다.
- 식품을 냉장고에 오랫동안 보관하지 않는다.
- 신기하거나 이상한 음식은 먹지 않는다.
- 음식을 먹기 전 항상 비누로 손을 깨끗하게 씻는다.

이에 식품의약품안전처(www.mfds.go.kr)에서는 [그림 11-1]과 같이 식중독 예방 3대 요령을 제시하고 있다.

- **손 씻기** : 손은 30초 이상 세정제(비누 등)를 사용하여 손가락, 손등까지 깨끗이 씻고 흐르는 물로 헹구세요.
- **익혀먹기** : 음식물은 속까지 충분히 익혀 드세요(중심부 온도가 75℃(어패류는 85℃), 1분 이상).
- **끓여먹기** : 물은 끓여서 마셔야 해요.

출처: 식품의약품안전처 www.mfds.go.kr

그림 11-1 식중독 예방 3대 요령

손 씻는 올바른 방법을 살펴보면 [그림 11-2]와 같다.

출처: 질병관리본부

그림 11-2 손 씻는 방법

영유아에게 자주 발생하는 감염성 질환의 종류와 증상을 정리하면 〈표 11-1〉과 같다.

표 11-1 감염성 질환의 종류와 증상

종류	증상
수족구	• 발열, 식욕부진, 인후통으로 시작 • 열이 나기 시작한 1~2일 후 구강 통증성 피부병변이 혀, 잇몸, 뺨의 안쪽에서 발생 • 작고 붉은 반점으로 시작하여 물집, 궤양으로 발전하며, 가려움이 없는 피부발진이 손바닥, 발바닥에 나타남 • 잠복기: 수일~수주
독감	• 38℃ 이상의 전신 증상(갑작스러운 고열, 두통, 근육통, 피로감)과 호흡기 증상(기침, 인후통, 가래 등) • 잠복기: 수일~수주
수두	• 발진 발생 1~2일 전부터 권태감, 미열 등반, 24시간 내에 반점, 구진, 수포, 농포, 딱지의 순으로 발생 • 발진은 몸통, 두피, 얼굴에 발생하고 매우 가려움 • 잠복기: 수일~수주
볼거리(유행성이하선염)	• 발열, 두통, 근육통, 구토 등 증상을 보이다가 귀밑샘, 턱밑샘, 혀밑샘 등에 염증 발생 • 잠복기: 수일~수주
홍역	• 발열, 기침, 콧물, 결막염, 구강 내 병변, 이후 홍반성 발진이 목 뒤, 귀 아래에서 시작하여 몸통, 팔다리 순서로 퍼짐 • 발진은 3일 이상 지속 • 잠복기: 수일~수주
뇌염	• 두통, 발열, 오한, 구토, 의식저하, 혼미, 시력저하, 간질 발작 등

출처: 어린이집 안전공제회(2016). 건강 · 환경 · 안전 · 급식. p. 19.

2. 감염병 확산 방지를 위한 조치사항

각 유아교육기관에서는 식중독 및 감염병 확산 방지를 위해 우선 영유아의 보호자에게 가정통신문 등을 통해 영유아에게 자주 발생하는 감염병 질환의 예방 및 관리에 관한 일반적 정보를 제공한다(「영유아보육법」 제32조(치료 및 예방조치)(보건복지부, 2017). 〈표 11-2〉는 수두 예방접종 안내 가정통신문의 예이다.

표 11-2 가정통신문 예시

수두 유행에 대한 가정통신문

부모님, 안녕하십니까? 최근 우리 원에서 수두 유행이 발생하여 이에 관하여 알려 드리니 수두 예방 및 전파차단에 협조하여 주시기 바랍니다.

• 수두란?

수두는 전염성이 아주 강한 바이러스성 질환으로, 환자가 기침이나 재채기를 할 때 나오는 호흡기 분비물을 통해 전파되거나 환자의 피부병변과의 직접적인 접촉을 통해 전염될 수 있습니다. 수두 환자와 접촉 후 수두 발생까지는 10~21일 정도가 걸릴 수 있습니다. 수두의 증상은 처음에는 감기와 비슷한 증세로 1~2일간 발열과 피로감을 호소합니다. 발진은 얼굴에서부터 몸통과 팔다리로 퍼지는데 일반적으로 가려움을 동반하고 물집의 형태에서 농포로 바뀌고 차츰 가피(딱지)가 생기게 됩니다. 대부분의 건강한 아이들은 합병증없이 회복됩니다.

수두는 모든 피부병변에 가피(딱지)가 생길 때까지, 혹은 24시간 동안 새로운 피부병변이 생기지 않을 때까지 전염력이 있으며, 이 기간 동안에는 등원을 하지 않아야 합니다. 대부분의 영유아들이 수두 예방접종을 받았지만 수두 예방접종 후에도 일부의 영유아들은 수두에 감염될 수 있습니다. 예방접종을 받은 아이들이 수두에 걸릴 경우 증상이 심하지 않으며 피부병변의 수도 적고 짧게 앓고 지나가는 경우가 대부분입니다.

• 수두 예방접종의 중요성

귀댁의 자녀가 수두 예방접종을 받은 적이 없고 수두를 앓은 적이 없는 경우 의사와 상의하여 수두 예방접종을 받도록 합니다. 수두 환자와 접촉한 후에도 3일 안에 예방접종을 할 경우 90% 이상 발병을 예방할 수 있으며, 발병하여도 증상 완화 효과가 있습니다.

• 자녀가 수두에 걸렸거나 의심될 경우

1. 의사의 진찰을 받고 가족 중 예방접종이 필요한 사람이 있는지 의사와 상의합니다.
2. 담임선생님에게 자녀가 수두에 걸렸음을 알립니다.
3. 수두 예방접종력이 없고 수두에 걸린 적이 없는 사람과 접촉하지 않도록 하며 모든 피부병변에 가피가 생길 때까지(혹은 24시간 동안 새로운 피부병변이 생기지 않을 때까지) 등원을 하지 않고 집에 있도록 합니다.
4. 모든 피부병변과 상처는 깨끗이 관리하고 2차 감염이 되지 않도록 주의합니다.
5. 가족 중 면역기능이 저하된 사람이나 임신부가 있을 경우 즉시 의사와 상의하도록 합니다.

○○○○년 ○○월 ○○일

○○○어린이집 원장

출처: 보건복지부. 2017년도 부모모니터링단 운영매뉴얼. p. 40.

3. 감염병 관리

1) 감염병 예방

감염병을 예방하기 위해서는 미생물 병원성을 제거하거나 약하게 하여 인체에 주사 또는 접종함으로써 특정 질병에 대해 면역력을 갖도록 하는 예방접종이 최선책이다. 만약 특정 질환이 오늘날 잘 발생하지 않는다고 하여 예방접종을 하지 않는다면 사라졌던 감염병들이 재출현하게 되고 잘 관리되고 있던 질병들이 대유행하여 특히 면역력이 취약한 영유아들이 감염되거나 사망할 수 있는 위험이 초래될 수 있다.

감염병을 예방하는 가장 좋은 방법은 시기에 알맞은 예방접종이다. 그밖에도 손 깨끗이 씻기, 물 끓여 마시기, 익히지 않은 식품 먹지 않기, 실내 공기를 맑게 유지하기, 전염병이 유행하는 시기에 사람이 많은 곳에 가지 않기 등이다.

(1) 예방접종

예방접종은 국가필수예방접종과 기타 예방접종이 있다. 국가필수예방접종은 국가가 권장하는 예방접종으로 결핵, B형 간염, 디프테리아, 백일해, 파상풍, 폴리오(소아마비), 홍역, 유행성이하선염, 풍진 등이다.

2009년 3월부터는 아동 예방접종률을 향상시키고 육아의 부담을 덜어주고자 필수예방접종 지원사업이 전국의 만 12세 이하 아동을 지원 대상으로 시행되고 있다. 현재 우리나라에서 무료접종 대상 백신은 〈표 11-3〉과 같다.

기타 예방접종은 국가필수예방접종 외의 민간 의료기관에서 접종 가능한 예방접종을 말한다. 즉, 보건복지부장관이 대상과 시기를 정해서 보건사업으로 실시하는 것으로 일본뇌염, 장티푸스, 인플루엔자, 유행성출혈열(신증후군출혈열) 등이다. 그러나 유행성출혈열 예방접종은 소아에게는 권장하지 않는다.

표 11-3 우리나라에서 무료접종 대상 백신(2015년 기준)

- BCG(피내용) • B형 간염 • DPaP(디프테리아/백일해/파상풍) • IPV(폴리오)
- DTaP – IPV(디프테리아/백일해/파상풍/폴리오) • MMR(홍역/유행성이하선염/풍진)
- 수두 • 일본뇌염(사백신) • 일본뇌염(생백신) • Td(파상풍/디프테리아)
- Tdap(파상풍/디프테리아/백일해) • Hib(b형 헤모필루스 인플루엔자) • 폐렴구균(PCV)
- A형 간염

출처: 질병관리본부 예방접종도우미(http://www.nip.cdc.go.kr); 임미혜 · 이혜정(2017). 아동건강교육. p. 50.

① 간염 예방접종

B형 간염은 전염보균자의 혈액이나 수혈, 오염된 주삿바늘, 면도기, 식기나 수건을 통해 전염되며, 출산과정이나 모유를 통해 어머니에게서 전염되기도 한다. 증상이 없는 무증상의 감염에서부터 황달이 심하고 전격적으로 악화되어 사망에 이르는 경우까지 있다. 불쾌감, 무력감, 근육신경통, 관절염, 전신피로, 식욕감퇴, 구토, 콧물, 인후통, 설사, 변비, 발열을 동반한다.

B형 간염 접종은 영아의 상태나 백신 제품에 따라 접종 시기가 다를 수 있으므로 청소년과 의사와 상의하여 실시하는 것이 좋다. 일반적으로 B형 간염은 출생하자마자 예방접종하고, 1개월에 2차 접종을 실시한다. 태어날 때 1차 접종을 하지 않고 2개월부터 1차 접종을 시작한 영아는 3개월에 2차 접종을 한다. 이후 6개월에 3차 접종을 하는데, 3차에 걸쳐 접종을 해도 항체가 안 생기는 경우가 있어 3차 접종 후 3개월이 지나면 항체검사를 한다.

② 결핵 예방접종(BCG)

부작용을 염려해 결핵 예방접종을 기피하는 부모들이 있는데, 결핵 예방접종은 출생 후 4주 이내에 실시해야 한다. BCG 접종을 안 하면 결핵성 뇌막염에 걸려 평생 고생한다. 접종을 했어도 결핵에 걸리지 않는 것은 아니지만 BCG 접종을 하면 결핵에 걸려도 뇌나 콩팥으로 퍼지는 치명적인 위험에 처할 확률은 훨씬 적다. 단, 접종 대상자가 영양장애, 발열, 심한 피부질환, 면역력 저하, 화상 및 피부감염 등이 있을 경우에는 BCG 접종을 연기해야 한다.

가족 중 결핵 환자가 있을 경우에는 투베르쿨린 반응검사 없이 생후 일주일 이내에 BCG 접종을 해야 한다.

③ DPT와 소아마비

DPT와 소아마비는 대개 같이 접종한다. DPT의 D는 디프테리아, P는 백일해, T는 파상풍을 의미하며, 이 질병들을 예방하기 위한 접종이다. DPT는 세 가지 약이 섞인 것을 한 번에 접종하고, 종래에 소아마비는 경구용 약으로 접종했으나 근래에는 주사약으로 접종한다. DPT와 소아마비 예방접종은 2, 4, 6개월에 한 번씩 기본접종을 하고 18개월에 1차 추가접종, 만 4~6세에 2차 추가접종을 해야 한다. 2차 추가접종은 반드시 4세 이후에 해야 한다.

DPT의 경우 2차 추가접종 후 만 11~12세 사이에 Td(2004년 5월에 우리나라에 도입되어 현재 접종 중인 성인용 파상풍과 디프테리아 예방접종)를 접종한다. 영유아가 열이 있거나 아픈 곳이 있는 경우, 최근 1년 내에 열성경기를 포함한 경력이 있었거나 면역결핍성 질환에 걸려 있는 경우, 이전에 DPT를 접종한 후 경련을 일으켰거나 심하게 보챈 경우, 40.5℃ 이상의 고열이 난 경우에는 DPT 접종 전에 의사에게 반드시 알려야 한다.

④ MMR 예방접종

15개월에 실시하는 예방접종으로 홍역, 볼거리, 풍진 예방을 위한 접종이다. 종래에는 한 번 접종하면 평생 예방된다고 믿었으나 접종을 한 영유아들도 성장하여 이러한 질병에 걸리는 경우가 많아 요즘에는 4~6세에 추가 접종하는 것으로 바뀌었다.

⑤ 수두 예방접종

2005년부터 기본접종이 된 수두는 돌이 지난 모든 영유아가 접종을 받아야 한다. 홍역은 물집이 안 잡히는 반면, 수두는 물집이 잡히는 병으로 처음에는 벌레물린 것과 구분이 안 된다.

수두는 가려움증을 동반하기 때문에 환아가 계속 긁으면 수두 자국이 남을 수 있다. 처음에는 감기와 비슷한 증세를 보이다가 2~3일 사이에 몸에 빨간 반점이 생기면 수두일 가능성이 높다. 며칠이 지나면 딱지가 생기면서 회복된다. 예방접종을 했어도 수두에 걸리는 경우가 있는데, 이런 경우에는 비교적 가볍게 하게 된다.

⑥ 일본뇌염 예방접종

가장 효과적인 뇌염 예방법은 예방접종이고, 그 다음은 모기에 물리지 않도록 주의하는 것이다. 우리나라는 뇌염 호발지역으로 뇌염 예방접종을 반드시 해야 한다. 예방접종의 기초면역은 3회로, 접종방법은 1~2세에 1~2주 간격으로 2회 접종하고 1년 후에 다시 접종하여야 효과가 생긴다. 추가접종은 6~12세 사이에 실시한다.

드물지만 뇌염접종 후 열이 나거나, 붓거나, 두통, 권태감 등의 부작용이 있을 수 있으나 크게 걱정할 사항은 아니다. 접종 전에 열이 있거나 감기 증상이 있을 때, 최근 1년 이내에 경기를 한 적이 있을 때, 전에 접종한 후 부작용이 있었을 경우에는 반드시 의사와 상의한 후 접종 여부를 결정한다.

⑦ 뇌수막염 예방접종

뇌수막염 예방접종이란 일반적으로 헤모필루스 인플루엔자 b형 백신, 즉 Hib성 뇌수막염 접종을 의미한다. Hib성 뇌수막염을 일으키는 균은 패혈증, 폐렴, 후두염, 관절염 등을 유발하는 위험한 균이다. 따라서 우리나라에서도 최근에는 기본접종처럼 대다수의 영유아가 접종을 받고 있다. 뇌수막염성 질환은 어릴 때 많이 걸리므로 2개월, 4개월, 6개월에 한 번씩 접종하고, 4차는 12~15개월에 접종한다.

15개월이 지난 영아는 1회만 접종한다. DTP나 소아마비, MMR과 같은 날에 접종할 수 있다.

⑧ 폐구균 예방접종

폐구균 예방접종은 폐구균에 의해 걸리는 병(뇌수막염, 패혈증, 중이염, 폐렴 등)을 예방하기 위한 것으로, 폐구균이 호흡기에서 항상 자라는 보균자의 상태가 되는 것을 막을 수 있다. 접종비용이 비싼 것(1회 10만 원)이 문제인데, 접종 효과는 그 이상이므로 접종하는 것이 심각한 패혈증과 뇌수막염 및 폐렴 예방에 큰 도움이 된다.

접종은 2개월, 4개월, 6개월에 실시하는 3회의 기본접종과 12~15개월에 실시하는 1회의 추가접종이 있다. 최소 접종 연령은 생후 6주이고, 최소 접종 간격은 생후 12개월 이전에는 4주, 생후 12개월 이후에는 8주이다.

접종 후 접종 부위가 빨갛게 변하면서 붓거나 만지면 아플 수 있고 열이 날 수도 있으나 현재까지 심각한 이상 반응은 없는 것으로 나타났다. 지난 접종에서 심각한 알레르기 반응을 보였거나 백신 성분에 대한 알레르기가 있는 경우에는 접종하지 않는다.

소아용 표준 예방접종 일정은 〈표 11-4〉와 같다.

(2) 예방접종 시 주의사항

예방접종 전후에 주의하여야 할 사항은 다음과 같다.

① 접종 전의 주의사항

- 영유아의 건강상태를 가장 잘 알고 있는 사람이 데리고 온다.
- 가능한 한 오전에 접종하는 것이 좋고, 예방접종을 하기 전에 건강상태를 확인한다. 예를 들어 열이 있는지, 설사를 하는지, 다른 질병에 걸렸는지를 확인한다.
- 모자보건수첩을 지참한다.
- 접종 전날 목욕을 시키고, 청결한 의복을 입혀 데리고 온다.
- 예방접종을 하기 전 예진표를 꼼꼼히 작성한다.
- 예방접종을 하기 전에 영유아에게 예방접종을 하러 왔음을 알려준다. "건강하게 지내기 위해서 주사 맞으러 왔단다. 조금 따끔하겠지만 잘 참도록 하자"라고 말하며 영유아가 마음의 준비를 할 수 있도록 도와준다.
- 예방접종을 하는 중에 영유아가 움직이지 않도록 잡는다.

표 11-4 표준 예방접종 일정표(소아용)

	대상전염병	백신종류 및 방법	0개월	1개월	2개월	4개월	6개월	12개월	15개월	18개월	24개월	36개월	만 4세	만 6세	만 11세	만 12세
국가필수예방접종	결핵	BCG(피내용)	1회													
	B형간염	HepB	1차	2차			3차									
	디프테리아 파상풍 백일해	DTaP			1차	2차	3차		추4차				추5차			
		Td/Tdap													추6차	
	폴리오	IPV(사백신)			1차	2차	3차						추4차			
	b형헤모필루스 인플루엔자	PRP-T/HbOC			1차	2차	3차	추4차								
		PRP-OMP			1차	2차		추3차								
	홍역 유행성이하선염 풍진	MMR						1차					2차			
	수두	Var						1회								
	일본뇌염	JEV(사백신)						1~3차						추4차		추5차
	인플루엔자	Flu(사백신)					매년 접종									
		Flu(생백신)									매년 접종					
	장티푸스	주사용									고위험군에 한하여 접종					
기타예방접종	결핵	BCG(경피용)	1회													
	폐렴구균	PCV(단백결합)			1차	2차	3차	추4차								
		PPSV(다당질)									고위험군에 한하여 접종					
	로타바이러스	Rotavirus (로타릭스)			1차	2차										
		Rotavirus (로타텍)			1차	2차	3차									
	일본뇌염	JEV(생백신)						1~2차								
	A형간염	HepA						1~2차								
	인유두종 바이러스	HPV(가다실)													1~3차	
		HPV(서바릭스)													1~3차	

출처: 질병관리본부 예방접종도우미(http://nip.cdc.go.kr)

② 접종 후의 주의사항

- 예방접종을 한 후 "아팠지? 잘 참아냈어"라고 말하며 칭찬해 준다.
- 예방접종 후 20~30분간 접종기관에 머물러 발열, 발진, 구토, 경련 등의 이상 증상이 나타나는지 관찰한다.
- 귀가 후 적어도 3시간 이상 주의 깊게 관찰한다. 이상이 발견되면 즉시 병원으로 데려가 진찰한다.
- 접종 당일과 다음날은 과격한 운동을 삼간다.
- 접종 당일은 목욕을 시키지 않는다.
- 접종 부위는 청결하게 한다.
- 접종 후 최소 3일간은 특별한 관심을 가지고 관찰하며 고열, 경련이 있을 때는 바로 의사의 진찰을 받도록 한다.
- 접종받은 영유아는 반드시 바로 눕혀 재운다.

2) 감염병 발생 후 조치

(1) 담당 부서 및 보건소 보고

식중독 및 감염병으로 의심되는 증상이 유아와 교직원에게 발견되면 유치원에서는 〈표 11-5〉, 어린이집에서는 〈표 11-6〉 서식에 따라 신속하게 교육청 및 시·군·구청 보육 담당 부서 및 관할 보건소에 신고하여야 한다(〈표 11-7〉 참조). 유아교육기관에서는 유관기관의 전화번호가 명시된 비상연락망 〈표 11-8〉을 작성하여 교무실이나 현관에 비치해 두어야 한다.

표 11-5 식중독 발생 보고서

OO지역 유치원 식중독 의심환자 발생 보고

('20.00.00. 보고 기관명)

〈예시〉

▶○○도 ○○시 △△유치원(공/사립)에서 복통과 설사증세를 보이는 식중독 의심환자 ○○명 발생 ⇒ ▽▽보건소에서 역학조사 중

※ 보고자 : 직/성명(전화번호)

1. 발생현황
   - ㅁ 유치원명 : △△유치원(공 / 사립, 직영 또는 운반급식, ☎000-123-0000)
   - ㅁ 발생현황 : 급식 유치원생 00명 중 00명(0.0%)
     - 주요증세 : 복통 및 설사
     - 인지 / 신고일시 : 0.00(화) 09:00경 / 0.00(화) 10:00경 △△보건소
     - 치료조치 : 입원 0명, 통원치료 00명, 투약 · 자가치료 00명

2. 조치상황
   - ㅁ △△유치원
     - 원장 주재 긴급대책 회의(△월 △일 00:00)
       - 유치원생 보건교육 실시, 급식중단(△/△일~), 도시락 지참지도
   - ㅁ △△보건소 / △△교육청
     - 역학조사 수행 : 환자가검물 명, 환경가검물 건 채취
       -

※ 참고사항
- 추정원인 :
- 식수종류 :
- 언론취재 :
- 향후대책 :

※ 보고시기 : 식중독 의심환자 환자발생 인지즉시(교육청 및 시군구에 신고)

출처: 교육부(2015).

표 11-6 어린이집 감염병 발생현황 보고서

보육통합정보시스템 감염병 발생 보고서 양식

〈작성 방법〉
- 보고 질환 : 10가지 감염병(수족구병 외 9종)에 한함
  ※ 질병종류는 유행정도에 따라 변경될 수 있음
- 보고대상자 : 해당질병으로 '의사진단을 받은 아동'에 한하여 연령별 아동 수 기재
- 보고시기 : 매주 월요일에 보고(지난주 월~토에 발생한 현황을 집계하여 보고)

보고대상기간	년 월 주(전주 월~토까지)					
질병명 \ 연령별	0세	1세	2세	3세	4세	5세 이상
수족구병	명	명	명	명	명	명
풍진	명	명	명	명	명	명
유행성 결막염	명	명	명	명	명	명
인플루엔자(유행성 독감)	명	명	명	명	명	명
장염	명	명	명	명	명	명
홍역	명	명	명	명	명	명
유행성이하선염(볼거리)	명	명	명	명	명	명
전염성농가진	명	명	명	명	명	명
수두	명	명	명	명	명	명
무균성수막염	명	명	명	명	명	명
아동상태	□ 자택격리 중 : 명 □ 등원중 : 명 □ 사망 : 명 □ 기타 ( ) 직접입력					
조치사항	〈해당사항을 모두 체크〉 □ 어린이집 소독실시 □ 타아동의 감염 여부 확인(검진실시 등) ※ 의심 증상 아동은 즉시 병원내원 조치 □ 각 가정에 감염병 발생사실 공지 □ 기타 ( ) 직접입력					
조치계획	〈해당사항을 모두 체크〉 □ 어린이집 소독실시 □ 타아동의 감염 여부 확인 □ 각 가정에 감염병 발생사실 공지 □ 기타 ( ) 직접입력					

출처: 보건복지부(2017). 2017 보육사업 안내 부록.

표 11-7 식중독 신속보고 체계

시장·군수·구청장 → 보고 관리 시스템 입력·보고 → 유관기관에 발생사실 동시 전파 (유관기관: 소방서, 경찰서, 응급의료기관, 시·군·구청, 보육담당 부서, 관할 보건소)

출처: 보건복지부(2017). 2017년도 부모모니터링단 운영매뉴얼.

표 11-8 비상연락망

<table>
<tr><th colspan="3">식중독 및 감염병의 예방과 관리대책</th></tr>
<tr><td rowspan="3">영유아 식중독 및 감염병의 예방과 관리대책</td><td>감염병 발생 시</td><td>1단계: 즉시 다른 영유아와 격리한다.
2단계: 부모에게 알린다.
3단계: 동남구 보건소로 보고하고 또는 협력 병·의원 의사의 지시에 따른다.
4단계: 격리 조치 시 부모에게 질병의 증상이나 필요시 원인, 전염경로를 설명하고 만약 어린이집에 있어도 될 정도의 상태라면 준수사항을 알림
5단계: 장기적 격리가 필요하면 사실을 부모님께 인지시키고 격리 협조를 구한다.</td></tr>
<tr><td>병원 연락망</td><td>동남구보건소 041-521-2374 | 목천보건지소 521-4250 | 단대병원 550-7114 | 새한의원 557-4080</td></tr>
<tr><td>응급환자 발생 시</td><td>119 응급의료센터</td></tr>
<tr><td rowspan="3">보육교직원 식중독 및 감염병의 예방과 관리대책</td><td>감염병 발생 시</td><td>1단계: 즉시 보육업무를 중단한다.
2단계: 교사 스스로 몸이 좋지는 않지만 일을 할 수 있다고 여겨지면 손 씻기를 자주하고 영유아와 접촉은 가능한 줄인다.
3단계: 동남구 보건소로 보고하고 또는 협력 병·의원 의사의 지시에 따른다.
4단계: 격리 조치 시 질병의 증상이나 필요시 원인, 전염경로를 설명하고 만약 어린이집에 있어도 될 정도의 상태라면 준수사항을 알림
5단계: 장기적 격리가 필요하면 격리하고, 보육업무를 해도 된다는 의사의 지시가 있을 시 업무를 재개한다.</td></tr>
<tr><td>병원 연락망</td><td>동남구보건소 041-521-2374 | 목천보건지소 521-4250 | 단대병원 550-7114 | 새한의원 557-4080</td></tr>
<tr><td>응급환자 발생 시</td><td>119 응급의료센터</td></tr>
<tr><td rowspan="3">영유아의 질병과 감염병 및 예방접종 대책</td><td>감염병 유행 시</td><td>1단계: 촉탁의사나 협력병원에서의 정확한 진단
2단계: 격리 필요시 부모에게 질병의 증상이나 원인, 전염경로 설명
3단계: 감염사실을 부모님께 인식시키고 격리 협조를 구한다.</td></tr>
<tr><td>병원 연락망</td><td>단대병원 550-7114 | 천안의료원 550-7114 | 새한의원 557-4080 | 문치과 900-2878</td></tr>
<tr><td>응급환자 발생 시</td><td>119 응급의료센터</td></tr>
</table>

(2) 격리 조치

한편, 유아교육기관에서는 영유아나 교직원의 감염병 질환이 의심되거나 감염된 경우 격리 치료하도록 조치한다(〈표 11-9〉). 격리가 필요한 경우는 다음과 같다.

- 발열과 함께 구역질, 구토 등이 있을 때
- 열과 함께 몸에 발진이 돋았을 때
- 설사(두 번 이상 변을 보았다거나 평소 배변습관에서 변화를 보인 경우)를 하는 경우
- 최근 24시간 내 두 번 이상의 구토가 있었을 때
- 피부나 눈에 황달이 관찰된 경우
- 영유아가 계속 보채고 달래지지 않고 지속적으로 울 경우

표 11-9 격리(등원 제한)가 필요한 기간

종 류	격리 기간
설사	설사를 마친 후 24시간
머릿니	첫 치료 시작 후 24시간
A형 간염	황달 시작 시점에서 7일간
농가진	항생제 사용 시작시점에서 24시간
독감	증상 시작 후 5일간
홍역	발진 발생 후 5일간
뇌막염	의사에 의해 괜찮다는 판정을 받을 때까지
볼거리(유행성 이하선염)	볼이 붓기 시작 시점에서 9일간
백일해	• 항생제 사용 시작 시점에서 5일간 • 항생제 사용하지 않은 상황이면 3주간
폐렴	의사에 의해 괜찮다는 판정을 받을 때까지
풍진	발진 발생 후 7일간
옴	치료 시작 시점에서 24시간
성홍열	항생제 사용 시작시점에서 24시간
이질	대변 검사에서 2회 연속 음성인 경우

종 류	격리 기간
결핵	결핵 전문 소아청소년과 상담
구토	구토가 멎을 때까지
수두	• 발진 발생 후 5일간 • 더 이상 생기지 않고 딱지가 다 생길 때까지

출처: 보건복지부(2016). 건강, 환경, 위생, 급식

만일 가정 내 격리치료가 불가능할 경우에는 여성가족부의 '아이돌봄지원사업' 중 질병감염 아동 특별지원 서비스를 이용할 수 있도록 안내한다(보건복지부, 2018).

응급처치

영유아는 신체운동능력이나 인지능력의 미성숙으로 인하여 위험에 대한 인식이나 안전사고에의 대처능력이 부족하여 많은 안전사고의 위험에 노출되어 있다. 그러므로 유아교사는 안전한 환경을 마련해 주고 안전하게 생활하는 데 필요한 지식이나 태도를 갖도록 도와주어야 하는 것은 물론, 불의의 사고에 대비한 준비도 갖추고 있어야 한다.

평소에 유아교사가 응급처치(First Aid) 방법을 숙지하여 신속하게 대처할 수 있다면 유아의 생명을 구할 수도 있고, 사고의 후유증도 크게 줄일 수 있다. 이에 「영유아보육법」(제31조 제2항)에는 '어린이집 원장은 영유아에게 질병, 사고 또는 재해 등으로 인하여 위급상태가 발생한 경우, 즉시 응급의료기관에 이송하여야 한다', '만일 응급조치를 하지 않는 경우 과태료를 부과한다'(「영유아보육법」 제56조)고 명시되어 있다.

이 장에서는 응급처치의 목적, 응급상황 시 대처방법, 유형별 응급처치 등에 대해 살펴보기로 하겠다.

1. 응급처치의 목적

응급처치란 다친 사람의 생명을 구하는 것으로 가장 빠른 시간 안에 정상 혹은 정상에 가까운 상태로 회복시키는 것을 말한다. 즉, 영유아에게 예상치 못한 사고나 질병이 발생했을 때 병원에서 전문적인 치료를 받기 전까지 사고 현장에서 영유아를 안전하게 보호하고, 상처나 질병의 악화를 방지하고 추가적인 손상을 예방하기 위해 행해지는 즉각적이고 임시적인 조치이다.

응급처치의 목적은 환자의 생명을 구하고 유지하고, 질병이나 손상이 더욱 악화되는 것을 방지하며, 통증을 가능한 한 경감시키기 위한 것이다. 마지막으로, 환자를 가치 있는 한 인간으로서 의미 있는 삶을 영위할 수 있도록 돕는 데 있다.

2. 응급상황 시 대처방법

1) 응급상황에 대처하는 유아교사의 자세

응급상황 발생 시 신속하게 응급처치를 하기 위한 유아교사의 자세는 다음과 같다(보건복지부 외, 2018).

첫째, 모든 교사는 기도 확보와 심폐소생술 등의 응급처치법과 상해 예방, 전염성 질병 예방에 관한 교육을 받아야 한다.

둘째, 손이 쉽게 닿는 곳에 필요한 물품이 갖추어진 구급상자를 준비해둔다.

신속하게 응급처치를 하기 위해서는 응급처치를 위한 기본 도구인 구급상자를 준비하여 영유아의 손이 닿지 않는 곳에 잠금장치를 하여 보관하여야 한다. 정기적으로 유통기한이 지나지 않았는지, 부족한 것은 없는지 확인한다. 응급처치를 위해 기본적으로 준비되어야 할 의료용품은 다음과 같다.

- 반창고: 상처 난 크기에 따라 붙일 수 있도록 다양한 크기의 반창고를 준비한다.
- 거즈: 가벼운 상처에 붙일 때 사용한다.
- 붕대: 압박하거나 흐르는 피를 멈추게 할 때 사용한다.
- 테이프: 거즈나 붕대를 붙일 때 사용한다.
- 멸균 소독액: 상처 부위의 세균을 죽일 때 사용한다.
- 외상 살균 소독 연고: 넘어지면서 깨진 상처 부위에 사용한다.

셋째, 비상연락망, 응급 시 도움을 요청할 수 있는 기관의 전화번호 등을 전화기 옆에 비치한다.

1339 응급의료정보센터는 보건복지부에서 운영하는 응급의료서비스로서 국번없이 '1339'로 전화하면 전문의 상담의사가 24시간 의료상담을 해 주고 있다([그림 12-1] 참조).

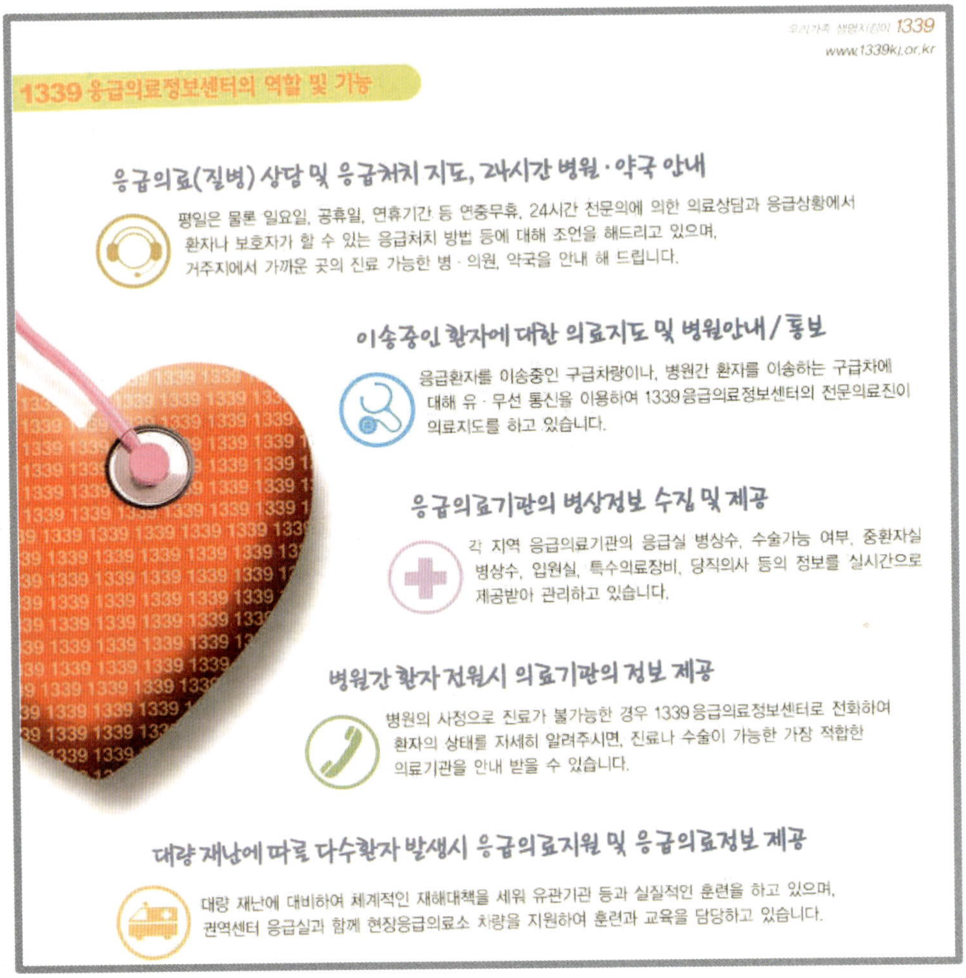

그림 12-1 1339 응급의료정보센터의 역할 및 기능

넷째, 야외학습을 나갈 때 영유아교사는 휴대용 구급상자와 비상연락망을 준비한다.

다섯째, 응급상황 발생 시 조치에 대한 부모동의서(〈표 12-1〉 참조)를 상시 준비한다.

표 12-1 응급처치동의서

반이름		생년월일	
성별	남 여	성명	

본 기관에서 다음의 절차에 따라 응급처치를 하는 경우, 그 권한을 본 기관에 위임할 것을 동의합니다.

20 . . .

부 모 : (서명 또는 인)

〈응급처치 절차〉

1. 사고 발생 시 가장 먼저 부모님께 연락합니다.

(시간/기간) (전화번호)

어머니와는 ________ 동안에 ________________ 로 연락됩니다.

________ 동안에 ________________ 로 연락됩니다.

아버지와는 ________ 동안에 ________________ 로 연락됩니다.

________ 동안에 ________________ 로 연락됩니다.

○○ 유 치 원(어린이집)

2) 응급상황 시 대처방법

응급상황이 발생하면 유아교사들은 당황하지 말고 침착하고 신속하게 사고의 원인을 파악하여 필요한 조치를 취해야 한다. 이때 위험유발요소를 제거하여 2차 피해를 방지하도록 한다. 영유아의 상황을 관찰한 후에 적절한 응급처치를 취해야 한다.

응급처치 시 기본적으로 지켜야 할 수칙은 다음과 같다.

- 처치자 유아교사의 안전과 현장 상황의 안전을 확보한다.
- 언제나 신속, 침착, 질서 있게 대처해야 한다.
- 다친 영유아의 부상 정도를 파악하여 적절한 대처법을 실시한다. 호흡정지, 심한 출혈, 쇼크, 음독, 중독 순으로 가장 긴급한 영유아부터 처치한다.

표 12-2 119에 신고해야 할 응급상황

• 기도폐쇄	• 마비환자
• 중독환자	• 호흡곤란이나 숨을 쉬지 않는 경우
• 심장마비	• 물에 빠졌을 때
• 심장질환이나 흉통	• 심한 화상
• 전기손상	• 의식이 없는 경우
• 심한 출혈	• 척추손상이 의심되는 경우
• 경련환자	• 자살기도

출처: 응급의료 포털 E-Gen(http://www.e-gen.or.kr).

- 호흡기에 공기가 들어갈 수 있도록 기도를 확보하여 유지한다.
- 출혈이 있는 경우 지혈시키고, 상처에 먼지, 이물질, 세균이 침투하지 않도록 보호한다.
- 전문가가 판단하기 전까지 영유아의 생사를 판단하지 않는다.
- 전문가가 정확한 진단을 내리기 전까지 의약품 사용은 금한다.
- 응급 유아에게는 음식물 섭취는 기도폐쇄의 위험이 있고 응급수술이나 중요한 검사의 지연을 초래하므로 제공하지 않는다. 만일 음식물을 줄 때는 신중

을 가해야 한다.

- 특히 부상, 심한 출혈, 무의식인 유아에게는 음식물을 주지 말아야 한다.

• 부상자를 운반할 때는 특히 주의해야 한다.
  - 올바른 자세로 고정하지 않고 다른 곳으로 옮기는 섣부른 행동은 상태를 더 나쁘게 만들 수 있다.
• 긴급한 문제부터 해결한다.
• 119에 신고하고, 도움을 줄 수 있는 원장님과 다른 교사에게 연락한다. 119 신고요령은 〈표 12-3〉과 같다.

표 12-3 비상 시 구급차 요청하기

구분	내용
절차	① 전화기를 들고 119를 누른다.
	② 사고 내용, 사고 발생장소를 설명한다. "아이가 간식으로 떡을 먹다가 목에 걸렸어요"
	③ 부상자의 상태를 설명한다. "아이가 숨을 잘 쉬지 못하고 있어요"
	④ 부상자의 수, 상태를 설명한다. "아이가 숨을 잘 쉬지 못하고 있어요"
	⑤ 신고하는 사람의 이름과 부상자가 있는 장소의 전화번호, 주소를 정확하게 알린다. "제 이름은 ○○○이고 전화번호는 000-0000-0000번입니다." "위치는 ○○길 ○○유치원입니다. ○○동 ○○초등학교 앞에 있습니다"
준비사항	⑥ 구급차가 도착하기 전까지 전화를 끊지 않는다.
	⑦ 부상자에 대한 응급처치를 전화를 통해 전달받아 가능한 조치를 한다.

• 응급처치로 의식이 회복되었더라도 전문 의료인에게 반드시 인계한다.
• 다친 영유아의 부모에게 연락한다. 부모에게 사고상황과 영유아의 현재상태 등을 정확하고 침착하게 알리고, 응급조치 이상의 치료에 대해서 의논한다.
• 사고보고서를 작성한다.

사고처리를 한 후 사고보고서(〈표 12-4〉 참조)를 작성하면서 사고의 원인과 재발방지 대책을 꼼꼼하게 점검한다. 사고보고서는 부모가 보기를 원하거나 보험처리를 위해 보험사에 제출해야 하는 경우를 대비하여 자세하게 작성한다.

표 12-4 사고보고서

사 고 보 고 서

<table>
<tr><td>시설명(종류)
*전담 지정
종류 포함</td><td colspan="3">(　　　　　　)</td><td>인가일</td><td colspan="2">최초:　　년　　월　　일
변경:　　년　　월　　일</td></tr>
<tr><td>주　소</td><td colspan="3"></td><td>연락처</td><td colspan="2"></td></tr>
<tr><td>시설 현황</td><td colspan="6">정원 (　　)명, 현원 (　　)명, 종사자 (　　)명</td></tr>
<tr><td>운영 현황</td><td colspan="6">0세반(　)명, 1세반(　)명, 2세반(　)명, 3세반(　)명, 4세반(　)명, 5세반(　)명,
시간제(　)명, 방과 후(　)명, 시간연장(　)명, 24시간(　)명</td></tr>
<tr><td>사고
영유아명</td><td></td><td>성별</td><td>남 여</td><td>생년월일</td><td colspan="2">년　월　일</td></tr>
<tr><td>사고일자</td><td>년　월　일</td><td>목격자명</td><td></td><td>사고 시간</td><td colspan="2">오전/오후</td></tr>
<tr><td colspan="2">사고 당시 시설장 및
담임교사 근무상황</td><td colspan="5"></td></tr>
<tr><td>부모 연락사항</td><td colspan="6"></td></tr>
<tr><td>연락 시간</td><td>오전/오후</td><td colspan="2">119 신고 여부</td><td colspan="3">□ 안함 □ 신고함(오전/오후)</td></tr>
<tr><td>사고 발생장소</td><td colspan="6">□ 등하원　□ 견학 중　□ 계단　□ 실외놀이터　□ 실내놀이실
□ 화장실　□ 복도　□ 현관　□ 주방　□ 대근육활동실(유희실)
□ 교사실　□ 식당　□ 기타 (　　　)</td></tr>
<tr><td>사고당시
활동내용</td><td colspan="6">□ 목욕 및 배변 시간　□ 견학　□ 점심/간식/수유 시간
□ 실내자유놀이　□ 실외자유놀이　□ 계획된 실외놀이
□ 물놀이　□ 계단 오르내리기　□ 낮잠　□ 기타 (　　　　)</td></tr>
<tr><td>상해를 입은
시설 설비</td><td colspan="6">□ 오르기시설　□ 평균대　□ 크롤(기어나가는 시설)
□ 장애설비　□ 현관문/교실문　□ 담　□ 실외고정물
□ 회전대　□ 복합놀이기구　□ 시소　□ 바퀴 달린 장난감
□ 미끄럼틀　□ 그네　□ 바퀴 달린 탈 것
□ 잘 모르겠음　□ 기타 (　　　　)</td></tr>
<tr><td>상해의 유형</td><td colspan="6">□ 화상　□ 쇼크/질식　□ 추락/강타　□ 멍
□ 찢어짐　□ 물림　□ 찔림　□ 압박, 눌림
□ 베임　□ 찰과상(벗겨짐)　□ 삠　□ 뼈가 부러지거나 탈구
□ 식중독　□ 기타 중독　□ 호흡곤란　□ 기타 (　　　　)</td></tr>
</table>

<table>
<tr><td colspan="3">상해를 입은 다른 영유아가 있는가?</td><td>□ 예 □ 아니오</td></tr>
<tr><td>사고원인</td><td colspan="3">□ 바닥으로 떨어짐 : 떨어진 높이 약 m
바닥의 형태 :
□ 뛰거나 발을 헛디뎌 넘어짐 □ 다른 유아에게 물림
□ 차량에 의함 □ 시설물에 끼임
□ 다른 유아에게 맞거나 밀림 □ 바퀴 달린 탈것(인라인 스케이트 등)
□ 물체에 의해 다침 □ 음식물에 의한 질식
□ 곤충에 물리거나 쏘임 □ 동물에게 물림
□ 열, 추위에 노출 □ 기타( )</td></tr>
<tr><td>다친 부위
(좌, 우 표시)</td><td colspan="3">□ 머리 □ 눈(L ,R) □ 귀(L, R) □ 코
□ 목 □ 가슴 □ 등 □ 엉덩이(L, R)
□ 생식기 □ 팔(L, R) □ 손(L, R) □ 다리(L, R)
□ 입 □ 발(L, R)</td></tr>
<tr><td>사고 관련
특이사항</td><td colspan="3"></td></tr>
<tr><td colspan="4">유아교육기관에서 행해진 응급처치 (상술 예: 압박붕대, 세척, 붕대 등)</td></tr>
<tr><td colspan="4"></td></tr>
<tr><td colspan="4">상해 · 배상보험 가입 현황</td></tr>
<tr><td colspan="4">□ 상해 □ 배상 □ 기타( ) 보험금 최고한도 인당 ( )만 원 건당 ( )만 원</td></tr>
<tr><td>응급처치자</td><td></td><td>의료기관 진료 여부</td><td>□ 안함 □ 함</td></tr>
<tr><td>의료기관
진료를 한 경우</td><td colspan="3">□ 외래 진료를 받음 (예: 진료실, 응급실)
□ 입원 (시간/일)</td></tr>
<tr><td colspan="2">기타 사후 처리상황
(경찰조사, 피해합의 등)</td><td colspan="2"></td></tr>
<tr><td colspan="2">사고 영유아 보호(치료)를 위한
추후 계획</td><td colspan="2"></td></tr>
<tr><td colspan="2">재발방지를 위한 조치사항</td><td colspan="2"></td></tr>
<tr><td>교직원 서명</td><td colspan="3">(인) 날짜: . . 오전/오후</td></tr>
<tr><td>부모 서명</td><td colspan="3">(인) 날짜: . . 오전/오후</td></tr>
</table>

3. 유형별 응급처치

유아교육기관에서 가장 많이 발생하는 응급상황을 중심으로 영유아교사들이 숙지해야 할 응급처치법은 다음과 같다.

1) 열이 날 때

영유아의 정상 체온 범위는 36~37.8℃이다. 구강체온이 37.5℃가 넘거나, 직장체온이 38℃가 넘으면 열이 있는 것이다(겨드랑이 체온은 다른 부위보다 약 0.6℃가 낮다). 만약 체온이 35℃ 이하라면 저체온증이다.

체온을 재는 일은 간호의 기본이므로 알아두도록 한다.

(1) 겨드랑이 밑으로 체온 재는 방법

- 체온계의 눈금이 35℃ 이하를 가리키고 있는지 확인한다.
- 겨드랑이 밑의 땀을 닦아내고 한가운데에 체온계를 댄다.
- 체온계가 끼인 팔을 반대쪽 팔로 꽉 누른다. 아기는 성인이 안고서 누른다.
- 표시된 시간보다 더 긴 시간을 잰다(2분 이상 잰다).
- 잰 다음, 체온계는 눈금을 35℃ 이하로 떨어뜨려 놓는다.

(2) 항문으로 체온 재는 방법

영아의 경우에는 직장 체온계를 사용하면 단시간 내에 정확한 체온을 잴 수 있다. 3~4℃ 정도 체온이 높게 나타난다.

- 체온계의 끝을 올리브유나 물로 적신다.
- 영아의 양 넓적다리를 누르고 항문에서 1cm가량 집어넣어 잰다.

표 12-5 체온, 맥박, 호흡의 표준치

(1분간)

구 분	신생아	영아	유아	아동
체온	37.5~37.6(℃)	37.0~37.5(℃)	36.6~37.1(℃)	36.6~37.2(℃)
맥박		120~140	90~120	80~100
호흡		30~40	20~30	20~25

2) 기도폐쇄

기도폐쇄는 기도가 막혀서 일어나는 응급상황을 말한다. 떡이나 피자, 땅콩, 포도알 등 음식물이나 단추, 작은 블록 등 장난감이 목에 걸려 기도가 막히면 호흡하기 힘들어져 3~4분 이내 의식을 잃게 되고 심한 경우 사망에 이를 수 있으므로 빠른 응급처치가 필요하다. 기도폐쇄가 심장마비나 다른 상태로 오인되는 경우 처치가 지연되거나 잘못 처치될 수 있기 때문에 적절한 응급처치를 해야 한다.

기도폐쇄의 증상으로는 두 손으로 목 부분을 쥐고 기침을 하거나 목 부분에서 쌕쌕소리가 나며 얼굴이 파랗게 변한다. 구체적인 기도폐쇄의 원인은 다음과 같다.

- 떡, 핫도그, 피자, 땅콩, 포도알 등 큰 조각의 음식물을 충분히 씹지 않고 삼킬 때
- 흥분하거나 크게 웃으면서 음식물을 삼킬 때
- 입에 음식물이 있는 상태에서 걷거나 놀거나 뛸 때
- 작은 블록 조각, 단추, 구슬 등 작은 장난감을 삼킬 때

기도폐쇄의 경우 먼저 구강 내 이물질을 제거해야 한다. 유아교사는 검지를 유아의 구강에 깊숙이 넣은 후 유아의 구강을 훑어 내어 이물질을 제거한다. 이때 구강 내 이물질이 기도의 더 깊은 곳으로 이동하지 않도록 주의한다.

유아가 말을 할 수 있는 경우에는 기침을 유도한다. 그러나 기도가 완전히 폐쇄됐거나 의식이 없는 경우에는 유아의 복부를 압박하는 하임리히법을 실시한다. 우

리말로는 '복부 밀쳐 올리기'라고도 하는데, 이는 샴페인 마개를 터뜨리는 효과와 원리가 비슷하다. 그러나 1세 미만의 영아에 대해서는 하임리히법을 사용하지 않는다.

구체적인 방법은 [그림 12-2]와 같다.

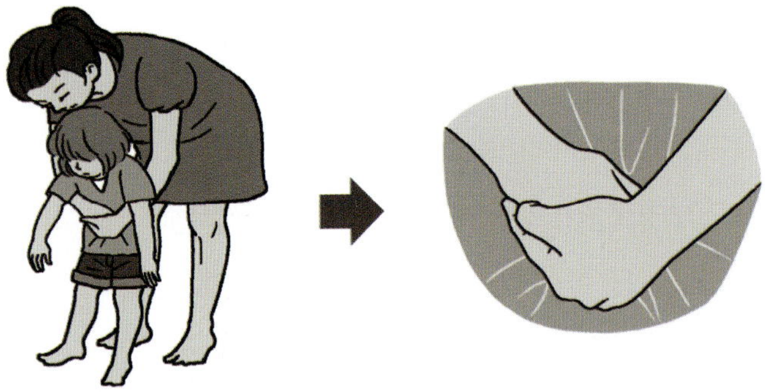

- 유아의 뒤쪽에서 양 겨드랑이 사이로 팔을 넣어 배를 감싼다.
- 배꼽과 명치 사이에 주먹을 대고 다른 손으로 주먹을 감싸 쥔다.
- 유아의 머리를 숙인 상태에서 위쪽, 안쪽으로 힘차게 밀친다.
- 5회 실시 후 기도를 막았던 이물질이 빠져 나왔는지 확인한다.
- 이물질이 제거되지 않았으면 의식을 잃을 때까지 계속한다.

그림 12-2 하임리히법

3) 출혈

출혈이란 혈액이 동맥, 모세혈관, 정맥으로부터 외부로 유출되는 것을 의미하며, 출혈 부위에 따라 외부 및 내부로 구분된다. 출혈이 심할 경우에는 다음과 같은 증상이 나타난다.

- 호흡과 맥박이 빨라진다.
- 피부가 창백해지고 체온이 떨어진다.
- 갈증을 느끼면서 불안해한다.

출혈이 있을 경우 지혈을 해야 하는데 가장 보편화된 지혈법은 출혈부위를 압박하여 출혈을 멈추게 하는 직접압박지혈이다([그림 12-3]). 출혈이 멈추지 않으면 보다 강하게 압박을 해보고, 사지에서 출혈이 있는 경우에는 출혈부위를 심장보다 높여준다. 출혈이 멈춘 후에는 소독거즈를 덮고 압박붕대를 감아준다.

팔이나 다리에서의 출혈이 직접압박법으로 지혈되지 않으면 동맥의 근부위를 압박한다. 이때 상지 출혈일 경우에는 위팔 동맥을 압박하고 손의 출혈일 경우에는 요골동맥을 압박한다. 하지출혈일 경우에는 대퇴동맥을 압박한다.

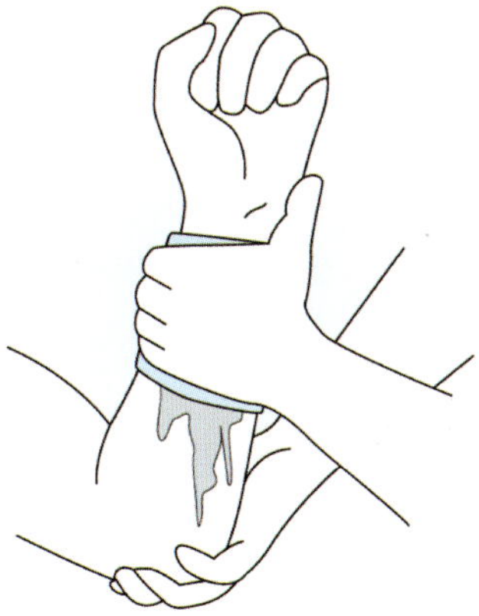

① 구조자의 손바닥으로 출혈되는 부위를 힘껏 누른다.
② 일단 출혈부위를 압박할 때는 15분 이상 압박하도록 한다.

그림 12-3 압박지혈법

한편, 유아들은 코를 후비거나 세게 풀 때 코피가 날 수 있다. 코피가 났을 때는 다음과 같은 방법으로 지혈한다.

- 코피 나는 유아를 눕히지 않고 앉거나 일으켜 세운다.
- 고개를 앞으로 숙이게 해서 입으로 넘어간 코피를 마시지 않도록 한다.
- 코를 풀고 나서 엄지와 검지로 코의 말랑말랑한 부분을 코뼈 있는 부위까지 바싹 붙여서 잡는다.
- 10분간 압박한다.
- 〈표 12-6〉과 같은 경우에는 병원에 데리고 간다.

표 12-6 코피가 날 때 병원에 가야 하는 경우

- 코피가 나면서 몸의 다른 곳에서도 출혈이 있을 때
- 너무 많은 피를 흘렸을 때
- 얼굴이 창백해질 때
- 의식이 흐려질 때
- 입으로 피를 토할 때
- 식은땀을 흘릴 때
- 코가 자주 막히면서 코피가 자주 날 때
- 머리를 부딪친 후에 코피를 흘릴 때

4) 화상

화상이란 열 또는 화학물질이 피부에 닿아 피부와 피부조직이 손상된 상태를 말한다. 화상은 적절하게 치료하지 않으면 심각한 후유증을 남길 수 있기 때문에 영유아가 화상을 입으면 가능한 한 빨리 병원으로 가서 의사의 진료를 받아야 한다(〈표 12-7〉).

표 12-7 화상 정도에 따른 증상

분 류	손상 부위
1도 화상	피부 표면만 약간 데인 정도의 가벼운 화상으로 피부색이 빨갛게 변하고 화끈거리며 약간 아프지만 물집은 잡히지 않는다. 보통 1주일 정도 지나면 화상 부위가 벗겨지면서 아물게 된다.
2도 화상	피부 표피층과 내피층 모두에 화상을 입은 경우로 피부가 빨갛게 부어오르고 수포가 생기는 경우이다. 통증이 심하다. 2도 화상은 병원에서 치료를 받는 것이 후유증을 최소화할 수 있다.
3도 화상	피부 조직은 물론 피하지방, 근육층까지 화상을 입은 경우로 신경까지 손상을 입어 만져도 아픔을 느끼지 못할 수 있다. 피부가 회백색이나 검은색의 가죽처럼 보인다.

영유아는 간식 및 배식 시 뜨거운 죽이나 국물, 정수기나 온수, 미술활동 등에 사용하는 글루건 등에 의해 주로 2도의 진피 화상을 입는다. 화상을 입은 영유아는 우선 안전한 곳으로 옮기고 식염수로 화상 부위를 씻어주고 깨끗한 거즈와 붕대로 화상 부위를 덮어 병원에 데려간다. 이때 물집은 세균에 의한 감염을 일으키므로 벗기거나 터트리지 않아야 한다.

영유아는 화상 부위를 찬물에 10분 이상 담그지 않도록 한다(저체온증 우려). 또한 로션이나 된장, 간장, 소주 등은 감염을 일으킬 수 있으므로 바르지 않는다. 모든 화상은 바로 가까운 병원으로 가서 치료를 받아야 한다.

(1) 열에 의해 화상을 입었을 때

① 데인 부위를 흐르는 차가운 물에 10~15분 정도 식혀준다. 옷을 입고 있는 경우 무리해서 옷을 벗기지 말고 가위로 잘라내야 하며 떨어지지 않는 경우에는 억지로 떼지 말고 그대로 식힌다.
② 소독된 거즈로 상처부위를 되도록 넓게 덮어 주거나 가볍게 감는다.
③ 병원으로 갈 때는 감염을 막기 위해 이불 호청으로 유아를 덮고 그 위에 담요를 덮어 보온해 준다.

(2) 화학약품에 의해 화상을 입었을 때

① 응급처치를 하기 전 처치자는 고무장갑이나 수건으로 손을 보호한 후 처치를 시도해야 한다.
② 옷을 벗긴 다음 흐르는 차가운 물로 화학약품을 모두 씻어 준다.
③ 그 다음 열에 의한 화상의 응급처치를 한다.
④ 약품을 씻어낸 물은 버려 그 물에 의한 화상이 일어나지 않도록 주의한다.

(3) 전기에 의해 화상을 입었을 때

① 감전물체의 전원을 차단하거나 나무막대기나 플라스틱 등의 절연체를 이용

하여 감전물체를 분리시킨다.

② 화상을 입은 부위를 찾아낸다.

③ 화상부위에 대한 처치는 열에 의한 화상에 대한 응급처치와 같다.

④ 의식은 없으나 호흡은 하고 있는 경우 회복자세로 눕히고 기도를 확보해 준다.

5) 물렸을 때

(1) 동물에게 물렸을 때

① 개나 고양이에게 물린 경우에는 상처의 크기에 관계없이 상처부위를 비누와 물로 씻어내고 소독된 거즈로 덮어 병원으로 데리고 간다.

② 다른 사람은 상처를 입힌 동물을 수의사에게 데리고 가서 광견병의 유무를 조사하도록 한다.

(2) 벌이나 지네 등 곤충에 쏘였을 때

① 피부에 벌침이 있는지 살펴보고, 손톱이나 딱딱한 카드로 긁어서 침을 제거한다(소독된 칼의 가장자리나 신용카드 같은 것을 이용하여 침을 피부와 평행하게 옆으로 조심스럽게 긁어주면서 제거한다).

② 상처부위를 비누와 물로 세척하고, 칼라민 로션이나 묽은 암모니아수를 발라준 후 얼음주머니를 15~20분간 댄다.

③ 쏘인 부위를 심장보다 낮게 위치하여 독소가 심장으로 유입되는 속도를 늦출 할 수 있다.

(3) 진드기나 개미에 물렸을 때

① 핀셋이나 손가락으로 진드기를 제거한다.
피부발진이나 열이 있으면 의사나 1339에 문의한다.

② 개미는 산성이기 때문에 염기성 액체인 암모니아수를 발라준다.

6) 저체온증

저체온증(hypothermia)이란 직장이나 방광 등 직장체온이 35℃ 미만일 경우를 말한다. 체온을 유지시키기 위해 몸을 떨고, 피부가 창백해지고, 피부가 하얘진다면 저체온증을 의심할 수 있다.

가능한 한 빠르게 체온을 높이고 열을 신체에 공급하지 않으면 치명적인 상황으로 이어질 수 있는 응급의료 상황이다. 체온이 떨어지게 되면 심혈관계, 신경계를 포함한 내부 장기들이 정상적으로 기능을 하지 못하여 이 상태가 지속되면 사망까지 이르게 된다.

저체온증의 원인은 대부분 추운 날씨나 차가운 물에 잠겼거나 여러 시간 추운 환경에 노출 등의 환경적 요인이나 외상, 갑상선기능 저하증과 같은 질환 등의 이유로 발생한다. 특히 소아의 경우 상대적인 체표면적이 성인보다 넓어 열 손실이 많아 더 쉽게 저체온증이 발생한다.

저체온증은 체온에 따라 다음 3단계로 구분한다(〈표 12-8〉).

표 12-8 체온에 따른 증상

구분	증상
32~35℃(경도)	• 오한, 빈맥, 과호흡, 혈압 증가, 신체기능 저하, 판단력 저하와 건망증 등이 나타남 • 말을 정확히 할 수 없음 • 걸을 때 비틀거림
28~32℃(중등도)	• 오한이 소실되고 온몸의 근육이 경직됨 • 극도의 피로감, 건망증, 기억 상실, 의식장애, 서맥, 부정맥이 나타남
28℃ 이하(중도)	• 반사기능이 소실됨 • 호흡부전, 부종, 폐출혈, 저혈압, 혼수 등이 나타남 • 이 온도가 지속될 경우 사망할 수 있음

저체온증 영유아는 더 이상의 열손실이 되는 것을 막고, 체온을 올려주기 위해서 젖은 옷을 벗기고 담요나 의복 등으로 영유아를 따뜻하게 감싸주어야 한다. 또한 저체온증 영유아에서는 탈수가 심하고 혈액의 점도가 증가되어 합병증을 유발할 수 있으므로 빠르게 수분을 공급시켜 주어야 한다. 의식이 있는 경우에는 따뜻한 음료와 당분을 공급하고, 의식이 없으면 호흡, 맥박 확인과 함께 필요한 경우 심폐소생술을 하며 수액을 공급한다.

7) 열사병과 일사병

(1) 열사병과 일사병의 차이

열사병(heat stroke)과 일사병(heat exaustion)은 한여름 뜨거운 날씨에 발생하나 열사병과 일사병은 증상도 다르고 응급처치 방법도 다르다. 열사병은 장시간 뜨거운 햇볕에 노출되거나 지나치게 더운 차 안, 찜질방 등에 오랫동안 있게 되는 경우에 몸의 열을 바깥으로 내보내지 못해 체온이 비정상적으로 상승하여 발생한다.

일사병 역시 강한 햇볕에 장기간 노출될 때 혈액의 저류와 체액과 전해질이 땀으로 과다 배출되어 발생한다. 열사병과 일사병의 증상을 비교해 보면 〈표 12-9〉와 같다.

표 12-9 열사병과 일사병의 차이

구분	호흡	맥박	몸상태	피부	땀	의식상실
열사병	깊은 호흡 후 얕은 호흡	빠름	약함	뜨겁고 건조함	소량 또는 없음	자주
일사병	빠르고 얕음	약함	약함	차갑고 축축함	과다분비	가끔

(2) 응급처치

① 열사병

열사병은 아주 위험한 상황으로 체온을 낮추는 것이 제일 중요하다. 그렇지 않으면 뇌세포에 치명적인 영향을 줄 수 있다.

- 의식이 없는 경우에는, 구토 등에 의한 이물질이 기도를 막을 수 있으므로 입안을 면밀히 살펴 기도가 막히지 않도록 해 준다.
- 열사병에 걸린 유아를 시원하고 환기가 잘되는 곳으로 이동시키고 젖은 물수건 · 에어컨 · 선풍기 또는 25℃ 정도의 물을 피부에 뿌려 주어 빠른 시간 내에 체온을 떨어뜨려 준다.
- 아이스팩을 수건에 감싸서 유아의 겨드랑이, 무릎, 손목, 발목, 목에 각각 대어서 체온을 낮추도록 한다.
- 환자의 상태를 조심스럽게 관찰하고 쇼크증상이 나타나는지 관찰한다. 의식이 계속 없는 경우는 응급상황이므로 119에 신고한다.
- 머리보다 다리를 약간 높게 눕히고, 구급차를 기다리는 시간이 길면 시원한 물이 담긴 욕조에 머리만 남기고 잠기게 한다.

② 일사병

- 의식이 없는 경우에는 구토에 의한 이물질이 기도를 폐쇄할 경우가 있으므로 입 안을 면밀히 살펴 기도를 확보한다.
- 환자를 시원한 곳으로 옮겨 휴식을 취하게 한다.
- 옷을 벗기고 오한이 나지 않을 정도로 신체를 서서히 냉각시켜 준다.
- 환자가 의식이 있으면 소금물을 마시게 하거나 전해질(이온) 음료를 마시게 한다.
- 젖은 물수건으로 얼굴을 닦아주거나 선풍기 등으로 손발을 식히면서 부채질해 준다.
- 환자의 상태를 조심스럽게 살펴 쇼크증상이 나타나는지 관찰한다. 만일 쇼크증상이 있을 경우 119나 전문가의 도움을 받도록 한다.

8) 이물질

(1) 눈에 들어갔을 때

① 눈의 표면에 먼지가 붙어 있을 경우에는 눈꺼풀을 뒤집어서 보풀이 없는 부드러운 천으로 묻혀낸다.

② 모래나 좀 더 큰 이물질이 눈에 들어간 경우에는 우선 문지르지 않도록 하고 눈 안의 이물질이 박혀 있지 않고 움직이고 있는지를 살펴보는 것이 중요하다.

③ 이물질이 움직이고 있을 때는 눈을 문지르지 말고 눈을 감고 있으면 눈물이 나서 저절로 흘러나올 수 있다. 또는 눈꺼풀을 벌려 눈의 안쪽에서 바깥쪽으로 약 15분간 물을 흘려 씻어내도록 한다.

④ 향수나 스프레이를 뿌린 경우에도 비비지 말고 정수된 물이나 생리식염수를 흘려 눈의 안쪽에서 바깥쪽으로 향하여 5분 이상 헹구어 내야 한다. 양쪽 눈에 모두 뿌린 경우 두 눈을 동시에 샤워기를 이용하여 빨리 씻어내 준 다음 생리식염수로 헹궈준다. 안약은 함부로 사용하지 않는다.

⑤ 씻어낸 후에도 통증을 호소하면 곧바로 병원으로 가야 한다. 유아의 눈을 감게 하고 깨끗한 손수건 등으로 띠를 만들어 눈을 가려 눈을 많이 움직이지 못하게 한 후 병원으로 데리고 간다.

(2) 귀에 들어갔을 때

① 귓구멍 속에서 돌아 나올 수 있는 정도의 작은 벌레가 아니라면 계속 고막 쪽으로 파고들 수 있기 때문에 바로 병원으로 간다.

② 어두운 방에서 손전등 빛을 귀에 가까이 대거나 담배 연기를 불어 넣으면 나오는 경우가 있다.

③ 효과가 없을 때는 귓속에 올리브유를 몇 방울 떨어뜨리는 것도 좋다.

– 핀셋이나 면봉으로 벌레를 제거하려고 시도하는 것은 자칫 벌레를 더 자극할 수 있으므로 하지 않는다.

(3) 코에 들어갔을 때

① 반대편 콧구멍을 막고 세차게 코를 풀어 본다.

② 면봉으로 제거하려고 시도하면 더 깊이 밀어 들어가거나, 코피를 유발할 수 있으므로 병원에 가서 제거하는 것이 안전하다.

(4) 목에 들어갔을 때

① 생선가시: 병원에 가서 제거해야 한다.

② 큰 덩어리의 이물질: 기도폐쇄의 위험성이 있으므로 즉시 119에 호출하여 병원으로 옮겨야 한다. 환자가 가장 편안한 자세(예: 앉아서 앞으로 기울인 자세)를 유지하면서 옮긴다.

9) 물놀이 사고

여름철 바닷가나 수영장에서의 물놀이는 유아들이 매우 신나게 즐겨하는 놀이이지만 미끄러짐, 물에 빠지는 등 안전사고 위험이 많다. 물놀이 시 장딴지에 쥐가 났을 때는 장딴지를 주무르면서 무릎을 곧바로 펴고 엄지발가락을 발등 쪽으로 세게 젖히도록 해 주면 곧 풀린다.

유아가 물에 빠졌을 때는 당황하지 말고 반드시 뒤쪽에서 접근해야 한다. 그렇지 않으면 구조하려는 사람조차 익사하는 위험에 빠질 수 있다. 물에 빠진 유아를 구했을 때 의식이 있고 큰 소리로 운다면 물을 많이 먹지 않은 상태이다. 만약 물을 토하기 시작하면 한쪽 무릎을 세워 유아를 그 위에 엎드리게 하고 등을 가볍게 두드려서 물을 모두 뱉어내도록 한다. 의식이 없더라도 맥박이 뛰고 있으면 편안하게 눕히고 담요를 덮어 몸을 따뜻하게 해 준다. 반드시 전문의를 찾아가 폐나 기관지 등의 2차 손상을 예방한다.

또한 물을 많이 먹어 배가 불룩하다는 이유로 무작정 배를 누르면 위 내용물이 기도로 들어가 더 위험해질 수 있다. 그보다 먼저 반응 여부를 확인하고 의식과 호흡이 없을 경우 심폐소생술을 실시하는 것이 중요하다.

10) 심폐소생술

심폐소생술은 갑작스런 사고나 질환으로 호흡이 멈추고 맥박이 뛰지 않을 때 환자의 폐에 공기를 불어넣고 흉부압박을 가하여 혈액순환을 유지하도록 도움을 주는 방법이다. 심정지가 발생하고 5분 이상이 경과되면 뇌손상이 시작되고 10분 이상 경과되면 소생 가능성이 희박하므로 초기에 효과적인 심폐소생술을 시행하는 것이 무엇보다도 중요하다.

유아들에게 다음 순서로 심폐소생술을 실시한다(보육시설응급처치 매뉴얼, 2009).

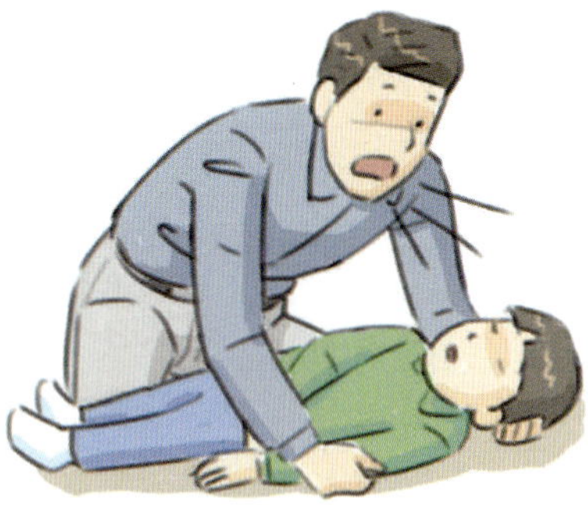

① 의식확인

환아의 어깨를 가볍게 두드리거나 흔들면서 괜찮은지 소리쳐 의식상태를 확인한다.

② 도움 요청

- 주변에 있는 교사에게 119에 전화해달라고 부탁한다.
- 주변에 아무도 없으면 직접 전화한다.

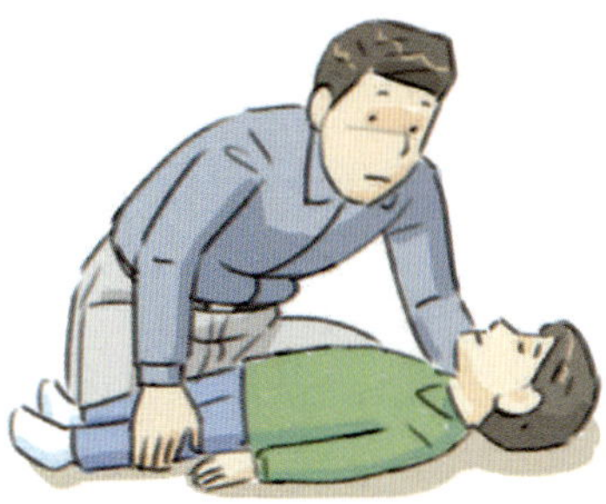

③ 자세 바로잡기

인공호흡이나 흉부압박을 하기 위해서는 환아를 바로 눕힌다.

④ 기도 열기

- 머리를 뒤로 젖히고 턱을 들어올린다.
- 환아의 입이 닫히지 않도록 한다.

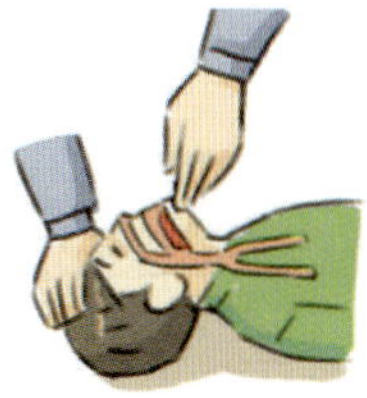

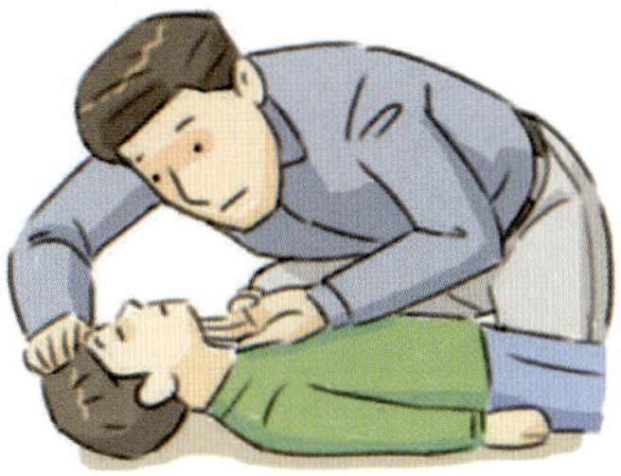

⑤ 호흡 확인

- 환아의 얼굴에 귀를 대고 눈은 환아의 가슴을 쳐다본다(5~10초간).
- 보고 → 눈으로 가슴의 움직임을 본다.
- 듣고 → 귀로 호흡음을 듣는다.
- 느낀다 → 뺨으로 숨결을 느낀다.

⑥ 인공호흡

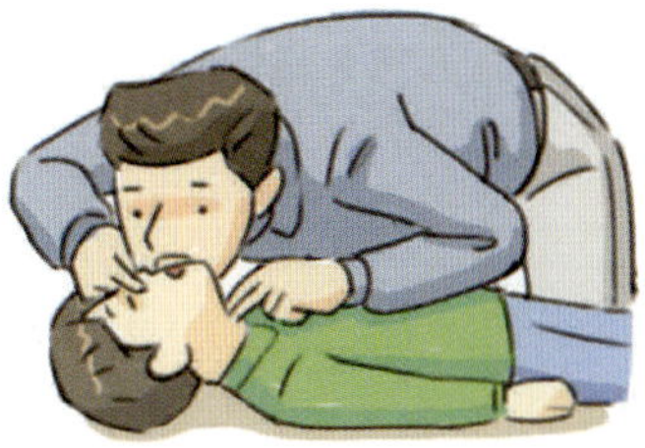

- 기도 개방을 확실하게 한다.
- 환아의 코를 엄지와 검지로 막는다.
- 구조자의 입을 환아의 입에 밀착시킨다.
- 1초간 공기를 부드럽게 불어넣는다.
- 코를 잡았던 손을 놓아 환아의 숨이 나오게 한다.
- 같은 방법으로 한 번 더 불어넣는다.

부록

- 감사한 마음으로 급 · 간식을 먹어요
- 비누
- 손 씻는 방법
- 스트레스를 해소할 수 있어요
- 콩나물밥
- 건강한 배변습관
- 몸에 좋은 음식을 찾아요
- 이를 닦아 병균을 물리치자
- 세균을 잡아라
- 내 몸을 건강하게 하여 질병을 예방해요
- 우리 주변의 운동기구
- 자전거로 운동을 해요
- 빨래가 되어 보아요
- 몸 건강 부럼 깨기
- 팬지 화전 만들기
- 우리나라 건강간식/경단
- 항아리에 메주 담기
- 김치 포스터 만들기
- 월남쌈 만들기
- 황사를 막아라
- 수면의 적: 모기
- 편안한 수면을 위한 천연 계피 스프레이
- 제철 건강 주스를 만들어요
- 새콤달콤 레몬차
- 겨울에 할 수 있는 운동–훌라후프

감사한 마음으로 급·간식을 먹어요

생활주제 유치원과 친구

활동영역 이야기 나누기

건강요소 영양

활동목표
- 음식의 소중함을 알고, 감사한 마음으로 식사한다.
- 적당량의 음식을 골고루 먹는 습관을 가진다.
- 식사 소요시간을 스스로 정하고, 정해진 시간 안에 식사를 마치도록 노력한다.

5세 누리과정 관련 요소
- 신체운동·건강 > 건강하게 생활하기 > 바른 식생활하기
- 신체운동·건강 > 건강하게 생활하기 > 건강한 일상생활하기
- 사회관계 > 사회관계 > 나의 일 스스로 하기

활동자료

아프리카 친구 사진, 급·간식 사진

활동방법

1) 진흙 쿠키를 먹는 아이에 대해 이야기 나눈다.
   - 친구들 이 친구가 먹고 있는 것이 무엇인지 아는 친구 있니?
   - 이 친구가 먹고 있는 것은 진흙으로 만든 진흙쿠키라고 한대.
   - 왜 이 친구는 진흙으로 만든 쿠키를 먹고 있을까?

2) 음식을 대하는 바른 태도와 마음가짐에 대해 이야기 나눈다.
   - 우리들은 먹을 것이 없어서 음식이 아닌 흙을 구워 먹는 친구들을 보며 만약 아이티 친구들이 우리들이 음식을 먹기 싫어하거나 버리는 모습을 보면 어떤 생각을 하게 될지 이야기해보자.
   - (편식하며 음식을 바닥에 몰래 버리는 모습을 보며) 무엇을 하는 모습인 것 같니?
   - 너희들도 음식이 먹기 싫어서 몰래 버린 적이 있니?
   - 만약 내가 싫어하거나 먹어본 적이 없는 음식이 나왔을 때는 어떻게 하면 좋을까?
   - (음식을 남기는 그림을 보며) 어떤 모습인 것 같니?
   - 음식을 남기게 되는 이유는 무엇일까?
   - 내 식판에 주신 음식을 하나도 남김없이 다 먹을 수 있는 방법은 무엇일까?

3) 바른 급·간식습관 이야기에 대해 평가한다.
   - 음식을 남기지 않으려면 어떻게 해야 할까?
   - 바른 식습관을 가지려면 어떻게 해야 할까?

활동 시 유의점

1) 음식의 소중함을 알고 감사한 마음으로 음식을 대할 수 있도록 한다.
2) 적당량의 음식을 골고루 먹을 수 있도록 한다.

활동 평가

1) 음식의 소중함을 알고 감사한 마음으로 식사하는지 평가한다.
2) 적당량의 음식을 골고루 먹으려고 노력하는지 평가한다.

확장활동

오늘 먹을 점심과 간식을 만들어 주시는 조리사님께 편지를 써본다.

비누

생활주제 유치원과 친구

활동영역 새노래

건강요소 청결

활동목표
- 노래를 듣고 이해하여 다양한 방법으로 즐길 수 있다.
- 노랫말에 어울리는 동작을 창의적으로 표현할 수 있다.
- 청결한 습관에 대해 안다.

4세 누리과정 관련 요소
- 신체운동·건강 > 건강하게 생활하기 > 질병 예방하기
- 예술경험 > 예술적 표현하기 > 음악으로 표현하기
- 의사소통 > 듣기 > 동요, 동시, 동화 듣고 이해하기

활동 자료

새노래 가사판, 비누그림

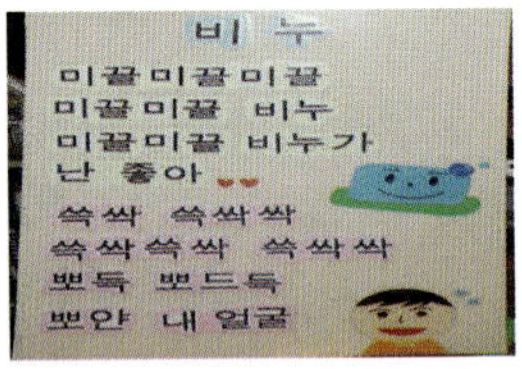

활동방법

1) 퍼즐을 맞추며 흥미를 유발한다.
   - 선생님이 퍼즐을 준비했어, 어떤 사진일지 맞춰볼까?
2) 비누를 사용해본 경험을 이야기한다.
   - 비누를 어디에서 봤니?
   - 무엇을 할 때 비누를 사용하지?
   - 비누를 만졌을 때 느낌이 어땠니?

- 비누로 씻을 때 나는 느낌은 어떠니?

3) 교사가 노래를 들려준다.
   - 비누로 씻을 때 모습의 노래를 들어보자.
   - 음에 대해 알아보기 위해 한 가지 소리로 불러보자.
     (아, 라, 음, 나)
   - 가사를 한 줄씩 읽어보고 노래에 맞춰 가사로 불러본다.
4) 노랫말에 어울리는 동작을 만들어 본다.
   - '미끌미끌'은 어떻게 표현해볼까?
   - '비누'라는 말이 나오면 어떻게 할까?
   - '난 좋아' 는 어떻게 표현해볼까?
   - '쓱싹 쓱싹'은 어떻게 표현하면 좋을까?
   - '뽀득뽀득'은 어떤 동작으로 해볼까?
5) 활동하면서 재미있었던 점을 이야기 나눈다.
   - 어떤 점이 제일 재미있었니?
   - 여러 가지 동작들 중에서 어떤 동작이 제일 재미있었니?

활동 시 유의점

1) 가사판은 노래의 멜로디를 다 익힌 후에 제시한다.
2) 노래에 맞춰 자유롭게 표현할 때 카펫 안에서만 자유롭게 다닐 수 있도록 지도한다.

활동 평가

1) 새 노래를 듣고 부르는지 평가한다.
2) 노래를 듣고 이해하여 다양한 방법으로 즐기는지 평가한다.
3) 노랫말에 어울리는 동작을 창의적으로 표현하는지 평가한다.
4) 청결한 습관에 대해 아는지 평가한다.

확장활동

여러 가지 악기를 활용하여 노래에 맞춰 연주해본다.

손 씻는 방법

생활주제 유치원과 친구

활동영역 새노래

건강요소 질병 예방

활동목표
- 몸을 깨끗이 해야 하는 이유에 대해 안다.
- 몸을 깨끗이 하는 방법에 관심을 가진다.

5세 누리과정 관련 요소
- 신체운동 · 건강 > 건강하게 생활하기 > 몸과 주변을 깨끗이 하기
- 신체운동 · 건강 > 건강하게 생활하기 > 질병 예방하기
- 예술경험 > 예술적 표현하기 > 음악으로 표현하기

활동 자료

활동 그림자료, 새 노래 가사판

활동방법

1) 울고 있는 표정의 아이 그림 자료를 보며 이야기를 나눈다.
   - 왜 이런 표정을 하고 있을까?
   - 친구의 손이 왜 이렇게 더러울까?

2) 손을 깨끗이 씻어야 하는 이유에 대해 이야기를 나눈다.
 - 이 친구가 계속 손을 씻지 않는다면 어떻게 될 것 같니?
 - (아이의 그림에 세균을 붙이며) 세균이 배로 들어가서 배가 많이 아플 수 있겠구나.
 - 그럼 이 친구가 아프지 않고 건강하기 위해서는 무엇을 해야 할까?

3) '손 씻기 체조' 노래를 소개하고 듣는다.
 - 우리 친구들이 손을 어떻게 씻어야 하는지 노래를 통해 배워 보자.
 - '손씻기 체조'라는 노래를 들려줄 테니까 들어보도록 하자.

4) '손 씻기 체조' 노랫말 자료를 보고 노랫말을 알아본다.
 - '손 씻기 체조' 노래의 노랫말을 알아보자.
 - 손바닥을 어떻게 문지르라고 했니?
 - 손가락은 어떻게 문지르라고 했니?
 - 이번에는 선생님이 한 소절씩 불러줄게. 듣고 따라 불러보자.
 - 후렴부분을 한 번 더 불러보자.

5) 다양한 방법으로 나누어 부른다.
 - 이번에는 우리 민들레반 친구들과 선생님이 노래를 함께 불러볼 거야. 선생님이 파란색 부분을 부를테니 우리 민들레반 친구들이 하늘색 부분을 불러줄 수 있겠니?

6) 활동에 대한 생각과 느낌을 이야기 나눈다.
 - 이 노래를 부르니 어땠니?
 - 어떤 부분을 부를 때 가장 즐거웠니?

활동 시 유의점

1) 우리 몸을 깨끗하게 씻는 것이 생활화될 수 있도록 지속적, 반복적으로 지도한다.
2) 나의 몸을 깨끗이 하는 방법에 대해 알아볼 때 유아들의 수준에서 직접 실천할 수 있는 내용을 함께 이야기 나누어 볼 수 있도록 한다.

활동 평가

1) 나의 몸을 깨끗이 해야 하는 이유에 대해 아는지 평가한다.
2) 나의 몸을 깨끗이 하는 방법에 관심을 가지는지 평가한다.

확장활동

1) 몸을 씻을 때 들을 수 있는 소리를 알아보고 다양한 소리를 탐색한다.
2) 이 닦는 방법, 깨끗이 목욕하는 방법으로 개사를 해서 노래를 불러볼 수 있다.

스트레스를 해소할 수 있어요

생활주제 유치원과 친구

활동영역 게임

건강요소 개인의 건강, 정신건강

활동목표
- 스트레스를 받았을 때, 어떻게 해소해야 하는지 이해할 수 있다.
- 신체를 움직임으로써 스트레스를 해소할 수 있다.

5세 누리과정 관련 요소
- 사회생활 > 나와 다른 사람의 감정 알고 조절하기 > 나의 감정 조절하기
- 신체운동 · 건강 > 신체 조절과 기본 운동하기 > 신체 조절하기

활동 자료

발판, 노래판, 색 표시, AR

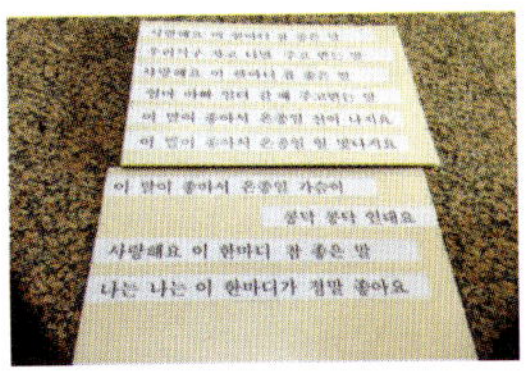

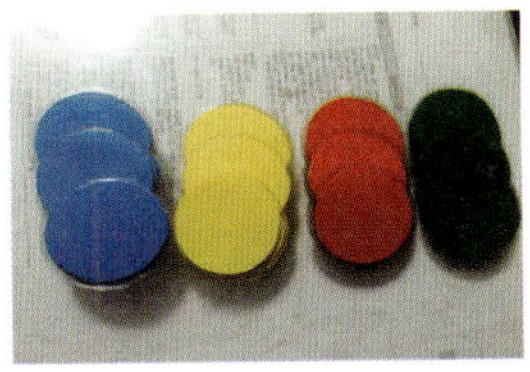

활동방법

1) 스트레스에 대해 알아본다.
   - 스트레스라는 말을 들어본 적 있니?
   - 어떻게 하면 스트레스가 생길까? 낯선 공간에 가거나 낯선 사람을 만났을 때 마음이 불편하고 긴장이 되는 상태일 때 스트레스를 받는다고 해. 또 자신이 하기 힘들고 어렵거나 하기 싫은 일인데 많은 양을 하게 되었을 때 스트레스를 받는다고 해.
   - 이런 경험이 있니?
2) 스트레스 해소방법에 대해 알아본다.

- 스트레스가 생겼을 때 그냥 두어도 될까?
- 스트레스를 풀 수 있는 방법에 무엇이 있을까?

3) 준비한 스트레스 해소 활동을 설명한다.
- 친구들이 이야기한 것 중에 선생님이 한 가지 방법을 준비해 왔어.

① 가사판 위에 색깔 동그라미를 붙이고 싶은 곳에 붙인다. ② 노래를 틀면 가사 위에 붙은 색의 판을 발로 밟는다. ③ 노래가 끝난 뒤 색을 바꾸어 다시 해본다.

- 선생님이 준비한 발판을 노래에 맞추어 정한 색을 밟으며 움직이는 활동을 할 거야.
- 먼저 선생님이 말하는 것을 찾아서 밟아보도록 해보자.
- 우리 함께 가사에 색을 정해본 후에 신체활동을 해볼까?

4) 활동 마무리하기
- 신나고 재미있게 활동하니까 스트레스가 풀리는 것 같니?
- 이 방법 말고도 다른 방법으로 스트레스를 해소하고 싶은 것 중에 무엇이 있니?
- 우리가 스트레스를 받은 것처럼 부모님들도 스트레스를 받을 수 있을까?

활동 시 유의점

1) 해소방법이 건전하고 안전하며 즐길 수 있는 행동에 대해 이야기할 수 있도록 한다.
2) 신체활동을 할 때 유아가 다치지 않도록 안전에 유의한다.

활동 평가

1) 스트레스가 어떠한 감정인지를 알고 이해한다.
2) 스트레스를 해소하는 다양한 방법을 알고 스트레스를 해소할 수 있도록 한다.

확장활동

1) 다른 노래에 맞추어 자신이 정한 색으로 신체활동을 해본다.
2) 집에서 다른 방법의 스트레스 해소활동을 해본다.

콩나물밥

생활주제 식물과 동물

활동영역 요리

건강요소 영양

활동목표
- 콩나물에 대해 관심을 가진다.
- 요리를 하며 즐거움을 느낀다.

4세 누리과정 관련 요소
- 신체운동 · 건강 > 건강하게 생활하기 > 바른 식생활하기
- 자연탐구 > 탐구하는 태도 기르기 > 탐구과정 즐기기
- 자연탐구 > 과학적 탐구하기 > 간단한 도구와 기계 활용하기

활동 자료

요리 순서 사진, 음식 재료(콩나물, 소고기 볶은 것, 쌀, 양념장), 도구(스테인 볼, 냄비, 그릇, 숟가락, 체)

활동방법

1) 콩나물에 대한 수수께끼로 주의집중을 한다.
   - 선생님이 수수께끼를 하나 내볼게. 맞춰볼 수 있겠니?
     ① 나는 어떤 나물일까요?
     ② 나는 몸이 길어요.

③ 나는 머리에 노란 모자를 쓰고 있어요.

④ 나는 친구들의 키를 쑥쑥 크게 해줘요.

2) 콩나물 사진을 보며 경험 이야기를 나눈다.

- 콩나물을 먹어본 적이 있니?
- 콩나물로 만든 음식 중 어떤 음식을 먹어보았니?

3) 활동에 대해 소개한다.

- 우리가 오늘 만들어 볼 음식은 '콩나물밥' 이야. 혹시 콩나물밥을 먹어본 친구 있니?
- 콩나물밥에는 어떤 재료들이 들어갈까? → 쌀, 콩나물, 소고기, 양념장
- 콩나물밥을 어떻게 만드는지 알고 있니?
- 어떻게 만드는지 알아보자.

〈활동 순서〉

① 쌀을 씻어 불린다.

② 콩나물을 씻은 뒤 물기를 뺀다.

③ 냄비에 불린 쌀을 넣는다.

④ 씻어 물기 뺀 콩나물과 소고기 볶은 것을 냄비에 넣는다.

⑤ 밥이 다 지어지면 그릇에 예쁘게 담는다.

⑥ 밥과 양념장을 곁들여 맛있게 먹는다.

4) 요리활동을 할 때 주의할 점에 대해 이야기 나눈다.

- 우리가 콩나물밥을 만들기 위해서는 선생님과 친구들이 꼭 조심하고 지켜야 할 것들이 있어. 어떤 것을 조심하고 지켜야 할까?

5) 요리활동을 시작한다.

- 융판에 붙어 있는 순서를 보면서 활동을 시작해 보자.

① 쌀을 씻어 불린다.

- 우리가 손을 씻는 곳에 가서 쌀을 씻어보자.

② 콩나물을 씻은 뒤 물기를 뺀다.

- 콩나물을 양옆으로 살살 흔들면서 씻어보자.
- 다 씻은 콩나물은 옆에 있는 체에 놓아보자.

③ 냄비에 불린 쌀을 넣는다.
- 씻어 놓았던 쌀을 냄비에 넣어보자.

④ 씻어 물기 뺀 콩나물과 소고기 볶은 것을 냄비에 넣는다.
- 체에 놓았던 콩나물을 쌀 위에 얹어보자.
- 소고기 볶은 것을 한 숟가락씩 넣어보자.

⑤ 밥이 다 지어지면 그릇에 예쁘게 담는다.
- 맛있는 콩나물밥이 다 지어졌어. 자신의 그릇에 먹을 만큼 담아보자.

⑥ 밥과 양념장을 곁들여 맛있게 먹는다.
- 간장을 넣어서 비벼 먹어 보자.

6) 콩나물밥을 맛있게 먹는다.
7) 콩나물밥을 만들어본 느낌에 대해 이야기 나눈다.
- 친구들이 직접 콩나물밥을 짓고 먹어보니까 어땠니?
- 친구들이 만든 콩나물밥을 누구와 함께 먹어보고 싶니?

활동 시 유의점

1) 반드시 손을 씻은 후 활동을 시작한다.
2) 아이들에게 직접적으로 불을 사용하게 하지 않는다.

활동 평가

1) 콩나물에 대해 관심을 갖는지 평가한다.
2) 요리에 흥미를 갖고 즐겁게 참여하는지 평가한다.

확장활동

교실, 또는 유치원 앞마당에 오이(꽃이나 다른 식물) 심는 활동을 한다.

건강한 배변습관

생활주제 나와 가족

활동영역 게임

건강요소 질병 예방

활동목표

- 질병을 예방하는 방법에 관심을 갖는다.
- 건강한 배변습관을 이해하고 실천한다.

4세 누리과정 관련 요소

- 신체운동·건강 > 건강하게 생활하기 > 건강한 일상생활하기 > 바른 배변 습관을 가진다.
- 신체운동·건강 >건강하게 생활하기 > 건강한 일상생활하기 > 질병을 예방하는 방법을 알고 실천한다.
- 신체운동·건강 >신체 조절과 기본 운동하기 > 신체 조절하기 > 눈과 손을 협응하여 소근육을 조절해 본다.

활동 자료

똥 그림, 점수판, 양면 카드

똥 그림

점수판

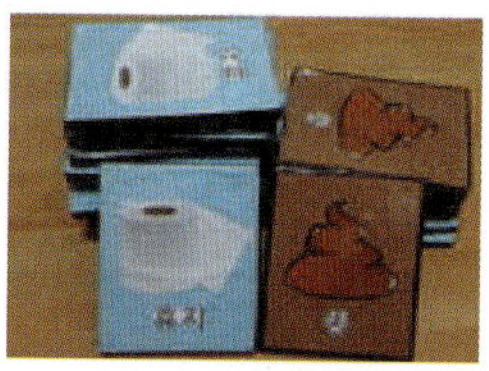
양면 카드

활동방법

1) 수수께끼로 활동의 주제를 소개한다.
   - 나는 사람이 음식을 먹으면 만들어져요.
     그리고 나의 집은 대장인데, 때가 되면 변기로 이사를 가요.
     나는 누구일까요?

2) 똥에 대해 이야기를 나눈다.
- 똥은 어떻게 만들어질까?
- 어디로 내보내게 될까?
- 똥을 내보내는 부위를 항문이라고 한단다.
- 똥을 우리 몸 밖으로 내보내고 나서 우린 어떻게 해야 하지?
- 만약 똥을 깨끗이 닦지 않으면 어떻게 될까?
- 똥을 닦을 때는 살살 꾹 살살 꾹 여러 번, 휴지에 똥이 안 묻어 나올 때까지 닦도록 하자.

3) 게임을 소개한다.
- 선생님이 우리 친구들의 건강한 배변습관에 도움이 되는 게임을 준비해 봤어.
- 먼저 팀을 나누고 똥 팀은 똥이 보이게 뒤집고 휴지 팀은 휴지가 보이게 뒤집으면 돼. 많이 뒤집는 팀이 이기는 게임이야.

4) 자세한 게임을 설명한 후 안전규칙을 약속한다.
- 선생님이 휴지팀, 똥팀 팔찌를 준비해왔어. 팔찌를 착용하고 팀을 확인해보자.
- 똥팀은 똥으로 뒤집고 휴지팀은 휴지가 보이도록 시범을 보인다.
- 우리가 게임을 시작하기 전에 안전한 게임을 할 수 있도록 규칙을 만들어보자.

5) 게임을 진행한다.
- 게임을 시작한다.
- 어느 팀이 이겼는지 카드를 세어보자.

6) 활동을 정리한 후 이야기 대형으로 앉아 평가를 진행한다.
- 오늘 배운 건강한 배변습관엔 무엇이 있었지?
- 우리가 오늘 배운 건강한 배변습관을 어떻게 실천할 수 있을까?

활동 시 유의점

1) 한 손으로 카드를 뒤집는 게임이니 다른 한 손은 사용할 수 없도록 주의한다.
2) 다른 팀 유아를 방해할 수 없도록 주의한다.

활동 평가

1) 질병을 예방하는 방법을 알고 있는지 평가한다.
2) 건강한 배변습관을 어떻게 실천할 수 있는지 평가한다.

확장활동

1) 우리 반 건강한 배변습관 노래 만들기
2) 다른 건강한 배변습관 더 알아보고 실천하기

몸에 좋은 음식을 찾아요

생활주제 나와 가족

활동영역 게임

건강요소 영양

활동목표
- 몸에 좋은 음식의 종류에 관심을 갖는다.
- 몸에 좋은 음식과 몸에 나쁜 음식을 구분할 수 있다.
- 게임의 규칙을 지켜 적극적인 모습으로 게임을 한다.

4세 누리과정 관련 요소
- 신체운동 · 건강 > 건강하게 생활하기 > 바른 식생활하기
- 신체운동 · 건강 > 신체활동에 참여하기 > 자발적으로 신체활동에 참여하기

활동 자료

몸에 좋은 음식 사진 카드와 몸에 좋지 않은 음식 사진 카드, 팀을 나누는 뽑기, 팀 이름표, 점수 스티커, 출발선(색 테이프), 신호악기

활동방법

1) 음식을 먹고 배가 아팠던 경험 이야기를 한다.
   - 혹시 하늘 반 친구들도 다정이처럼 음식을 먹고 배가 아팠던 적이 있니?
   - 다정이가 좋아하는 콜라는 몸에 좋은 음식일까? 좋지 않은 음식일까?
   - 콜라가 몸에 좋지 않은 음식이라고 생각하는 이유는 무엇이니?
2) 사진 자료를 보여 주며 몸에 좋은 음식과 좋지 않은 음식에 대해 이야기 나누고 게임 소개를 한다.
   - 선생님이 다른 음식들도 가지고 왔어. 어떤 음식인지 같이 보자.
   - 우리 오늘 몸에 좋은 음식과 몸에 좋지 않은 음식 중에서 몸에 좋은 음식을 찾아오

는 릴레이 게임을 해볼 거야.

3) 게임 자료를 알아본다.

- 게임에 필요한 것들이 무엇이 있는지 보자.

(몸에 좋은 음식 카드를 보여 준다) 이것은 무엇인 거 같니?

(몸에 좋지 않은 음식 카드를 보여 준다) 이것은 무엇인 거 같니?

4) 게임방법을 알아보고 시범을 보인다.

① 두 팀으로 나눈다. ② 각 팀에서 한 명씩 나와 출발선에 선다. ③ 출발 신호가 울리면 뒤에 놓아져 있는 카드 중 몸에 좋은 음식의 사진 카드를 들고 출발선으로 돌아온다. ④ 마지막 유아까지 릴레이로 게임을 이어나가 몸에 좋은 음식 카드를 알맞게 가져오고, 빠르게 들어온 팀에게 점수를 준다.

- 게임을 하기 전에 팀을 나누고 게임 대형으로 앉아보자.
- 어떤 방법으로 팀을 나누는 것이 좋을까?
- 팀 이름을 정해볼까?
- 선생님을 도와 게임 자료를 뒤에 놓아 줄 친구가 있니?
- 선생님과 함께 시범을 보여줄 친구가 있니?

5) 약속을 정하고 게임을 한다.

- 즐겁게 게임을 하기 위해서는 어떤 약속을 지켜주어야 할까?
- 앉아 있는 친구는 무엇을 해주면 좋을까?

6) 게임을 평가한다.

- 활동을 하면서 무엇을 알게 되었니?

활동 시 유의점

1) 유아들이 즐겨 먹는 음식에서 몸에 좋은 음식과 좋지 않은 음식을 구별할 수 있도록 한다.
2) 안전하게 게임을 할 수 있도록 지도한다.

활동 평가

1) 몸에 좋은 음식과 좋지 않은 음식이 무엇인지 안다.
2) 규칙과 약속을 지켜 활동에 즐겁게 참여하는지 평가한다.

확장활동

1) 언어영역에서 몸에 좋은 음식 책 만들기를 한다.

이를 닦아 병균을 물리치자

생활주제 나와 가족

활동영역 게임

건강요소 개인의 건강

활동목표
- 이 닦기의 중요성을 알고 이 닦는 습관을 기른다.
- 친구와 함께 협동하여 이 닦기 게임을 한다.
- 게임을 통하여 끝까지 즐거운 마음으로 참여의 경험을 한다.

5세 누리과정 관련 요소
- 신체운동 · 건강 > 건강하게 생활하기 > 몸과 주변을 깨끗이 하기
- 사회관계 > 다른 사람과 더불어 생활하기 > 친구와 사이좋게 지내기

활동 자료

궁금이상자, 칫솔, 사진 자료(칫솔), 게임판, 뽑기통, 주사위, 칫솔 모형 2개, 치약 모형

활동방법

1) 칫솔이 들어 있는 궁금이 상자로 유아의 흥미를 이끈다.
   - 선생님이 궁금이상자 안에 무언가를 넣어 왔어. 누가 만져보고 친구들에게 말해주겠니?
2) 이를 닦았었던 경험을 이야기 나눈다.
   - 칫솔이지, 그리고 칫솔의 친구 누가 있을까? 치약이 있지.
   - 그렇다면 칫솔은 언제 사용하니?
   - 이를 닦고 나니 어떤 기분이 들었니?
3) 어떤 음식을 먹으면 이가 썩는지 이야기 나눈다.

- 이를 안 닦으면 어떻게 될까?
- 친구들은 어떤 음식을 먹고 나서 이가 아팠니?

4) '이 닦기 게임'을 소개하며 준비된 자료를 살펴보고 활동방법을 제시한다.
- 이를 꼭 닦아야 한다는 것을 알려주는 '이 닦기 게임'을 하려고 한단다.
- ('이 닦기 게임' 게임판과 주사위를 보여 주면서) 어떤 게임을 할 수 있을까?

① 두 팀으로 나누어 앉아 각 팀에서 한 명씩 순서대로 주사위를 던진다.
② 주사위의 그림을 확인한다.
- 주사위에서 칫솔, 치약 그림이 나오면 칫솔로 칫솔질을 하고 난 후 썩은 이를 떼어낸다.
- 이를 썩게 하는 음식 그림이 나오면 썩은 이를 붙인다.
③ 게임판의 이가 먼저 깨끗해지는 유아가 이긴다.

5) '이 닦기 게임' 시범을 보여 주고, 약속을 정한다.
- 어떻게 팀을 나눠 보는 것이 좋겠니?/그래 뽑기를 통하여 팀을 나눠보자.
- 선생님을 도와 친구들 앞에서 시범을 보여줄 친구 있니?
- 사랑반, 우리 이제 게임을 해보도록 할 거야. 게임을 하기 전에 우리가 지켜야 할 약속들이 있는데, 어떤 것들이 있을까?

6) '이 닦기 게임'을 한다.

7) '이 닦기 게임'을 회상하면서 이야기 나눈다.
- 우리 몸을 건강하게 하려면 어떤 곳을 깨끗하게 해야 한다는 것을 알게 되었지?
- 게임을 해보았는데, 어떤 점이 좋았니?/아쉬웠니?

활동 평가

1) 이 닦기의 중요성을 알고 이 닦는 습관을 기르게 되었는지 관찰하여 평가한다.
2) 친구와 함께 협동하여 이 닦기 게임을 하였는지 관찰하여 평가한다.
3) 게임을 통하여 끝까지 즐거운 마음으로 참여하고 경험하였는지 관찰하여 평가한다.

확장활동

1) 올바른 양치방법에 대해서 알아보고 직접 실천한다.
2) 양치컵을 직접 만들어보는 미술활동을 계획한다.
3) '싹싹 닦아라', '양치송' 등의 이 닦기 새노래를 배우고 양치 시간에 노래를 들려준다.

세균을 잡아라

생활주제 나와 가족

활동영역 게임

건강요소 질병 예방하기

활동목표
- 손을 바르게 씻는 순서를 안다.
- 게임 규칙을 지키며 즐겁게 게임에 참여한다.

4세 누리과정 관련 요소
- 신체운동 · 건강 > 건강하게 생활하기 > 몸과 주변을 깨끗이 하기
- 신체운동 · 건강 > 건강하게 생활하기 > 질병 예방하기
- 사회관계 > 다른 사람과 더불어 생활하기 > 친구와 사이좋게 지내기

활동 자료

손 씻기 순서판, 퍼즐판, 퍼즐 조각 9개, 주사위

활동방법

1) 경험 이야기 나누기
   - 우리 손을 들어서 한 번 볼까?
   - 손이 더러울 때는 어떻게 해야 될까?
   - 만약 손이 더러운데, 깨끗이 씻지 않으면 어떻게 될까?
   - 손을 씻을 때는 어떻게 해야 깨끗하게 씻을 수 있을까?
   - (손 씻기 순서판을 보며) 손을 씻을 때는 어떤 것을 제일 먼저 해야 될까?

2) 게임방법에 대해서 이야기한다.

- (게임준비물을 보여 주며) 이것으로 어떻게 게임을 할 수 있을까?
- 게임방법에 대해 알아보자.

> ① 두 명씩 짝을 정한다.
> ② 더러운 손 그림이 맞춰져 있는 퍼즐판과 손 씻기 순서판을 각각 하나씩 나눠가진다.
> ③ 가위바위보를 통해 순서를 정한다.
> ④ 주사위를 던져서 깨끗한 손 그림이 나오면 더러운 손 그림 퍼즐 조각 한 개를 뒤집어 뒷면의 그림을 보고 손 씻기 순서판에 순서대로 놓는다.
> ⑤ 손 씻기 순서판에 순서대로 그림을 놓아 깨끗한 손 퍼즐판이 나오면 이기는 게임

- 혹시 이해하지 못한 친구가 있니? (시범 보이기)

3) 게임을 할 때 지켜야 할 약속에 대해서 이야기한다.

- 게임을 할 때 어떤 약속을 지켜야 하니?
- 그럼 이렇게 말한 약속들을 다 지키면서 게임을 해보자.

4) '세균을 잡아라' 게임 후, 느낀점에 대해 이야기한다.

- 오늘 어떤 게임을 했니?
- 게임을 하면서 무엇을 알게 되었니?
- 게임을 하면서 좋았던 점, 아쉬웠던 점에 대해서 이야기해볼까?

활동 시 유의점

주사위를 던질 때 너무 높게 던져 다치지 않도록 주의를 준다.

활동 평가

1) 깨끗하게 손 씻기에 관심을 가지는지 평가한다.
2) 게임 규칙을 잘 이해하고 친구와 사이좋게 했는지 평가한다.

확장활동

손 씻기에 대한 동시 짓기

내 몸을 건강하게 하여 질병을 예방해요

생활주제 우리 동네

활동영역 이야기 나누기

건강요소 질병 예방, 지역사회 및 소비자로서의 건강

활동목표
- 우리 동네 기관 중 병원에서 일하는 사람들의 직업 특성과 하는 일에 대하여 알 수 있다.
- 병을 예방할 수 있는 운동과 음식, 생활습관 등을 알고 실천할 수 있다.

4세 누리과정 관련 요소
- 신체운동·건강 > 건강하게 생활하기 > 질병 예방하기
- 의사소통 > 말하기 > 느낌, 생각, 경험 말하기

활동 자료

몸이 허약한 아이 손 인형, 다양한 그림카드, 허약이 그림판

활동방법

1) 손인형을 이용한 몸이 아픈 아이의 이야기를 듣는다.

(기침을 하면서 작은 목소리로) 얘들아, 안녕. 나는 허약이야.
나는 세상에서 제일 싫어하는 것이 세 가지씩이나 있어. 뭔지 궁금하니?
나는 운동하는 게 세상에서 제일 싫어.
운동 할 시간에 TV를 보거나 게임을 하는 것이 더 좋아.
그리고 나머지 두 가지는 바로 김치랑 토마토야.
며칠 전에 엄마가 김치랑 토마토가 들어간 음식을 해주셨는데, 너무 먹기가 싫어서 먹다가 뱉어버렸어.
나는 고기반찬을 제일 좋아한단 말이야. 매일 고기반찬만 먹으면서 살면 얼마나 좋을까?
그리고 이건 비밀인데… 나는 몸을 깨끗이 씻는 게 너무 귀찮아서 자주 안 씻고 자곤 해.
어제는 눈이 펑펑 왔는데, 내가 좋아하는 얇은 여름 원피스를 입고 나갔었어.
오들오들 떨면서 친구들과 눈싸움하면서 놀다가 왔는데,
지금 몸에 열도 나고 콧물도 나오고 기침도 하면서 몸이 너무 아파.
나는 몸이 약해서 너희들보다 훨씬 더 쉽게 감기에 걸리는 것 같기도 해.
나도 너희들이랑 밖에서 신나게 뛰어 놀면서 놀고 싶은데, 어떻게 하면 너희들처럼 건강하게 뛰어놀 수 있겠니?

- 얘들아, 허약이의 몸 상태가 어떤 것 같니?
- 어디로 가야 허약이의 병을 고칠 수 있을까?

2) 병원에 가 본 경험과 병원에서 일하는 분에 대해 이야기 나눈다.
- 너희들도 병원에 가본 적이 있니?
- 병원에서 일 하시는 분들은 어떤 분들이 있었니?

3) 병원에서 하는 일에 대해 이야기 나눈다.
- 병원에는 언제 가야 한다고 생각하니?
- 병원은 꼭 아플 때만 가야 하는 곳일까?
- 아프지 않아도 병원에 가야 하는 경우는 어떤 경우가 있을까?
- 아프지 않아도 건강검진을 받으러 병원에 갈 수 있단다.
- 건강검진의 뜻을 알고 있니? 건강검진은 어떤 것을 말하는 것 같니?
- 건강검진은 너희들의 몸 상태를 미리 알려주고, 아프지 않도록 하기 위해 미리 병을 예방할 수 있는 검사란다.

4) 유아들에게 허약이에게 몸을 건강하게 하기 위한 방법을 알려주도록 한다.
- 그럼 선생님이 허약이를 다시 불러와볼게.
- 얘들아, 너희들이 나한테 건강하게 뛰어놀 수 있는 방법에 대해 알려주고 싶다는 말을 듣고 왔어! 누가 나에게 그 방법을 알려주겠니?

5) 오늘 한 활동에 대해 이야기 나눈다.
- 활동을 하면서 좋았던 점이나 아쉬웠던 점이 있니?
- 활동을 하면서 새로 알게 된 점이 있니?

활동 시 유의점

1) 사람들이 왜 질병에 걸리는지에 대해 인지적 갈등을 유발하는 교사의 발문으로 유아들이 충분히 생각하게 해보도록 한다.
2) 교사 주도적 수업이 아닌 유아의 언어적 참여와 행동적 참여에 비중을 두어 이야기 나누기를 이끌어 나갈 수 있도록 한다.

활동 평가

1) 우리 동네 기관 중 병원에서 일하는 사람들의 직업 특성과 하는 일에 대해 관심을 갖는지 평가한다.
2) 질병을 예방하는 방법을 실천할 수 있는지 평가한다.

확장활동

1) 미래에는 어떤 직업이 생길지에 대한 자신이 생각한 직업을 미술활동으로 표현한다.

우리 주변의 운동기구

생활주제 우리 동네

활동영역 이야기 나누기

건강요소 개인의 건강

활동목표
- 우리 동네 사람들이 이용하는 운동기구에 대해 관심을 가진다.
- 체조를 하며 신체를 조절하여 움직인다.

5세 누리과정 관련 요소
- 사회관계 > 사회에 관심 가지기 > 지역 사회에 관심 갖고 이해하기
- 신체운동 · 건강 > 신체활동에 참여하기 > 자발적으로 신체활동에 참여하기

활동 자료

우리 동네에서 볼 수 있는 운동기구 사진

활동방법

1) 우리 동네 사람들을 위한 운동기구에 대해 이야기를 나눈다.
   - 우리 동네 사람들이 운동하는 모습을 본 적 있니?
   - 우리 동네 사람들을 위해 마련해 놓은 운동기구를 본 적 있니?
2) 공원(또는 아파트 단지 내)에 있는 운동기구를 사용해본 경험을 이야기 나눈다.
   - 공원에 있는 운동기구를 이용해서 운동해본 적이 있니?

- 어떤 운동기구가 있었니?

3) 운동기구 사진을 탐색하고 사용방법에 대해 이야기 나눈다.
   - 이 운동기구로 어떻게 운동하는 것일까?
   - 이 기구를 이용하여 운동하면 신체 어느 부위가 건강해질까?
   - 이 운동기구의 올바른 사용방법은 무엇일까?
   - 이 운동기구를 사용할 때 조심해야 할 점은 무엇일까?
4) 우리 동네 사람들을 위해 마련한 운동기구를 이용하면 좋은 점에 대해 이야기 나눈다.
   - 누가 이런 운동기구를 만들었을까?
   - 왜 우리 동네에 운동기구를 설치해놓은 것일까?
   - 이 운동기구를 우리 동네 사람들이 많이 이용하면 어떤 점이 좋을까?
5) 활동 후 느낀 점에 대해 이야기를 나눈다.
   - 운동기구에 대해 이야기를 나누니 어떤 생각과 느낌이 들었니?
   - 어떤 운동기구가 가장 기억에 남았니?

활동 시 유의점

운동기구에 대한 자신의 생각을 자유롭게 표현하도록 유도한다.

활동 평가

우리 동네 사람들이 이용하는 다양한 운동기구와 쓰임새에 대해 아는지 평가한다.

확장활동

1) 나만의 운동기구 상상해서 그려보기
2) 찰흙으로 운동기구 만들어보기

자전거로 운동을 해요

생활주제 우리 동네

활동영역 게임

건강요소 안전

활동목표
- 자전거 전용도로에 대해서 이해할 수 있다.
- 자전거로 운동을 할 수 있다.

4세 누리과정 관련 요소
- 사회관계 > 다른 사람과 더불어 생활하기 > 친구와 사이좋게 지내기
- 신체운동 · 건강 > 신체 조절과 기본 운동하기 > 신체 조절하기

활동 자료

뽑기통, 게임판, 자전거, 자전거 전용도로표지판

활동방법

1) 자전거 전용도로 표지판을 소개한다.
   - 이 그림을 본 적 있니?
   - 자전거만 다니는 곳이에요 라고 말해주는 표지판이야. 이름은 자전거 전용도로라고 해.
2) 게임 설명 및 시범 보이기를 한다.

① 자전거 표지판을 놓는다.
② 자전거를 탄다.
③ 자전거를 타고 코너를 돌아온다.

- 이 자전거 표지판을 놔야 하는데, 누가 도와줄 수 있겠니?
- 선생님이 먼저 시범을 보여줄게.

3) 주의할 점을 이야기하고 팀을 나누어 앉는다.
   - 게임을 할 때 우리 지켜야 할 약속이 무엇이 있을까?
   - 이제 우리 팀을 나누어야 하는데, 어떤 방법들이 있을까?
4) 게임을 한다.
5) 활동을 회상하며 이야기를 나눈다.
   - 오늘 우리 무엇을 했지?
   - 즐거웠던 점과 아쉬웠던 점은 어떤 것이 있니?

활동 시 유의점

게임을 할 때에 혼자서 잘 할 수 없는 유아는 도움을 준다.

활동 평가

1) 표지판에 관심을 갖는지 평가한다.
2) 자전거 전용도로를 보고 이해할 수 있는지 평가한다.
3) 게임방법을 이해하였는지를 평가한다.

확장활동

나만의 자전거를 만들어 본다(박스, 바퀴, 꾸밀 재료).

빨래가 되어 보아요

생활주제 우리나라/세계여러나라

활동영역 신체표현

건강요소 위생

활동목표
- 빨래의 모습을 몸으로 표현할 수 있다.
- 건강을 지키는 태도를 가진다.

5세 누리과정 관련 요소
- 사회관계 > 사회에 관심 갖기 > 우리나라에 관심 갖고 이해하기
- 신체운동 · 건강 > 건강한 생활하기 > 몸과 주변을 깨끗이 하기

활동 자료

옛날 사람들 빨래하는 사진, 세균 사진, 빨래 방망이, 할머니 가발, 수건

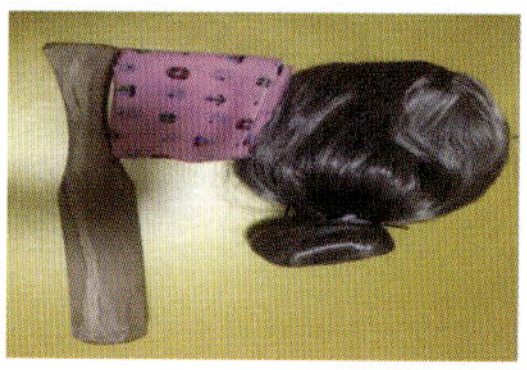

활동방법

1) 지난 시간 활동의 회상 및 오늘 활동을 소개한다.
   - 지난 시간에 옛날 사람들이 빨래하는 모습을 살펴보았어요. 어떻게 빨래를 했었나요?
   - 오늘은 우리가 여기에 있는 빨래가 되어서 몸으로 표현해보는 활동을 할 거예요.
2) 활동 알아보기 및 자리이동을 한다.
   - (사진을 가리키며) 만약 차가운 물에 빨래가 들어가면 어떻게 될까?
   - 차가운 물에 들어가는 빨래를 몸으로 어떻게 표현할 수 있을까?
   - 이번에는 다 같이 일어나서 빨래를 짜는 모습을 표현해보자.
   - (세균 사진을 보여 주며) 빨래를 하기 전에 붙어 있는 세균들이에요. 너희들이 원

하는 곳에 마음대로 붙여보자.

- 오늘 너희들을 빨래해 주실 할머니를 모셔왔어요. 너희가 '작은 동물원' 손 유희를 큰 소리로 하면 오실 거야.

3) 활동을 한다.

- 교사의 신체표현 모습을 관찰한다.

> - (교사가 할머니 흉내를 낸다) 허허허, 여기 오늘 빨래들이 아주 많구만. 내가 깨끗하게 빨아야겠어.
> - 여기 있는 ○○옷을 풍덩 담가야지. 옆에 있는 ○○옷도 담그고. 모두 담가야겠다.
> - 오른쪽으로 비비고, 왼쪽으로도 비비고, 빨래를 높이 꺼냈다가 다시 풍덩! 넣어야지.
> - 자 그럼 빨래가 다 되었으니 또 빨래가 더러워지면 이 빨래할멈을 불러다오.

- 영유아가 빨래가 되어 창의적으로 표현해본다.

4) '빨래가 되어 보아요' 활동을 평가한다.

- 오늘 빨래가 되어서 몸으로 표현해보니까 기분이 어땠나요?
- 세균이 다 떨어졌는지 몸을 살펴볼까요?
- 만약 세균이 다 떨어지지 않아서 더러운 빨래를 그냥 입으면 어떻게 될까?
- 그럼 어떻게 더 깨끗하게 할 수 있을까?
- 오늘 활동을 하니까 기분이 어땠나요? 혹시 아쉬웠던 점이 있는 친구가 있나요?
- 빨래 방망이와 세균을 역할영역에 놓을게요. 친구들과 깨끗한 빨래를 해보도록 하자.

활동 시 유의점

1) 교사가 유아들이 신체표현할 때 언어로 빨래를 깨끗하게 하는 방법을 이야기하고 아이들이 표현하게 하면서 자연스럽게 더러운 옷을 깨끗하게 하는 방법에 대해 관심을 갖게 한다.
2) 유아들이 다양한 신체표현을 할 수 있도록 여러 상황을 제시한다.

활동 평가

1) 빨래의 모습을 몸으로 표현하는지 활동과정을 통해 평가한다.
2) 빨래가 우리의 몸에 미치는 영향을 알 수 있었는지 언어적 상호작용을 통해 평가한다.

확장활동

1) 바깥놀이 시간에 직접 옛날 방식 빨래를 해서, 세탁기에 빨래한 것과 비교해본다.
2) 빨래에 관한 전통노래를 듣고 '노동요'의 의미에 대해 알며 함께 노동요를 만들어본다.

몸 건강 부럼 깨기

생활주제 우리나라/세계여러나라

활동영역 게임

건강요소 질병 예방

활동목표
- 부럼 깨기에 대해 알아본다.
- 몸에 좋은 음식을 먹으면 질병을 예방할 수 있다는 것을 안다.
- 다른 사람과 게임하기를 즐긴다.

4세 누리과정 관련 요소
- 신체운동 · 건강 > 건강하게 생활하기 > 질병 예방하기
- 사회관계 > 사회에 관심 갖기 > 우리나라에 관심 갖고 이해하기

활동 자료

그림자 수수께끼, 부럼, 부럼 깨기 글자, 땅콩, 밤, 호두 교구, 알맹이 사진, 입 바구니, 팀 이름표, 하트 스티커, 호루라기, 출발선

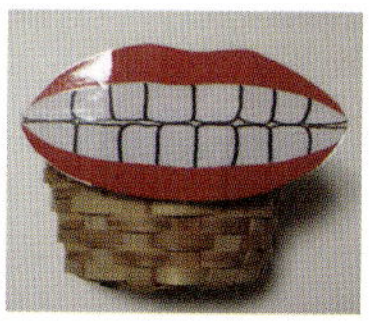
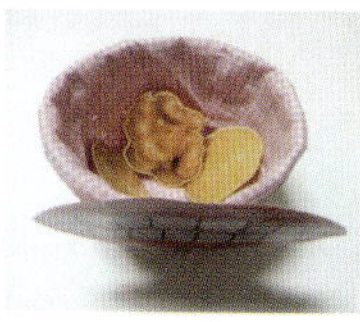
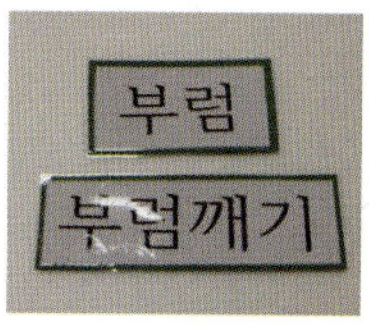

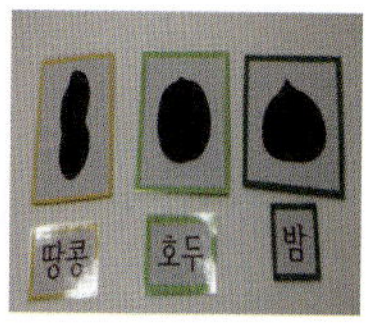

활동방법

1) 그림자 수수께끼를 통해 주의집중을 한다.
   - 이것은 무엇의 그림자일까?
   - 정말 그것의 그림자가 맞는지 누가 나와서 뜯어볼까?
2) 부럼에 대해 알려주고 부럼 깨기가 무엇인지 알려준다.
   - 땅콩, 밤, 호두 이것들을 합쳐서 부럼이라고도 한단다.

- 사랑반 친구들은 부럼을 먹어본 적이 있니?
- 정월대보름에는 사람들이 아침에 일어나서 부럼 깨기라는 것을 한단다.
- 사람들이 정월대보름에 부럼 깨기를 왜할까?
- 정월대보름에 영양가가 많은 부럼을 미리 먹어서 각종 질병을 예방하고, 건강하고 튼튼하게 1년 동안 잘 지내게 해달라고 부럼 깨기를 한단다.
- 부럼 깨기는 어떻게 하는 것일까?

3) 부럼 깨기 게임에 필요한 자료를 알아보고 활동방법을 설명한다.
- 선생님이 땅콩이랑 밤이랑 호두를 만들어 왔어.
- 이것을 손으로 깨면 무엇이 나오지?

① 두 팀으로 나눈 다음에 각 팀에서 한 명씩 나온다.
② 출발선에 선 다음 교사가 부럼 중에서 한 가지의 이름을 외치고 사진을 융판에 붙인다.
③ 교사가 호루라기를 불면 먼저 가서 해당하는 부럼을 깨고 알맹이를 꺼내 와서 입 바구니에 넣는다.
④ 먼저 입 바구니에 넣는 친구가 이긴다.

- 이해하지 못한 친구들을 위해 선생님이 시범을 보여 줄게.
- 그 전에 팀을 나눠서 게임 대형으로 앉아보자.

4) 활동을 하기 전 규칙을 정하고 게임을 한다.
- 활동을 시작하기 전에 어떤 것을 해야 하지?
- 너희가 말한 규칙들을 잘 지키면서 활동을 해보도록 하자.

5) 활동 후 게임에 대한 이야기를 나눈다.
- 정월대보름에 부럼 깨기를 왜 한다고 했지?

활동 시 유의점

활동 시 바닥이 미끄럽지 않은지 확인한다.

활동 평가

1) 부럼 깨기를 하는 이유를 알게 되었는지 평가한다.
2) 활동에 유아가 즐겁게 참여했는지 평가한다.

확장활동

부럼 타르트를 만든다.

팬지 화전 만들기

생활주제 우리나라/세계여러나라

활동영역 요리

건강요소 영양

활동목표
- 화전의 재료와 만드는 과정을 알아본다.
- 재료의 변화를 탐색하고 관찰한다.
- 우리나라 전통 음식 만들기를 즐긴다.

5세 누리과정 관련 요소
- 신체운동 · 건강 > 건강하게 생활하기 > 바른 식생활하기
- 자연탐구 > 탐구하는 태도 기르기 > 탐구과정 즐기기
- 사회관계 > 사회에 관심 갖기 > 우리나라에 관심 갖고 이해하기

활동 자료

이야기 나누기 자료, 순서도, 화전 만들기 재료(팬지꽃, 꿀, 물, 찹쌀가루, 소금), 요리도구(프라이팬, 버너, 식용유, 뒤집개, 젓가락, 위생장갑, 접시, 컵), 시원한 보리차

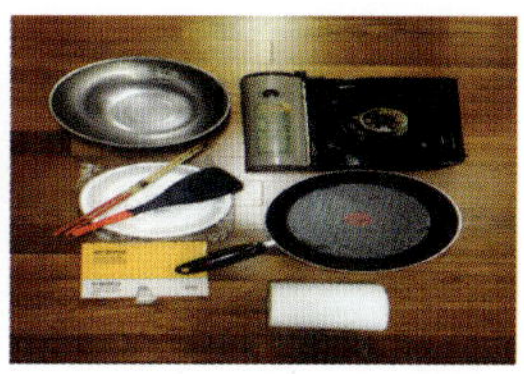

활동방법

1) 오늘의 간식에 대해 수수께끼를 낸다.
   - 나는 우리나라 전통음식이에요.
   - 나는 떡의 한 종류예요.
   - 나는 꽃을 사용해서 만들어요. 나는 누구일까요?
2) 화전의 유래와 종류에 대해 알아본다.
   - 이 떡의 이름은 왜 화전일까?
   - 꽃으로 만든 전이라고 해서 화전이라고 부른단다. 옛날 사람들은 겨울 동안 너무

추워서 집 안에서만 생활하곤 했는데, 따뜻한 봄이 찾아와 예쁜 꽃들이 피어나면 밖에 나가서 꽃구경도 하고 그 꽃을 따와서 이렇게 예쁜 화전도 만들어 먹었단다.

- 꽃들 중에는 먹을 수 있는 꽃과 먹을 수 없는 꽃들이 있단다.
- 우리 조상님들은 봄에는 진달래, 여름에는 장미, 가을에는 국화, 겨울에는 대추 등을 사용해서 화전을 만드셨단다.

3) 요리에 사용할 재료들을 탐색해 본다.
   - 이 가루는 무엇일까? 한번 만져보겠니? 어떤 느낌이니? 이것은 찹쌀가루란다.
   - 이번엔 이 가루를 살펴보자. 왜 (설탕/소금)이라고 생각했니?
   - 이것은 무엇일까? 그래. 꿀이야. 완성한 화전을 찍어 먹어보도록 하자.
4) 요리순서도를 살펴보고 활동의 주의점에 대해 이야기한다.

① 찹쌀가루에 뜨거운 물과 소금을 넣는다.	② 가루가 반죽이 되도록 치댄다.
③ 찹쌀반죽을 떼어 동그랗게 빚는다.	④ 반죽을 납작하게 눌러 꽃으로 장식한다.
⑤ 프라이팬에 약한 불로 굽는다.	⑥ 잘 익은 화전을 충분히 식힌 뒤 먹는다.

5) 화전을 만든다
   - 순서도에 따라 활동을 전개한다.
6) 완성된 화전을 시원한 보리차와 함께 맛보며 느낀 점을 이야기한다.
   - 꿀을 발라서 먹어보렴.
   - 꽃잎의 색은 어떻게 변했니?

활동 시 유의점

1) 프라이팬을 손으로 만지지 않고, 한 번에 너무 많은 친구들이 관찰하지 않도록 하자.
2) 다 익은 화전은 뜨거우니 충분히 식은 뒤 먹는다.

활동 평가

1) 화전을 만드는 과정에 대해 이야기할 수 있는가.
2) 우리나라의 전통음식에 관심을 가지고 즐길 수 있는가.

확장활동

1) 꽃과 자연물을 사용하여 아름다운 색감의 한복을 표현해 볼 수 있다.

우리나라 건강간식/경단

생활주제 우리나라/세계여러나라

활동영역 요리

건강요소 개인의 건강, 영양

활동목표
- 우리나라 전통간식에 대해서 알고 이해한다.
- 재료를 스스로 만지고 탐색하므로 소근육발달을 도울 수 있다.
- 올바른 식생활 태도를 가질 수 있다.

5세 누리과정 관련 요소
- 신체운동 · 건강 > 건강하게 생활하기 > 바른 식생활하기
- 사회관계 > 사회에 관심 가지기 > 우리나라에 관심 가지고 이해하기

활동 자료

그림과 글자 카드, 요리 재료, 요리 순서 카드

활동방법

1) 우리나라 전통간식에 대해서 비교 설명한다.
   - 친구들이 좋아하는 간식이 무엇이니?
   - 전통 간식에 대해서 아는 친구 있니?
2) 재료 소개하기
   - 떡을 만들기 위해서 떡, 다양한 가루, 떡을 꾸밀 재료가 있지?
   - 떡을 한번 만져보고 냄새도 맡아보고 먹어도 보자. 어떠니?

- 가루는 어디에 쓸 것 같니?
- 여러 가지 재료가 있는데, 먹어보니 어떠니?

3) 주의점 설명하기
- 요리 재료를 놓을 건데 조심해야 할 것이 뭐가 있을까?
- 떡은 먹기 좋게 만들고 너무 작거나 크게 만들지 말고 먹을 때 꼭꼭 씹어서 먹자.

4) 요리하기
- 요리하기 전에 선생님이 순서를 가지고 왔어요.

① 재료를 준비한다.
② 장갑을 끼고 손에 식용유를 조금 묻힌 후 손을 비빈다.
③ 개인접시에 떡을 조금 덜어 놓고 원하는 모양으로 만든다.
④ 떡에 가루를 골고루 묻혀준다.
⑤ 재료에 꿀을 묻혀서 떡을 꾸며준다.

- 다양하게 요리해보자.

5) 평가하기
- 직접 만든 떡을 먹어보니 어떠니?
- 맛은 어떠니?

활동 시 유의점

1) 아이들 떡에 크기를 잘 보고 목에 걸리지 않도록 한다.
2) 다양한 재료를 넣어 먹어보도록 격려한다.

활동 평가

1) 다양한 재료를 넣어 먹었는지 평가한다.
2) 우리나라의 음식에 대해서 이해했는지 평가한다.
3) 유아들이 전통간식에 대해 선호도가 있는지 평가한다.

확장 활동

1) 우리나라 전통음식은 무엇이 있는지 알아본다.
2) 민속촌에 현장체험학습을 가서 떡이 어떻게 만들어지는지 직접 보고 체험해본다.
3) 집에서 다른 전통간식 만들기를 해본다.

① 재료를 준비한다.

② 장갑을 끼고 손에 식용유를 조금 묻힌 후 손을 비빈다.

③ 개인접시에 떡을 조금 덜어 놓고 원하는 모양으로 만든다.

④ 떡에 가루를 골고루 묻혀준다.

⑤ 재료에 꿀을 묻혀서 떡을 꾸며준다.

항아리에 메주 담기

생활주제 우리나라/세계여러나라

활동영역 게임

건강요소 영양

활동목표
- 전통음식 메주에 관심을 갖는다.
- 메주로 된장, 고추장, 간장을 만드는 것을 안다.

4세 누리과정 관련 요소
- 신체운동 · 건강 > 건강하게 생활하기 > 바른 식생활하기
- 신체운동 · 건강 > 신체 조절과 기본 운동하기 > 신체 조절하기
- 사회관계 > 다른 사람과 더불어 생활하기 > 친구와 사이좋게 지내기

활동 자료

항아리 통, 메주 모형, 된장 · 고추장 · 간장 · 메주 사진, 된장, 고추장, 간장, 돌림판, 메주 만드는 동영상 장면, 메주 스티커

활동방법

1) 전통음식 메주로 만들 수 있는 음식(된장, 고추장, 간장)에 대해 알아보고 경험 이야기를 나눈다.
   - 누가 나와서 먹어보고 친구들에게 이야기해줄래?
   - 이 음식은 어떤 것일까? 이 음식은 고추장(간장, 된장)이라고 해.
   - 이렇게 고추장, 간장, 된장은 우리 몸을 튼튼하게 해주는 전통음식인 메주로 만들 수 있는 음식이야.
2) 게임의 자료를 탐색한다.
   - 이건 항아리라고 해. 항아리를 본 적이 있니?
   - 항아리에는 어떤 것이 들어가 있을까?

- 이것은 우리가 계속 배웠던 메주를 선생님이 조그맣게 만들어 온 거야.
- 우리 친구들이 오늘 이 항아리에 메주를 넣어 볼 건데, (돌림판을 보여 주며) 그전에 이것은 또 무엇일까?
- 이것은 돌림판이야. 돌림판에 어떤 것들이 적혀 있니?
- 숫자가 적혀 있지. 어떤 숫자들이 적혀 있는지 다 같이 읽어볼까?

3) 팀을 나누고 활동을 소개한다.
- 활동을 하기 전에 팀을 나눠야 하는데, 어떻게 나누는 것이 좋을까?
- 그렇게 팀을 나누어볼까? 팀 이름은 어떻게 정하는 것이 좋을까?
- 우리가 할 활동은 항아리에 메주 담기 활동이야.

① 선생님이 호루라기를 불면 ○○팀과 ○○팀 친구가 나와서 돌림판을 돌린다.
② 돌림판에 나온 숫자는 떼어서 융판에 붙인다.
③ 숫자만큼 메주를 항아리 속에 넣고 돌아와서 다음 친구와 박수를 친다.
④ 다음 친구가 또 돌림판을 돌리고 나온 숫자만큼 메주를 넣고 온다.
⑤ 숫자에 맞게 넣은 팀에게는 메주 스티커를 준다.
⑥ 메주 스티커가 더 많은 팀이 이긴다.

- 선생님이 먼저 시범을 보여 줄게. 선생님을 도와서 같이 시범을 보여 줄 친구가 있니?

4) 게임 약속을 정하고 게임을 한다.
- 우리 친구들 활동할 때 주의해야 할 점이 무엇이 있을까?
- 약속을 지키면서 활동을 시작해보도록 하자.

5) 활동을 평가한다.
- 우리 항아리에 메주 담는 활동을 했었지.
- 메주로는 어떤 음식을 만들 수 있다고 했었니?

활동 시 유의점

1) 활동을 하는 동안 유아들이 다치지 않도록 유의한다.
2) 규칙을 이야기해주어 규칙을 지킬 수 있도록 한다.

활동 평가

1) 규칙을 지켜 활동을 즐겁게 참여하는지 평가한다.
2) 숫자에 맞게 메주를 항아리에 담을 수 있는지 평가한다.

확장활동

1) 지점토로 다양한 메주 모양 만들어 보기
2) 직접 메주 만들어 보기

김치 포스터 만들기

생활주제 우리나라/세계여러나라

활동영역 미술

건강요소 영양

활동목표

- 우리나라 김치의 효능에 대해 관심을 가지고 바른 식생활 태도를 기른다.
- 자신의 생각과 느낌을 미술을 통해 창의적으로 표현한다.
- 협동적인 미술활동에 참여한다.

5세 누리과정 관련 요소

- 의사소통 > 말하기 > 느낌, 생각, 경험 말하기
- 예술경험 > 예술적 표현하기 > 미술활동으로 표현하기
- 신체운동 · 건강 > 건강하게 생활하기 > 바른 식생활하기

활동 자료

'김치를 먹으면?'판, 사진 자료, 포스터 활동 재료(다양한 크기의 종이, 사인펜, 색연필, 크레파스, 색종이 등)

활동방법

1) 김치를 담갔던 활동을 회상하며 김치에 대해 이야기를 나눈다.
   - 김치를 잘 먹는 어린이도 있고, 싫어하는 어린이도 있어.
   - 김치를 먹으면 좋은 점은 무엇이 있을까?
2) 김치의 효능에 대해 알아본다.
   - 김치를 먹으면 우리 몸에 어떻게 좋을까?
   - 우리가 뚱뚱해져서 비만이 되는 것을 막아준대.

- 우리의 몸에 나쁜 병이 생기는 것을 막아준대.
- 우리의 몸이 빨리 늙는 것도 막아준대.
- 우리가 똥을 잘 쌀 수 있도록 도와준대.

3) 김치 포스터 만들기 활동을 소개한다.
- 김치 포스터를 만들거야. 포스터라는 말을 들어봤니?
- 포스터라는 것은 무엇인 것 같니?
- 포스터는 어디에 필요한 것일까? 포스터가 있어서 좋은 점은 무엇일까?
- 포스터에 어떤 내용을 담고 싶니?

4) 활동 재료를 소개하고 활동을 한다.
- 포스터를 만들려면 어떤 재료들이 필요할 것 같니?
- 활동을 하다가 어려운 점이 있으면 누구에게 도움을 청하면 좋을까?
- 활동이 끝나면 사용한 재료를 어떻게 하는 것이 좋을까?

5) 활동을 통해 알게 된 점이나 느낀 것을 이야기하고 평가한다.
- 김치 포스터를 만들어 보니 어땠니?
- 앞으로 나와서 자신의 포스터를 소개해주자.
- 친구들이 만든 포스터 중에 어떤 것이 가장 기억에 남니?

활동 시 유의점

1) 유아들의 자유로운 활동을 위해 종이의 크기나 색깔, 그리기 도구를 다양하게 제시해준다.
2) 유아들이 그리기 도구를 바르게 사용한 후 정리를 할 수 있도록 안내한다.
3) 자신의 생각뿐 아니라 다른 사람의 다양한 표현방식이 다를 수 있음을 인정하고 이를 존중하는 태도를 기를 수 있도록 격려한다.

활동 평가

1) 김치의 효능에 대해 관심을 가지는지 평가한다.
2) 자신의 생각이나 느낌을 미술활동으로 자유롭게 표현하는지 평가한다.
3) 협동적인 미술활동에 잘 참여하는지 평가한다.

확장활동

유아들이 만든 김치 포스터를 교실 벽면에 제시하여 유아들이 친구들이 만든 다양한 포스터를 감상해 볼 수 있다.

월남쌈 만들기

생활주제 우리나라/세계여러나라

활동영역 요리

건강요소 영양

활동목표

- 베트남 문화에 관심을 갖는다.
- 월남쌈 속에 어떤 건강한 재료가 들어가는지 알아본다.
- 월남쌈을 만들고 먹으며 자신의 생각에 대해 이야기해본다.

5세 누리과정 관련 요소

- 건강하게 생활하기 > 바른 식생활하기 > 적당량의 음식을 골고루 먹는다.
- 말하기 > 느낌, 생각, 경험 말하기 > 자신의 느낌, 생각, 경험을 적절한 단어와 문장을 말한다.
- 사회에 관심 가지기 > 세계 여러 문화에 관심 가지기 > 다양한 인종과 문화를 알아보고 존중한다.

활동 자료

도입 자료(베트남 문화 사진), 월남쌈 융판 자료(재료, 라이스페이퍼), 실제 월남쌈 재료, 유아용 요리 재료(접시, 비닐장갑, 칼, 도마 등), 요리순서도(월남쌈 만들기 순서)

활동방법

1) 주의집중 후 이야기 나누기 시간에 배운 베트남에 대해서 회상한다.
   - 우리 어제 배운 세계 인사 노래 부르고 수업을 시작하자.
   - 베트남은 무엇을 입고, 어떤 음식이 있었고, 어디에 있는 나라였지?
2) 베트남 문화 안에 음식 중 월남쌈에 대해 이야기 나눈다.
   - 오늘은 베트남 음식 중에 월남쌈을 만들어 볼 거야.

- 월남쌈에는 어떤 건강한 재료가 들어가는지 살펴볼까?
- (재료 사진과 실제 재료를 보여 주며) 이 채소는 무엇이지? 맞아, 당근이지. 당근은 우리 몸에 좋은 음식이야. 어디에 좋을 것 같니?
- 한 번 누가 나와서 만져보고 냄새도 맡아 볼까? (깻잎, 양배추, 무순, 파프리카, 숙주, 라이스페이퍼, 오리고기, 새우 등)

3) **요리 자리에 앉아 월남쌈 싸는 순서를 배운다.**
   - 월남쌈을 어떻게 싸는지 순서도를 준비해 왔어.

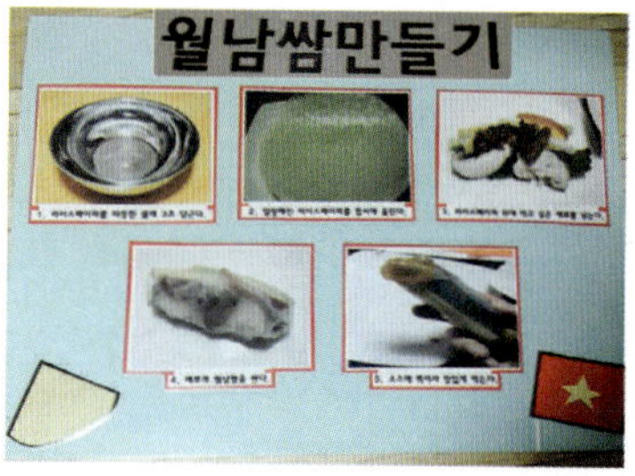

〈월남쌈 만들기 순서〉

① 라이스페이퍼를 따뜻한 물에 3초 담근다.
② 말랑해진 라이스페이퍼를 접시에 편다.
③ 라이스페이퍼 위에 원하는 재료를 넣는다.
④ 예쁘게 월남쌈을 싼다.
⑤ 소스에 찍어 맛있게 먹는다.

4) **요리하기 전에 약속을 한다.**
   - 월남쌈을 만들기 전에 어떤 약속을 해야 하지?

5) **월남쌈 만들기를 시작한다.**
   - 우리 재료가 모두 준비되었으니 월남쌈을 만들어보자. 어렵거나 힘든 친구들은 선생님에게 "도와주세요" 하면 선생님이 도와줄게요.

활동 시 유의점

1) 유아가 음식을 만질 때에는 어떻게 해야 할지 이야기한다.
2) 따뜻한 물과 칼로 장난치지 않도록 약속한다.

활동 평가

1) 월남쌈에는 어떤 재료가 들어가 있었는지 또 그 재료가 몸을 어떻게 건강하게 하는지 이야기한다.
2) 월남쌈을 만들어 본 느낌과 맛은 어땠는지 이야기해본다.

확장활동

1) 베트남 전통 논 꾸미기(미술)
2) 베트남 언어 배우기(언어활동)
   - 월남쌈 만들기 완성

황사를 막아라

생활주제 봄 여름 가을 겨울

활동영역 미술

건강요소 질병 예방

활동목표
- 황사에 대해 관심을 갖고 알아본다.
- 황사에 대처하는 방법을 알아본다.

5세 누리과정 관련 요소
- 신체운동 · 건강 > 건강하게 생활하기 > 질병 예방하기
- 신체운동 · 건강 > 건강하게 생활하기 > 건강한 일상생활하기

활동 자료

황사관련 동영상, 마스크, 만들기 재료

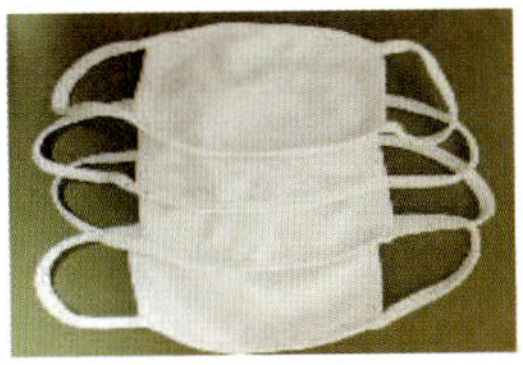

활동방법

1) 오늘 날씨에 대해 이야기 나눈다.
   - 뿌연 하늘을 무엇이라고 하는지 아니
2) 황사 사진을 보면서 이야기 나눈다.
   - 황사를 들어본 적이 있니
   - 황사는 왜 생기는 걸까
   - 황사를 보면 어떤 생각이 드니
   - 황사를 피하는 방법은 무엇이 있을까
3) 오늘 활동할 '나만의 마스크 만들기'를 소개한다.

- 선생님이 각자 마스크를 나누어 줄게. 재료를 가지고 우리 '나만의 마스크 만들기' 활동을 시작해보자.
- 선생님이 오늘 가져온 재료들은 무엇이 있는지 살펴보자.

4) 자신이 만든 마스크를 친구들에게 소개한다.
- 나만의 마스크를 친구들에게 소개해주고 싶은 친구 있니

활동 시 유의점

만들기를 할 때 손을 다치지 않도록 안전에 유의한다.

활동 평가

1) 황사가 생기는 이유에 대해 이해하고 자신이 이해한 것을 말하는지 평가한다.
2) 친구들이 만든 마스크를 가지고 평가한다.

확장활동

1)바깥놀이 시간에 마스크를 쓰고 활동한다.

수면의 적: 모기

생활주제 봄 여름 가을 겨울

활동영역 이야기 나누기

건강요소 질병 예방

활동목표
- 여러 가지 모기의 종류와 전염병에 대해서 안다.
- 모기에 물리지 않는 예방법에 대해서 안다.

5세 누리과정 관련 요소
- 신체운동 · 건강 > 건강하게 생활하기 > 질병 예방하기
- 의사소통 > 말하기 > 느낌, 생각, 경험 말하기

활동 자료

사진 자료, 문제 사진, 예방법 판

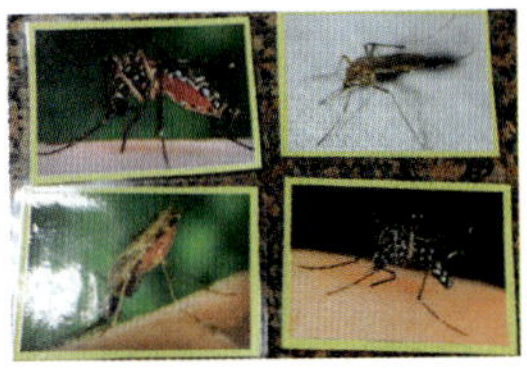

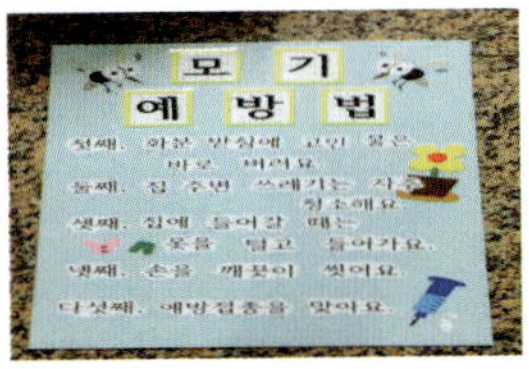

활동방법

1) 모기에 물린 경험에 대해 이야기를 나눈다.
   - 친구들, 모기에 물린 적이 있니? 물렸을 때 어땠어?
   - 다른 나라 모기는 어떻게 생겼는지 아는 친구 있니?
2) 다른 나라 모기에 대해 이야기를 나눈다.
   - 선생님이 다른 나라 모기 사진을 가져왔어.
   - (사진을 보여 주며) 얘들아, 이 모기는 어떻게 생겼어?
   - (사진을 보여 주며) 이 모기의 이름과 병이 무엇인지 아는 친구 있니?

3) 모기 예방법에 대해 설명한다.

- 모기 예방하는 방법을 알고 있니?

> 첫째, 화분이나 받침에 고인 물은 바로 비워요.
> 둘째, 집 주변의 쓰레기는 자주 청소해요.
> 셋째, 집에 들어갈 때는 옷을 털고 들어가요.
> 넷째, 손을 깨끗이 씻어요.
> 다섯째, 예방접종을 맞아요.

4) 이야기 나누기에 대해 회상한다.

- 오늘 다른 나라 모기, 모기에게 물리면 걸리는 병 그리고 예방법에 대해서 배웠는데 어땠는지 말해줄 친구 있니?

활동 시 유의점

친구와 떠들지 않고 선생님 말씀을 잘 듣는다.

활동 평가

종류와 전염병에 대해서 이해했는지 평가한다.

확장활동

1) 질병관리본부에 들어가서 다른 다양한 전염병과 질병 예방에 대해서 보고 이야기 나눈다.
2) 자신이 모기가 되어 모기를 흉내 내며 숨바꼭질에 변형시켜 게임을 해본다.

편안한 수면을 위한 천연 계피 스프레이

생활주제 봄 여름 가을 겨울

활동영역 과학

건강요소 질병 예방

활동목표
- 모기로 인한 질병과 스프레이에 안 좋은 성분이 있음을 안다.
- 천연 계피 스프레이를 만드는 과정을 이해하고, 활용할 수 있다.

5세 누리과정 관련 요소
- 자연탐구 > 탐구하는 태도 기르기 > 탐구과정 즐기기
- 자연탐구 > 과학적 탐구 > 물체와 물질 알아보기

활동 자료

성분 사진, 숙성 전 사진, 통 계피, 숙성된 계피 물, 물, 궁금 상자, 분무기, 깔때기, 빈 에탄올

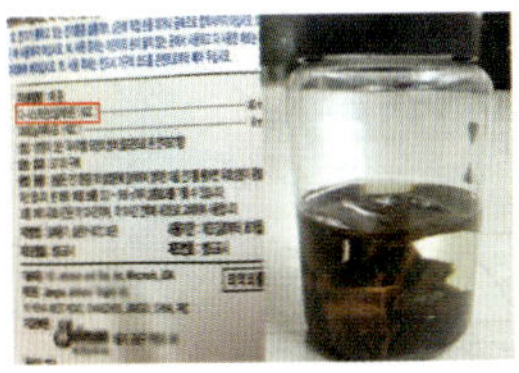

활동방법

1) 모기를 피하기 위한 방법들에 대해 이야기 나눈다.
   - 이런 날씨에 날개가 있고 밤마다 윙 윙 소리를 내면서 우리의 잠을 방해하기도 하고 우리의 피를 빨아먹는 것이 자주 나타나. 무엇인지 알겠니?
   - 모기에 물리면 가려운 것만 아니라 세균이 우리 몸에 들어와서 열이 심하게 나고 아플 수가 있대.
   - 모기를 피하기 위해 어떤 방법을 가장 많이 사용하니?
2) 모기약(스프레이)의 안 좋은 성분에 대해 이야기 나눈다.

- 모기를 아프게 하는 스프레이가 우리 몸엔 어떨 것 같니?
- (스프레이 성분 사진 제시) 사진을 보면 '알레트린'이라고 쓰여 있는 게 보이니?
- '알레트린'이 사람까지 머리를 아프게 하고 콧물이랑 재채기를 하게 만든대.

3) 천연 스프레이 소개 및 만들기
- 오늘은 우리의 몸을 아프게 하지 않는 천연스프레이를 만들 거야.
- 우리가 스프레이를 만들기 위해 사용할 천연 재료는 계피야.
- 모기들이 계피의 매운 향을 싫어해서 가까이 오지 않는단다.
- 계피와 에탄올이 만나면서 진하게 계피물이 나오는데, 이 활동은 시간이 오래 걸린단다.
- 이 진한 색의 계피 물을 흰 천에 뿌리면 어떻게 될까?
- 물을 섞은 후엔 선생님이 주는 깔때기를 사용해서 분무기에 옮겨보도록 하자.
- 노란색 선까지 물을 넣도록 하자.
- 한 친구는 깔때기와 분무기가 움직이지 않도록 잘 잡아주고 한 친구가 분무기에 옮겨보도록 하자.
- 사용한 것은 원래 있던 자리에 정리하고 이야기 나누기 자리로 앉아보자.

4) 스프레이 활용방법과 실험을 통해 기억에 남는 점에 대해 이야기 나눈다.
- 오늘 우리가 만든 스프레이는 어디에 뿌리면 좋을까?
- 무엇이 가장 기억에 남니?

활동 시 유의점

1) 에탄올 냄새가 강할 수 있기 때문에 들이마시지 않도록 주의한다.
2) 함부로 뿌리거나 마시지 않도록 주의한다.

활동 평가

1) 천연 계피 스프레이를 만드는 과정을 이해했는지 평가한다.
2) 천연 계피 스프레이를 활용할 수 있는지 평가한다.

확장활동

1) 질병 예방 포스터 활동을 한다.
2) 질병관리본부에 견학을 간다.

제철 건강 주스를 만들어요

생활주제 봄 여름 가을 겨울

활동영역 요리

건강요소 영양

활동목표
- 믹서기의 사용방법에 대해 알아본다.
- 다양한 과일 · 채소들로 건강 주스를 만들어본다.

5세 누리과정 관련 요소
- 신체운동·건강> 건강하게 생활하기 > 바른 식생활하기 > 몸에 좋은 음식을 선택할 수 있다.
- 자연 탐구 > 과학적 탐구하기 > 간단한 도구와 기계 활용하기 > 생활 속에서 간단한 도구와 기계를 활용한다.

활동 자료

믹서기 소리 녹음 자료, 믹서기 그림자, 믹서기 이름표, 믹서기, 과일, 채소, 플라스틱 접시, 바구니

활동방법

1) 그림자 수수께끼로 믹서기를 알아본다.
   - (소리를 들려주며) 어떤 도구의 그림자인지 맞춰보자.
   - 믹서기를 본 적 있니?
   - 믹서기를 사용해 본 적 있니?

2) 믹서기를 살펴본다.
   - 믹서기에 넣은 음식은 어떻게 갈리는 걸까?
   - 믹서기 칼에 손이 닿으면 어떻게 될까?
   - 믹서기는 선생님 또는 부모님과 같은 어른들과 함께 사용하도록 하자.
3) 건강주스에 대해 이야기 한다.
   - 이번 시간에는 믹서기로 건강주스를 만들어 볼 거야.
   - 건강주스를 먹어본 적이 있니?
   - 어떤 건강주스를 먹어보았니?
4) 건강주스를 만든다.
   - 건강주스의 재료를 가져왔어. (다양한 과일 제시)
   - 한 가지 과일을 갈아서 맛을 보고 맛을 표현한다.
   - 두 가지 과일을 갈아서 맛을 보고 맛을 표현한다.
5) 활동 후 평가한다.
   - 활동을 하면서 새롭게 알게 된 것들이 있니?
   - 활동이 재미있었던/아쉬웠던 친구가 있니?

활동 시 유의점

1) 활동을 하는 도중 유아들이 장난치지 않도록 한다.
2) 믹서기는 교사와 꼭 같이 사용한다.

활동 평가

1) 자신이 선택한 과일 · 채소로 건강주스를 만들어 먹어본다.
2) 규칙과 약속을 지켜 활동에 즐겁게 참여하는지 평가한다.

확장활동

1) 과거의 생활도구와 현재의 생활도구 비교해 보기
2) '동글동글 믹서기' 동시 배우기

새콤달콤 레몬차

생활주제 봄 여름 가을 겨울

활동영역 요리

건강요소 질병 예방

활동목표
- 감기를 예방하는 방법을 알고 실천한다.
- 레몬의 효능을 알고 재료를 사용하여 레몬차를 만들 수 있다.

5세 누리과정 관련 요소
- 신체운동 · 건강 > 건강하게 생활하기 > 질병 예방하기
- 자연탐구 > 과학적 탐구하기 > 간단한 도구와 기계 활용하기

활동 자료

레몬, 설탕, 도마, 플라스틱 칼, 숟가락, 일회용장갑, 밀폐용기, 레몬차 사진 요리 순서판

활동방법

1) 겨울철 감기에 걸렸던 경험에 대해 이야기 나눈다.
   - 감기에 걸렸던 적이 있니?
   - 감기에 걸렸을 때 어떤 점이 힘들었니?
   - 감기에 걸리지 않도록 미리 예방하는 방법은 무엇이 있을까?
2) 유아들이 알고 있는 건강 차에 대해 이야기 나눈다.
   - 건강에 좋은 차는 무엇이 있을까?
   - 너희들은 어떤 종류의 차를 마셔본 적이 있니?
3) 감기 예방에 좋은 차 종류에서 레몬차를 소개한다.
   - 레몬은 비타민 C가 많이 들어 있어서 감기 예방에 매우 좋대.

4) 레몬차 만들 것을 이야기하고 재료와 방법을 소개한다.
 - 무엇이 있는지 같이 보자(재료소개: 설탕, 레몬 등).
 - 레몬의 맛과 냄새를 맡아보자. 어떤 맛과 냄새가 나니?
 - 만드는 '순서판'을 같이 보고 읽어보자.

① 깨끗이 씻은 레몬을 얇게 썬다. ② 얇게 썬 레몬에 씨를 뺀다. ③ 투명용기에 레몬-설탕-레몬-설탕의 순서로 차곡차곡 끝까지 넣는다. ④ 설탕이 다 녹을 때까지 2~3일 기다린다. ⑤ 만들어진 레몬 청을 뜨거운 물과 섞어 마신다.

5) 요리 순서에 따라 레몬차를 만든다.
 - 요리 순서를 생각하면서 만들어 볼 수 있겠니?
 - 요리를 할 때 어떤 약속을 지켜야 할까?
6) 요리를 하고 난 느낌에 대해 이야기 나눈다.
 - 비타민 C가 많다고 했었지. 그럼 레몬차를 먹고 무엇을 예방할 수 있지?
 - 활동을 하면서 재미있었던 점이나 힘들었던 점이 있었니?

활동 시 유의점

유아들이 요리도구를 가지고 장난치지 않도록 약속을 만들며 사전에 이야기를 나눈다.

활동 평가

1) 감기를 예방하는 방법을 알고 실천할 수 있는지 평가한다.
2) 레몬차의 효능을 알고 만드는 순서를 이해했는지 평가한다.

확장활동

1) 레몬즙으로 비밀편지 쓰기 활동을 한다.
2) '추운 겨울 우리 몸을 지키는 방법' 새 노래 배우기 활동을 한다.

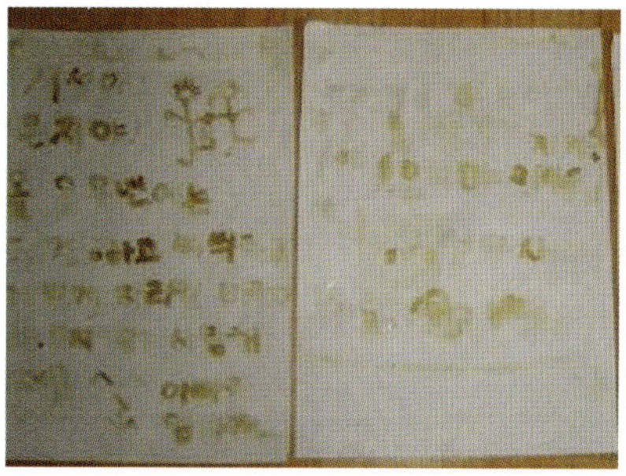

겨울에 할 수 있는 운동-훌라후프

생활주제 봄 여름 가을 겨울

활동영역 신체표현

건강요소 개인의 건강

활동목표
- 훌라후프를 사용하여 신체활동을 한다.
- 대근육 움직임을 조절하며 활동한다.
- 함께 동작을 맞추어 움직이며 협동심을 기른다.

5세 누리과정 관련 요소
- 신체운동 · 건강 > 신체활동에 참여하기 > 기구를 이용하여 신체활동하기
- 신체운동 · 건강 > 안전하게 생활하기 > 안전하게 놀이하기
- 사회관계 > 다른 사람과 더불어 생활하기 > 친구와 사이좋게 지내기

활동 자료

운동관련 사진 자료, 훌라후프

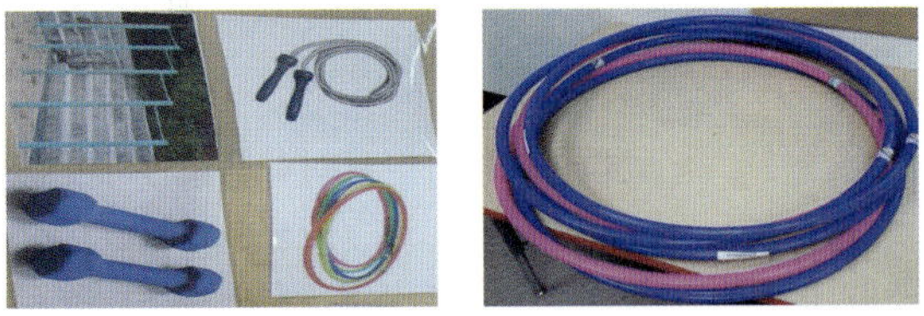

활동방법

1) 우리 몸을 튼튼하게 만들기 위해서 할 수 있는 것이 무엇이 있는지 이야기한다.
   - 우리 몸을 튼튼하게 만들기 위해서는 어떻게 해야 할까?
   - 우리 몸을 튼튼하게 만들 수 있는 도구는 무엇이 있을까?
2) 훌라후프를 보며 이야기 나눈다.
   - 훌라후프로 놀이해본 적이 있니?
   - 훌라후프로 친구들과 함께 해보고 싶은 놀이가 있다면 무엇이니?

3) 훌라후프 징검다리를 만들어 신체활동한다.
- 훌라후프를 바닥에 놓아볼까?
- 훌라후프 징검다리가 되었네요.
- 훌라후프 징검다리를 건너볼까?

4) 훌라후프 터널을 만들어 신체활동한다.
- 훌라후프로 터널을 만들어 볼까?
- 훌라후프를 터널을 지나가 볼까?
- 훌라후프 터널을 지나갈 때는 몸을 어떻게 해야 할까?

5) 훌라후프 기차놀이를 한다.
- 훌라후프 안에 들어가 볼까요?
- 훌라후프 기차놀이를 해볼까?
- 하나의 훌라후프에 몇 명이 들어가면 좋을까?

6) 신체활동이 끝난 후 이야기를 나눈다.
- 훌라후프로 어떤 활동을 했었지?
- 어떤 활동이 제일 재미있었니?
- 아쉬웠던 점이 있었니?

활동 시 유의점

1) 훌라후프 터널을 만들어 놀이할 때 훌라후프가 쓰러지지 않도록 교사가 잡아준다.
2) 아이들이 질서를 지키도록 도와준다.

활동 평가

1) 훌라후프로 다양한 활동을 해보니 어땠는지 평가한다.
2) 다 같이 협동하여 참여하였는지 평가한다.

확장활동

활동한 것을 회상하며 그림으로 표현해본다.

참고문헌

교육과학기술부, 보건복지부(2013). 누리과정 교사용 지침서.

교육부(2015). 건강안전관리 길라잡이. 교육부.

구재옥, 김정희, 변기원, 손정민, 이정원, 이종현, 최영선(2011). 생활주기영양학. 파워북.

김경철, 정혜승, 김은옥, 신설아, 정아림, 박혜정(2017). 영유아 안전교육. 신정.

김민화, 김근희, 조경선, 연혜민(2011). 보육교사를 위한 건강, 안전, 영양교육. 교문사.

김일옥, 최경순(2009). 아동건강교육. 양서원.

김혜금, 송영주, 임양미, 김현자, 김진숙(2014). 정신건강론. 양서원.

대한신경정신학회(2005). 신경정신의학. 중앙문화사.

류경화, 정명순, 지주영(2008). 영유아 건강교육의 이론 및 실제. 동문사.

박성옥, 이영환, 한유미, 곽혜경, 양연숙, 이진숙, 장혜자, 안은숙, 이민경, 김연주(2008). 영유아의 건강과 안전. 창지사.

보건복지부(2011). 건강관리 매뉴얼.

__________(2016). 건강, 환경, 위생, 급식.

__________(2017). 2017년도 부모모니터링단 운영매뉴얼.

__________(2018). 보육사업안내.

__________, 어린이집안전공제회, 중앙육아종합지원센터(2017). 2017 어린이집 보육교직원 안전교육 자료집.

__________, __________________, ____________________(2018). 2018 어린이집 보육교직원 안전교육 자료집.

서유미(2008). 현장학습을 통한 유아의 교통안전교육이 교통안전 지식 및 문제해결 사고에 미치는 영향. 숭실대학교 교육대학원 석사학위 청구논문.

설진화(2009). 정신건강론. 학현사.

신동주, 강금지, 이용수, 정춘식(2005). 영유아의 영양, 건강, 안전. 정민사.

______, 강금지, 유희정(2008). 영유아의 영양, 건강, 안전. 창지사.

______, 이상은, 김현경, 박영선(2015). 영・유아 안전관리. 정민사.

어린이집 안전공제회(2016). 건강・환경・안전・급식.

육아정책연구소(2012). 유치원 급식관리 운영관리 지침서.

이선경, 고은님(2009). 아동건강교육. 교육아카데미.

이순형, 이성옥, 민하영, 이영미, 한유진, 장영은, 최나야, 김지현, 김진경, 정현심(2013). 영유아 건강교육(2판). 학지사.
이영미, 이미숙, 이민준, 김정현, 정혜연, 박은주, 정지용(2013). 생애주기영양학. 양서원.
이영환, 김연주, 김현지, 양연숙, 이수재(2014). 영유아 건강 · 영양과 안전. 창지사.
임미혜, 황순각(2005). 유아를 위한 체육활동 가이드. 양서원.
______, 정정옥(2014). 유아교육기관에서의 건강교육(개정판). 창지사.
______, 이혜정(2017). 아동 건강교육. 양성원.
임정아 역(2007). 상한 영의 치유 I.순전한 나드.
전국보육교사교원 편(2009). 아동간호학. 형설출판사.
전남련, 김진혜, 권경미, 권순남, 강은숙, 홍은미(2010). 유아 건강 · 안전 교육. 정민사.
정미라, 배소연, 이영미(2009). 영유아를 위한 건강 및 영양교육. 양서원.
조경자, 이현숙(1998). 유아건강교육. 학지사.
조대경, 이관용, 김기중(1994). 정신위생. 중앙적성출판사.
조형숙, 지성애, 김선월, 김지혜, 김남연(2010). 청소년 음주 · 흡연 예방인식 제고를 위한 유아용 교재 개발 보고서. 여성가족부 청소년보호과.
채경선, 김주아(2014). 아동정신건강론. 창지사.
최민수, 정영희(2014). 아동건강교육(3판). 학지사.
하정훈(2009). 삐뽀삐뽀 119. 그린비라이프.
한국영양학회(2010). 한국인 영양섭취 기준.

〈인터넷 자료〉
국가표준인증 종합정보시스템 http://www.kats.go.kr/kcmark
국민건강보험공단 www.nhic.or.kr
국민건강지식센터 http://hqcenter.snu.ac.kr
다음백과사전 http://100.daum.net/encyclopedia
서울특별시 보육정보센터 http://children.seoul.go.kr
세이프키즈코리아 www.safekids.or.kr
식품의약품안전처 www. mfds.go.kr
아이베이비뉴스 www. ibabynews.com

어린이 안전넷 https://www.isafe.go.kr
여원뉴스 www.yeowonnews. com
여성가족부 www.mogef.go.kr
응급의료 포털 E-Gen http://www.e-gen.or.kr
정부민원포털 민원24 www.minwon.go.kr
중앙보육정보센터 www.educare.or.kr
질병관리본부 예방접종 도우미 사이트 www.nip.cdc.go.kr
해바라기 센터 www.child1375.or.kr

찾아보기

저 / 자 / 소 / 개

■ **임미혜**

덕성여자대학교 유아교육학과 졸업(문학사)
이화여자대학교 교육대학원 교육학과 졸업(유아교육전공, 교육학석사)
서울여자대학교 대학원 아동학과 졸업(유아교육전공, 문학박사)
전, 경북전문대학교 유아교육과 교수
백석문화대학교 사회복지학부(영유아보육전공) 교수
현, 경복대학교 유아교육과 교수

■ **이혜정**

총신대학교 유아교육학과 졸업(문학사)
총신대학교 대학원 유아교육학과 졸업(문학석사)
총신대학교 대학원 기독유아교육과 졸업(철학박사)
현, 백석문화대학교 유아교육과 교수

개정판

아동건강교육

1판 1쇄 발행 – 2017년 1월 16일
2판 1쇄 발행 – 2018년 8월 30일

저　　자 - 임미혜 · 이혜정
발 행 인 - 강철원
발 행 처 - 양성원
주　　소 - 경기도 파주시 검산로 173번길 29-20
전　　화 - 031-946-3861(代)
팩　　스 - 031-946-3864
이 메 일 - tnwpub@naver.com
홈페이지 - tnwpub.co.kr
출판등록 - 2015년 8월 31일 제 2015-000211 호

ISBN 979-11-6126-134-8

정가 19,000원